El genio de
Alejandro Magno

Nicholas Hammond

El genio de Alejandro Magno

VERGARA
GRUPO ZETA

Título original: *The Genius of Alexander the Great*
Traducción: Federico Villegas
© 1997 N.G.L. Hammond
© Ediciones B, S.A., 2004
   Bailén, 84 - 08009 Barcelona (España)
   www.edicionesb.com
Impreso en Argentina-Printed in Argentine
ISBN: 84-666-2433-3
Depósito legal: B. 38.252-2004

Supervisión de Producción: Carolina Di Bella
Impreso en papel obra Copybond de Massuh.
Impreso por Printing Books, Mario Bravo 835,
Avellaneda, Buenos Aires, en el mes de marzo de 2005.

Todos los derechos reservados. Bajo las sanciones establecidas
en las leyes, queda rigurosamente prohibida, sin autorización
escrita de los titulares del *copyright*, la reproducción total o parcial
de esta obra por cualquier medio o procedimiento, comprendidos
la reprografía y el tratamiento informático, así como la distribución
de ejemplares mediante alquiler o préstamo públicos.

Margaret
uxori dilectissimae

ÍNDICE

Prefacio 13

CAPÍTULO UNO
La infancia de Alejandro 17

CAPÍTULO DOS
El mundo de Filipo como rey y Alejandro como príncipe 27
1. El escenario del nacimiento y la niñez de Alejandro 27
2. El Estado macedonio 31

CAPÍTULO TRES
La influencia de Filipo 35
1. De la debilidad a la fuerza en 346 35
2. La política de Filipo hacia las ciudades-Estado 39
3. Relaciones entre Filipo y su hijo adulto 42
4. La invasión de Asia y la muerte de Filipo 45

CAPÍTULO CUATRO
Alejandro consolida su posición en Macedonia, Grecia y los Balcanes 49
1. La sucesión y el juicio de los conspiradores 49
2. El funeral de Filipo y la marcha hacia Corinto 52
3. Disposiciones en el reino 54
4. La campaña de Tracia y la organización del Imperio 57
5. La campaña en Iliria 60

CAPÍTULO CINCO
*Fuentes de información, un alzamiento en Grecia
y preparativos p   ara Persia*   65
1. Las fuentes de información para la campaña de los Balcanes   65
2. La rebelión y toma de Tebas, y las fuentes de información   69
3. El Consejo de los Griegos dicta la sentencia contra Tebas   72
4. Alejandro se prepara para la campaña contra Persia   75
5. El sistema monetario y la cultura en 336/335   80

CAPÍTULO SEIS
El cruce del Helesponto y la primera victoria   87
1. Acuerdos en Europa y cálculos para Asia   87
2. El cruce del Helesponto   91
3. La batalla del río Gránico   94

CAPÍTULO SIETE
La conquista de Asia Menor   101
1. La política de Alejandro y el avance hacia Éfeso   101
2. La guerra en el mar y el sitio de Halicarnaso   104
3. La división de fuerzas y el avance de Alejandro hacia Panfilia   108
4. Anatolia y Gordio   112

CAPÍTULO OCHO
La batalla de Iso y la ocupación de la costa mediterránea   115
1. La guerra en el mar y el avance hacia Tarso   115
2. La campaña de Iso   119
3. La conquista de la costa y el sitio de Tiro   124
4. El avance hacia Egipto y el establecimiento de la talasocracia   130

CAPÍTULO NUEVE
El avance hacia el Oriente y la batalla de Gaugamela   133
1. Acontecimientos en Egipto a comienzos del año 331   133
2. La campaña y la batalla de Gaugamela   139

CAPÍTULO DIEZ
El avance hacia Persépolis y la situación en Grecia   147
1. Babilonia, Susa y la reorganización militar   147
2. Persépolis y el futuro de Persia   151
3. La situación en Grecia   154

CAPÍTULO ONCE
La muerte de Darío y la decisión de avanzar hacia el este 157
1. La marcha hacia Ecbatana y la persecución de Darío 157
2. El concepto de Alejandro sobre Asia y los preparativos para el avance hacia el este 160

CAPÍTULO DOCE
De Partia a Kabul en Afganistán 169
1. Planes de Alejandro para el futuro 169
2. La campaña de Afganistán 170
3. El juicio de Filotas y otros 172
4. Operaciones en Afganistán y Beluchistán 176

CAPÍTULO TRECE
El avance hacia el río Jaxartes 179
1. El sistema de abastecimiento y el cruce del Hindukush 179
2. El cruce del Oxus, los branquidas y el fracaso de Beso 181
3. Alzamientos en Sogdiana y Bactriana en 329 185

CAPÍTULO CATORCE
El sometimiento del área nordeste en 328-327 189
1. Operaciones contra los rebeldes y el episodio de Cleito 189
2. Operaciones en el área nordeste 193
3. La conspiración de los Pajes 197

CAPÍTULO QUINCE
El valle del Indo 203
1. El avance hacia el río Indo y el cruce del mismo 203
2. La batalla del Hidaspes 207
3. Avance y parada en el Hífasis 211

CAPÍTULO DIECISÉIS
El sur de Asia 213
1. Hacia el delta del Indo 213
2. La conquista de las regiones meridionales 221
3. El sudoeste asiático 224

CAPÍTULO DIECISIETE
El reino de Asia y los macedonios 227
1. La organización del reino de Asia 227
2. Macedonios y asiáticos 234

CAPÍTULO DIECIOCHO
Los planes y la personalidad de Alejandro 239
1. Disposiciones que afectaron a Macedonia
y a los macedonios 239
2. Disposiciones que afectaron a las ciudades-Estado 241
3. Preparativos para la campaña del Mediterráneo 244
4. Hechos que condujeron a la muerte de Alejandro 245
5. Creencias y cualidades personales de Alejandro 247

Apéndice 253

Tabla cronológica de datos adoptada en el texto 257

Comentarios sobre las ilustraciones 261

Ilustraciones 265

Bibliografía 269

Índice analítico 271

Prefacio

En 1980, cuando publiqué un libro sobre Alejandro escribí que mi objetivo era «exponer la mayor parte de las pruebas y comprometer al lector en la tarea de evaluación». Así, para dar como ejemplo la batalla del Gránico (Kocabas), mencioné las versiones incompatibles de los escritores antiguos (Diodoro, Plutarco y Arriano en particular), agregué algunos detalles topográficos, y expuse mi reconstrucción que se apoyaba en mi propia estimación de la validez de los relatos antagónicos. De ese modo el lector estaba preparado para hacer su propia valoración de lo que realmente había ocurrido, y en condiciones de profundizar su estudio consultando las obras de otros eruditos, a las cuales se hacía referencia. Por eso era un libro destinado a suscitar la indagación y estimación de los logros de Alejandro.

Desde 1980 he llevado mis investigaciones mucho más lejos. En particular, he publicado dos libros (*Three Historians of Alexander* y *Sources for Alexander*) sobre el problema central al que se enfrenta todo historiador de Alejandro. Éste se puede resumir de la siguiente manera: las narraciones que sobreviven han sido escritas entre tres y cinco siglos después de la epopeya de Alejandro, y sus descripciones varían ampliamente, no sólo en lo que podrían considerarse cuestiones de hecho, sino también en las interpretaciones de la personalidad de Alejandro. Esta última va de la brillantez intelectual y la visión de estadista a un ansia desenfrenada de conquista y sensual libertinaje. La tentación del escritor moderno es escoger y seleccionar de estas narraciones la que se adecua a su propia concepción de la personalidad de Alejandro y hacer coincidir el retrato de Alejandro con una escala de valores moderna. Esta tentación es extremadamente fuerte en nuestra era moderna que, para citar las palabras de Thomas Carlyle, se caracteriza «por una incredulidad ante el gran hombre», ya que nuestra era no ha logrado producir estadistas ni líderes de semejante estatura. Para dar un ejemplo, puede ser más atractivo atribuir el incendio del palacio de Persépolis a un acto de despiadado vandalismo por parte de una prostituta ateniense y un rey embriagado que atribuirlo a una decisión política deliberada.

En mi propia obra desde 1980 he intentado resistirme a esta tentación y concentrar mi atención en un análisis detallado de las narraciones supervivientes a fin de indagar su validez histórica en cada etapa. Por ejemplo, Arriano nos dice que él recogió los hechos de las narraciones de Tolomeo y Aristóbulo, quienes «hicieron campañas junto con Alejandro» y «eran más fiables». Plutarco por otro lado confiaba ampliamente en los relatos de Cleitarco, un contemporáneo pero no un guerrero, y Quintiliano nos ha dicho que la obra de Cleitarco era «brillantemente ingeniosa y notoriamente mendaz». Por eso, cuando encontramos versiones diferentes de un acontecimiento en Arriano y en Plutarco, tenemos que preguntarnos qué autor previo utilizó cada uno y sólo entonces juzgar lo que realmente, o al menos probablemente, sucedió.

La jubilación me ha brindado la oportunidad de emprender y completar estudios sobre este y otros problemas similares, muchos de los cuales han sido reeditados en mis obras *Collected Studies* II y III. Es de esperar que abran una nueva era en la investigación sobre Alejandro en el futuro. En el presente, me pareció apropiado recopilar mis conclusiones y escribir un relato sobre Alejandro que pudiera estar más próximo a los hechos reales de su vida y a la índole de su personalidad. Dado que el cuadro que surge es el de un hombre que hizo más que ningún otro individuo para cambiar la historia de la civilización, he titulado mi libro *El genio de Alejandro Magno*.

La narración está destinada principalmente al lector común, ya que no tiene notas a pie de página. A veces figura un párrafo entre comillas, lo cual indica que es una traducción de una inscripción o un texto antiguo. Se ha incorporado un Apéndice para aquellos lectores que deseen conocer los fundamentos de mis puntos de vista. El Apéndice se ha ordenado capítulo por capítulo y tema por tema, para facilitar la referencia y para que el lector consulte aquellos de mis estudios que son pertinentes. En ellos encontrará el análisis de los puntos de vista de otros eruditos. La Bibliografía se limita a unos relativamente pocos libros en inglés, ya que existen bibliografías extensivas, por ejemplo en *The Cambridge Ancient History 6* (Cambridge, 1994). Los datos cronológicos coinciden con los de mi libro anterior sobre Alejandro, excepto que ahora he fechado su ascensión al trono en octubre del año 336.*

Estoy muy agradecido a Sonia Argyle por haberme ayudado con el índice analítico, y a Deborah Blake por haber supervisado los trabajos de impresión.

También estoy en deuda con David Cox de Cox Cartographic Ltd., que trazó los originales de los mapas y planos, y con Margaret, a quien he dedicado este libro, por su aliento constante y su crítica perspicaz.

Clare College, Cambridge
N. G. L. H.

---

* Todas las fechas consignadas en el texto en números arábigos son a.C. (antes de Cristo). En el caso de las indicaciones de siglo, se ha mantenido la mención expresa, vg. «siglo IV a.C.» *(N. del E.)*.

CAPÍTULO UNO

La infancia de Alejandro

Filónico de Tesalia le ofreció a Filipo un semental, *Bucéfalo*, a un precio de trece talentos. Después salieron a la planicie para probarlo. El veredicto fue que el caballo era salvaje y muy incontrolable. No permitía que nadie lo montara, ni siquiera los mejores jinetes de entre los camaradas de Filipo, y se encabritaba para impresionar a todos. Esto enfureció a Filipo. Ordenó la eliminación de este animal tan absolutamente salvaje e indómito. Alejandro estaba presente. «Qué caballo se van a perder —dijo—. No pueden controlarlo porque carecen de comprensión y coraje.» Filipo al principio calló. Pero cuando Alejandro insistió una y otra vez y se enardeció, Filipo dijo: «¿Osas criticar a tus mayores porque tienes un poco más de conocimiento o eres más hábil para montar un caballo?» «Sea como fuere, a este caballo —contestó Alejandro—, lo monto mejor que nadie.» «Y si no lo domeñas, ¿qué precio pagarás por tu imprudencia?», inquirió Filipo. «¡Cielos!, te pagaré el precio del caballo.» Hubo un estallido de risas. Luego, una vez establecidos los términos monetarios de la apuesta, Alejandro se acercó al animal, tomó las riendas y lo hizo ponerse de frente al sol, porque se había dado cuenta —según parece— de que el caballo se ponía nervioso al ver agitarse su propia sombra.

Durante un rato Alejandro acarició al animal. Entonces, cuando vio que estaba lleno de bríos, se quitó lentamente la capa, y de un salto montó a horcajadas sobre él. Durante un tiempo lo tuvo dominado, tensando las riendas para controlar la embocadura, pero sin dar tirones ni lastimar la boca, y cuando vio que el caballo perdía el temor y estaba ansioso por correr, lo dejó galopar y lo estimuló con un grito vigoroso y la presión de sus piernas. Al principio, los que estaban con Filipo lo contemplaron con inquietud y en silencio. Pero cuando logró que el caballo se comportara de manera correcta y regresó jubiloso y altivo, todos lo vitorearon. Su padre, según se dice, lloró de alegría, lo besó cuando desmontó, y le dijo: «Hijo mío, busca un reino digno de ti. Macedonia no es suficientemente grande para ti.»

En mi opinión, debemos este relato vívido a un testigo presencial, un tal Marsias Macedón, que fue un contemporáneo de Alejandro y unos años más tarde escribió un libro titulado *La educación de Alejandro*. De acuerdo con el ceremonial de la corte, el rey Filipo y sus caballeros escogidos eran asistidos diariamente por algunos de los Pajes Reales y en esta ocasión Alejandro y Marsias, ambos probablemente en sus quince años de edad, servían como tales. *Bucéfalo*, que significa «cabeza de buey», así llamado según la marca a fuego sobre su anca, era un semental de unos cuatro años de edad. «Era un caballo de gran porte y espíritu noble», como en efecto lo vemos retratado en el mosaico Alejandro que conmemora la batalla de Iso (*véase* lámina 12). Ya había sido domado por su entrenador Filónico. Ahora estaba embridado y disponible para que lo montara a pelo (los estribos y las sillas de montar no se inventaron hasta la Edad Media) alguien que intentara seguir su ritmo. Su conducta salvaje y peligrosa atemorizó a todos, excepto al joven Alejandro.

En su manejo de la situación Alejandro mostró una independencia de criterio, una comprensión del animal y un grado de coraje notable en un joven de su edad. No es de extrañar que los espectadores experimentaran un gran temor, ya que Alejandro estaba arriesgando su vida. Una medida de esa aprensión fueron las lágrimas de alegría que, según se dice, derramó Filipo cuando su hijo regresó triunfante. Para aquellos que vivieron para ver a Alejandro en Asia, este acontecimiento presagió muchas ocasiones en las cuales su independencia, inteligencia y coraje obtuvieron un triunfo tras otro. Desde el momento en que Alejandro ganó la apuesta —y podemos suponer que Filipo pagó el precio del caballo, que pasó a ser una posesión personal de Alejandro—, *Bucéfalo* fue entrenado como un caballo de guerra y no aceptó a ningún otro jinete. Las palabras atribuidas a Filipo como «frase célebre» probablemente no son históricas, dado que cuando padre e hijo ya habían muerto, los hombres pretendieron establecer comparaciones entre ellos. Pero hay mucho de verdad en el relato: Alejandro se esforzaba por competir con su padre y estaba dispuesto a arriesgar su vida hasta las últimas consecuencias.

Los incidentes y dichos siguientes probablemente también fueron recogidos por Plutarco de la obra de Marsias. Cada vez que llegaban noticias de que Filipo había conquistado una ciudad famosa u obtenido una victoria notable, Alejandro solía decir a sus contemporáneos: «Mi padre, muchachos, será el primero en ganarlo todo, y no me dejará ninguna acción grande ni brillante para llevar a cabo con vosotros.» Lo que Alejandro deseaba cuando joven no era el goce del placer ni gastar su riqueza, sino la obtención de la gloria y la excelencia, es decir, destacarse y ser reconocido como sobresaliente y ser aclamado como glorioso. No albergaba dudas de que algún día sería rey. En realidad, pensaba que ya tenía que tener una conducta digna de un rey. Éste es el sentido del relato en el que, cuando sus compañeros le preguntan si competiría en la carrera pedestre durante los Juegos Olímpicos (ya que era de «pies rápidos»), responde: «Sí, si tengo reyes como colegas competidores.» Para algunos de sus compañeros puede haber parecido precoz; como observó Plutarco, citando probablemente a Marsias, «su ambición le hizo mantener la mente reflexiva y el espíritu altivo». Pero también tenía una gran predisposición para las amistades del tipo más puro. Por ejemplo, tenía un profundo apego por Efestión y como veremos era muy leal, casi más allá de lo razonable, a Harpalo. En sus ambiciones, arrastraba consigo a sus amigos; es el motivo por el cual hablaba de ganar fama «junto con vosotros».

En cuanto a su figura, Alejandro estaba por debajo de la altura promedio de un hombre de su época. Su voz era estentórea y afirmativa. Era de un físico vigoroso e incansable. En la marcha podía montar y apearse de un carro en movimiento; y era esta fuerza y su constitución atlética lo que le permitía saltar sobre el lomo de *Bucéfalo*. Mientras que su padre tenía facciones rudas y un aspecto vigorosamente masculino, Alejandro de joven se destacaba por la suavidad de sus rasgos, la ligera protuberancia y la expresión dulce de sus ojos, una piel perfecta y una tez rosada. Probablemente había heredado su aspecto menos de su padre que de su madre, Olimpia (*véanse* láminas 1a y 15). Hasta los catorce años de edad fue educado en el hogar, donde la vida era sencilla, ya que no había esclavos y las mujeres de la familia real cocinaban las comidas y confeccionaban las prendas. Debe de haber estado mucho más influido por su abuela paterna Eurídice que, como reina madre, gozaba de la más alta estima. Ella dedicó altares en el centro de la antigua capital, Egea, a

«Eukleia», la Bella Fama, que era la guía del joven Alejandro, y había compuesto un delicioso epigrama que acompañaba una dedicatoria a las Musas:

> Eurídice, hija de Sirras, dedica esta estatua (probablemente de Hermes) a las Musas de su ciudad, porque tiene en su alma un anhelo de conocimiento. La feliz madre de hijos adultos se esfuerza por aprender las letras, los registros de la palabra hablada.

Alejandro también fue devoto de las Musas. La *Ilíada,* de Homero, era su libro favorito, disfrutaba con las obras de Píndaro, los grandes autores trágicos y los poetas ditirámbicos, y tenía una inclinación natural por el aprendizaje y la lectura.

Cuando Eurídice murió, Alejandro tenía aproximadamente catorce años de edad. En Egea había una zona separada donde eran sepultadas las mujeres de la familia real, y fue allí donde el profesor Andrónicos descubrió en sus excavaciones la más primitiva y amplia cripta abovedada que todavía se conoce. Data de fines del año 340 y él la identificó como «la tumba de Eurídice». A buen seguro Alejandro habría estado presente en la ceremonia de la cremación y colocación de las cenizas de Eurídice en la cámara principal de la tumba. Debió de haber admirado el fresco *trompe l'oeil* de una fachada sobre su pared trasera, el cual crea la ilusión de que existe una habitación al otro lado.

El vínculo emocional más fuerte de Alejandro era el que tenía con su madre, Olimpia. Hay que tener en cuenta que no sólo en Macedonia sino también en las ciudades-Estado, el matrimonio de las jóvenes era concertado por el hombre que era «responsable» de ella. Los plebeyos utilizaban estos matrimonios para afianzar vínculos y conexiones familiares. Los reyes comúnmente se casaban y concertaban el matrimonio de una hija con un miembro de otra casa real con fines políticos (o como señaló un escritor cínico, Sátiro, «con propósitos bélicos»). De esta manera, Eurídice, una princesa de la casa real de Linco, había sido ofrecida en matrimonio a Amintas y desde entonces vivió en Macedonia. Tampoco era ella la única reina. Los reyes y a veces otros varones de la casa real practicaban la poligamia para asegurarse una provisión de herederos en línea directa y para extender sus conexiones políticas. Por ejemplo, Amintas tuvo al menos dos esposas y seis hijos de ellas. En el transcurso de dos años, 358 y 357, Filipo, que entonces contaba veintitantos, tomó cuatro esposas, de quienes nacieron al menos tres de sus hijos. Una de las cuatro fue Olimpia, una princesa de la casa real de Molosia que fue ofrecida en matrimonio por su tío el rey Aribbas. Más tarde, los escritores inventaron una unión por amor, que dedujeron de un encuentro de la joven pareja en el templo de los Cabiros en Samotracia; pero esto se descartó a causa de sus edades respectivas. Las cuatro esposas eran tratadas como iguales en la jerarquía real.

Olimpia tenía una buena apariencia y un temperamento apasionado. Era profundamente religiosa y ofrecía sacrificios a los dioses olímpicos del Estado macedonio, observando los ritos de los cultos arcanos en los cuales estaba iniciada. Uno de esos cultos era el de los Cabiros, que tenía que ver con la fertilidad de los hombres y animales y con la supervivencia después de la muerte en el otro mundo. Se hacían ofrendas a los Cabiros como «Los grandes dioses» en un hoyo circular en Samotracia y en los terrenos situados extramuros de la ciudad de Pella. Otro culto era el de Orfeo, que prescribía normas de conducta y prometía una vida feliz después de la muerte para los creyentes. El rapto de Perséfone por Plutón, que tenía cierta concordancia con el culto a Orfeo, era el tema de los frescos en la tumba de Amintas y de una pintura en la tumba de Eurídice. Existía asimismo el culto de Dionisio, que Eurípides hizo famoso en *Las bacantes*, su obra maestra compuesta y representada en Macedonia. Era notable por los ritos orgiásticos de las mujeres poseídas por el espíritu del dios, y se decía que Olimpia «había sido inspirada y poseída más que ninguna otra» y que manipulaba enormes serpientes domesticadas en su honor. Cuando Alejandro estuvo en Asia ella le recomendó a un servidor sacerdotal que era un experto —como ella misma— en los ritos báquicos y argeádicos, siendo estos últimos propios de la tribu real macedonia.

La influencia de Olimpia sobre el joven Alejandro fue muy grande. Éste se crió en una profunda religiosidad con una disposición a creer en que los dioses se manifestaban en muchos cultos y lugares y con variados nombres; pero por lo que sabemos Alejandro no siguió a su madre en los cultos arcanos de Orfeo y los Cabiros. El vínculo afectivo entre ellos era excepcionalmente fuerte. Como diría Alejandro más tarde, una sola lágrima de su madre le compensó de las innumerables acusaciones formuladas en las cartas por Antípater, su mariscal superior. Y cuando se produjo una desavenencia entre su padre y su madre, él tomó el partido de Olimpia y junto con ella abandonó la corte. Sin embargo, a pesar de la fuerte personalidad que indudablemente tenía Olimpia, Alejandro no fue dominado por ella; después de convertirse en rey le hizo muchos obsequios, pero en los asuntos públicos dependía enteramente de su propio juicio.

A punto de cumplir los catorce, en el año 342 Alejandro ingresó en la Escuela de Pajes Reales. Los orígenes de esta institución se remontan al pasado remoto, pero su conocimiento detallado proviene de los reinados de Filipo y Alejandro. El Paje Real era uno de los cincuenta jóvenes, elegidos entre los hijos de los macedonios prominentes, que al llegar a la pubertad comenzaban un curso cuatrienal y se graduaban a los dieciocho años. Durante los mismos vivían en la corte o sus alrededores como pensionistas y recibían instrucción militar, especialmente en la caballería y en las ciencias humanísticas, entre las cuales se contaban la gramática, la retórica, la dialéctica, la geometría, la aritmética, la astronomía y la música, que eran los temas básicos. Durante el último año servían como Escoltas del rey en las batallas y como monteros a pie en las monterías, asistiendo a los miembros de la familia real que por ley debían cazar a caballo. Veamos el fresco de la cacería real en la lámina 2, y sobre el extremo derecho observemos el uniforme estatuido para el Paje Real. El entrenamiento físico era esencial, y los jóvenes se ejercitaban en pugnas atléticas y gimnásticas.

El rey actuaba como rector, y sólo él administraba los castigos corporales a los transgresores. Por ejemplo, Filipo azotó a un joven «de manera poco envidiable» por haber abandonado un ejercicio paramilitar a fin de visitar una casa pública; y en el último año del servicio militar la disciplina era muy estricta, hasta el extremo de que un paje fue ejecutado por Filipo por desobedecer órdenes y quitarse su armadura. Filipo empleaba a ciudadanos libres como entrenadores y maestros (no a esclavos como ocurría a menudo en la educación privada en Atenas). Uno de ellos, Leónidas, un pariente de Olimpia, era un hombre de carácter severo que fue descrito como el segundo padre de Alejandro y su profesor personal. Leónidas solía revisar los cofres de Alejandro por si Olimpia había incluido alguna golosina para él, y lo reprendía por ser despilfarrador al arrojar demasiado incienso sobre el fuego del altar. Alejandro evidentemente lo consideraba un tacaño, ya que más tarde le envió dieciséis toneladas de incienso desde Egipto.

En 342, Filipo contrató a Aristóteles por un generoso salario para que enseñara «filosofía», ciencia que abarcaba tanto conocimientos prácticos como teóricos. Las lecciones y seminarios se llevaban a cabo generalmente al aire libre en el templo de las Ninfas cerca de Mieza, un hermoso lugar con grutas naturales formadas en la piedra caliza, que era y es aún hoy visitado por los turistas en el día de Plutarco. La influencia de Aristóteles sobre Alejandro fue profunda. Alejandro aceptaba como correctos los puntos de vista de Aristóteles sobre cosmología, geografía, botánica, zoología y medicina, y por eso llevó científicos a Asia junto con su ejército. Estaba fascinado con las conferencias de Aristóteles sobre lógica, metafísica, naturaleza de la poesía y esencia de la política. Sobre todo, aprendió de Aristóteles a tener fe en el intelecto. En su relación personal, la admiración del joven se convirtió en un profundo afecto, y ambos compartieron un interés especial en establecer el texto de la *Ilíada*. Sin duda, Aristóteles esperaba guiar al futuro rey en el cumplimiento de sus deberes, del mismo modo en que su propio maestro, Platón, había intentado guiar al joven Dionisio como soberano de Siracusa. Con ese fin escribió para Alejandro un tratado, *Sobre la monarquía*, que desafortunadamente no sobrevivió. Se puede poner en duda si el tratado tuvo algún efecto cuando Alejandro subió al trono. Pero en 336, después de haber sido elegido para comandar las fuerzas conjuntas de griegos y macedonios en la guerra contra Persia, Alejandro mostró su respeto por la «filosofía» durante una visita al filósofo ascético Diógenes, al manifestar: «Si no fuera Alejandro, seguramente sería Diógenes.»

Ser el hijo del rector de la Escuela de Pajes no debió de haber sido fácil para un muchacho que tenía un espíritu intensamente competitivo. El hecho de que Filipo amaba a su hijo y admiraba su coraje se deduce claramente del relato de la doma de *Bucéfalo*. Alejandro probablemente correspondía a ese amor, ya que su padre tenía sólidos afectos, una personalidad carismática y gustos refinados. Huelga decir que Alejandro lo admiraba extraordinariamente por sus logros, pues en 342 Filipo era el principal estadista en el mundo griego y había hecho de su nación la mayor potencia militar de Europa. Desde ese año, padre e hijo estuvieron en estrecho contacto. Como rector, Filipo guiaba y observaba los progresos de Alejandro, y había desarrollado una confianza total en las habilidades de su hijo.

Probablemente fue a fines del año 342 cuando los enviados persas llegaron a la corte en ausencia de Filipo y fueron agasajados por Alejandro. Quedaron impresionados por su afabilidad y la naturaleza perceptiva de sus preguntas acerca de su nación y su soberano. En el año 340, cuando Filipo emprendió una importante campaña en Tracia, designó a Alejandro para actuar como su delegado, lo cual indicaba su deseo de que fuera su sucesor en caso de hallar la muerte durante la campaña. Nos han contado que Filipo tuvo varios hijos de sus esposas, pero que algunos murieron de muerte natural y otros cayeron en combate, presumiblemente como pajes o escuderos. Puede ser que el único medio hermano varón de Alejandro superviviente en 340 fuera Arrideo, quien tenía casi su misma edad pero era mentalmente atrasado. El ascenso de Alejandro significó un prestigio especial para Olimpia, que estaba destinada a ser la posible reina madre.

Como delegado de su padre, a Alejandro se le había confiado el sello real. A partir de entonces llevó a cabo los deberes rutinarios del rey, convalidando con dicho sello los documentos de Estado. En particular, realizó los sacrificios diarios. Probablemente ya había participado en estos sacrificios desde los catorce años, y ahora estaba facultado para conducirlos en nombre del Estado y de la familia real, que tenía su propio culto a Hércules Patroüs, es decir a Hércules como ancestro de los teménidas. Durante el año 340 hubo un levantamiento de los medas en el valle del Estrimón (entre Grecia y Bulgaria), que Alejandro sofocó como comandante de las fuerzas macedonias. Tomó la capital, expulsó a los nativos y repobló la ciudad, a la que dio el nombre de Alejandrópolis, con una mezcla de macedonios, griegos y tracios. En este sentido siguió el ejemplo de su padre, que había introducido pobladores macedonios en la ciudad griega de Crenides y la había rebautizado como Filipos. Alejandro no dudó de la aprobación de Filipo, quien había fundado poblaciones mixtas similares en Tracia central en las postrimerías del año 341, una de las cuales se llamaba Filipópolis. Evidentemente, padre e hijo estaban totalmente de acuerdo.

En el verano del año 338, Alejandro y sus compañeros de promoción se graduaron. Habían llegado a la edad de dieciocho años, y sabían cuál iba a ser su destino. La Escuela de Pajes, como Eton y Winchester en la Inglaterra victoriana, era famosa como «un campo de entrenamiento de grandes gobernadores y generales». Los graduados físicamente aptos ingresaban en la Compañía de Caballería como soldados. Los afligidos con impedimentos físicos, como Harpalo, entraban al servicio del rey en un puesto administrativo. Alejandro había salido victorioso de la escuela. Había ganado prestigio como caballero montado sobre su corcel de guerra *Bucéfalo*, como cazador intrépido, y como delegado del rey. Su futuro estaba asegurado, y tenía todas las expectativas de que un día en el futuro sería elegido por la Asamblea de los Macedonios para ser su rey.

La veta de su personalidad que necesitaba enfatizar era su fe religiosa. Desde la infancia había rendido culto a Hércules Patroüs, el hijo de

Zeus y una mortal que descendía de Aquiles, hijo a su vez de la nereida Tetis y de un mortal, Peleo. En las venas de su madre también corría sangre de un hijo y una hija de Príamo, rey de Troya. Para Alejandro, Hércules y Aquiles no eran fantasías de la imaginación poética sino personas reales, quienes esperaban que sus descendientes sobresalieran como guerreros y benefactores de la humanidad. Todo en su crianza había concurrido para inspirarle una profunda fe en los dioses del Olimpo: el sacrificio diario en compañía de su padre, la participación en festividades religiosas, la proximidad del trono de Zeus sobre el Monte Olimpo, y la religiosidad del pueblo macedonio. Las monedas de su padre proclamaban una devoción a Zeus, Apolo y Hércules, y a medida que Alejandro crecía, veía el triunfo de su padre como el de un adalid de Apolo en una «Guerra Sagrada». Él también esperaba que los dioses le inspirarían a sobresalir en su servicio.

CAPÍTULO DOS

El mundo de Filipo como rey y Alejandro como príncipe

1. El escenario del nacimiento y la niñez de Alejandro

En 356, año del nacimiento de Alejandro, un panfletista político llamado Isócrates escribió del mundo grecoparlante: «Toda Grecia está atormentada por guerras, revoluciones, masacres y males innumerables.» Esta situación terrible era el resultado de un siglo de guerras destructivas entre las ciudades-estado y revoluciones internas en la mayor parte de ellas, luchas que habían engendrado odios violentos y conducido a atrocidades en una escala sólo conocida en los tiempos modernos. Muchas guerras surgieron de disputas fronterizas locales, por ejemplo entre Atenas y Tebas (en Beocia) sobre la posesión de Oropo, y era posible que se repitieran con cualquier cambio en el poderío de los rivales. Las guerras importantes eran iniciadas por los estados que deseaban ejercer su liderazgo sobre otros, y luego competían entre sí. De esta manera, en el año 460 Atenas —ya con el control de muchos estados marítimos— inició una guerra de quince años contra Esparta, líder de un grupo de potencias terrestres; y en 431 se embarcó en una segunda guerra, que concluyó desastrosamente para ella en 404. Intrépidamente hizo dos intentos más, uno en 394 y el otro en 377. Su última aventura terminó con una derrota a manos de algunos de sus estados súbditos en el año 356. Esparta libró dos batallas exitosas contra Atenas, pero en el siglo IV a.C. su conducta como poder imperial la condujo a revoluciones y a una derrota a manos de una nueva rival, Tebas, en 371.

De allí en adelante Esparta y Atenas se unieron en la guerra contra Tebas y sus estados asociados. En 362 se libró una batalla de resultado incierto en el Peloponeso, en la cual tomaron parte la mayoría de las ciudades-estado del territorio continental. En 356, cuando Atenas estaba en guerra con sus estados súbditos, Tebas intentó someter a su vecina Focea, que era un «aliado» reacio, pero el resultado fue que el líder de un partido político focense se apoderó del templo de Apolo en Delfos. Éste fue el comienzo de lo que llegó a ser la Guerra Sagrada, en la cual por principio se ejecutaba a todos los prisioneros. Estaba destinada a durar diez años, y en ella acabaron viéndose envueltos la mayor parte de los estados continentales.

Estas guerras generales eran en cierta manera menos destructivas que las revoluciones internas en las ciudades-estado, iniciadas por líderes de partidos y que a menudo conducían a la intervención de una potencia externa. Un ejemplo aterrador de un episodio vivido en Corcira en 427 fue descrito por el historiador griego Tucídides. Allí los demócratas tenían el apoyo de una flota ateniense, y unos cuatrocientos oligarcas buscaron refugio en el templo de Hera. Los demócratas convencieron a cincuenta oligarcas para que salieran y se sometieran a juicio, y después los condenaron a muerte a todos.

> Los cobijados en el templo tuvieron que matarse unos a otros en el recinto consagrado; mientras algunos se colgaban de los árboles, otros se acuchillaban, si eran capaces. Durante siete días los corcirenses hicieron una carnicería entre los conciudadanos a los que consideraban enemigos [...]. De este modo la muerte se presentó en todas sus formas y, como generalmente ocurre en estas ocasiones, no hubo extremo al cual la violencia no llegara; los hijos eran asesinados por sus padres, y los cobijados arrastrados desde el altar o golpeados sobre él, mientras otros se tapiaron dentro del templo de Dionisio y murieron allí. Tan sangrienta fue la marcha de la revolución *(stasis)* [...]. Más tarde, podría decirse, todo el mundo helénico se vio convulsionado [...]. Los sufrimientos que la revolución ocasionó en las ciudades fueron muchos y terribles, como ha ocurrido y siempre ocurrirá mientras la naturaleza de la humanidad siga siendo la misma.

Cualquier guerra civil de esta índole deja una herencia de odio y un deseo de venganza, que frecuentemente conduce a una nueva guerra civil. En 353 Platón, después de haber visitado las ciudades-estado de Sicilia, donde la revolución y la contrarrevolución eran endémicas, se refirió a la *stasis* de esta manera:

Para esto jamás hay un final. Lo que parece serlo siempre se enlaza con un nuevo comienzo, de modo que este círculo de conflictos probablemente destruirá por completo a ambas facciones: los partidarios de la dictadura y los de la democracia. La lengua griega prácticamente se extinguirá en Sicilia si ésta se convierte en una provincia de Cartago o Italia.

¿Cómo se iba a detener la decadencia? Entre los años 360 y 350, Platón compuso su último diálogo, *Leyes*, en el cual describió su ciudad-estado ideal. Él creía que su sistema de educación estatal inspiraría a los ciudadanos, en unas condiciones económicas y sociales específicas, a obedecer a sus soberanas, es decir, las leyes. Ésta era una solución intelectual a largo plazo. Otros pensadores pretendían una reforma más rápida. En 355 Jenofonte, después de haber escrito su *Historia de los Asuntos Griegos*, que abarcaba desde el año 411 al 362, vio la necesidad de establecer en Grecia unos «guardianes de la paz» *(eirenophylakes)*, y pensó que si Atenas abandonaba su política intervencionista podía estar en condiciones de convertirse en la mediadora para esa paz. Como una primera medida urgía a Atenas a que persuadiera a los focenses para que abandonaran Delfos. Isócrates también aconsejó que Atenas olvidara sus ambiciones imperiales y se concentrara en una política de paz, pero no la creía capaz de conducir a los otros estados hacia una reconciliación. No obstante, entre los años 336 y 335, escribió una *Carta abierta* a Arquidamo, el rey de Esparta, en la cual le proponía que como conciliador disuadiera a las ciudades-estado de «su furor y belicosidad» y las condujera en una cruzada contra Persia. Estas propuestas fueron desoídas, y la siguiente Guerra Sagrada sumergió a los estados en una mayor confusión y masacre.

En esta época existían dos partes del mundo grecoparlante que no sufrían revoluciones y no trataban de imponer reglas sobre las ciudades-estado. En Épiro, había tres grupos de estados tribales, llamados Molosia, Tesprocia y Caonia, y si bien cualquiera de ellos podía desplazarse de un grupo a otro, cada estado seguía siendo una comunidad estrechamente cohesionada (un *koinon*, como se lo denominaba). El grupo más poderoso en 356 era el estado de Molosia. Su monarquía tenía un prestigio excepcional porque se creía que la familia real descendía de Neoptólemo, hijo de Aquiles. Estos estados defendían la frontera contra los ilirios, cuyas instituciones eran bastante similares. En el siglo IV a.C. fueron derrotados por varios estados ilirios agrupados en torno de los dárdanos (en Kosovo y Metohija), cuyo rey Bardilis impulsó una sólida economía. En 385, los molosos perdieron 15.000 hombres en combate y fueron salvados del sometimiento gracias a un ejército espartano. Pero sufrieron nuevas pérdidas en 360.

La otra parte del mundo grecoparlante se extendía desde Pelagonia en el norte hasta Macedonia en el sur. Estaba ocupada por varios estados tribales, que se hallaban constantemente en guerra contra los ilirios, los peonios y los tracios. Cada estado tenía su propia monarquía. Se atribuía un prestigio especial a los lincéstidas cuya familia real, los baquíadas, proclamaban descender de Hércules, y a los macedonios, cuya estirpe real era similar. Si bien estos estados tribales ocasionalmente combatían entre sí, cada uno tenía una fuerte cohesión interna y estaba libre de revoluciones *(stasis)*. Sufrían más a causa de los dárdanos que dirigían ataques sorpresivos por todas partes, llegando incluso hasta el golfo Termaico donde impusieron un rey-títere sobre los macedonios desde 393 hasta 391. De allí en adelante Pelagonia y Linco fueron frecuentemente invadidas, y en 359 el rey macedonio Perdicas y 4.000 soldados sucumbieron en la batalla contra los dárdanos.

En la opinión de las ciudades-estado estos estados tribales eran subdesarrollados y no merecían llamarse griegos, si bien hablaban dialectos del idioma griego. Según Aristóteles, la monarquía era el signo de un pueblo demasiado estúpido para gobernarse a sí mismo. Por otra parte, las ciudades-estado, con la excepción de Esparta, se habían liberado de la monarquía siglos antes. Se gobernaban democrática u oligárquicamente y sus ciudadanos eran sumamente individualistas. Existían otras grandes diferencias. Los estados del norte vivían principalmente de la ganadería trashumante, utilizaban el trueque más que la moneda, y se basaban en la esclavitud; mientras que las poblaciones de la ciudad-estado vivían principalmente en las ciudades, tenían economías capitalistas y empleaban cierta cantidad de esclavos, incluso en la agricultura. Los del norte pastoreaban los rebaños, trabajaban la tierra y servían personalmente como soldados, mientras que en el siglo IV a.C. los sureños más sofisticados, los atenienses, preferían dejar la mano de obra a los esclavos y extranjeros, y contratar mercenarios para las guerras de ultramar.

Más allá del mundo grecoparlante, las tribus balcánicas estaban continuamente en guerra. Como dijo Herodoto refiriéndose a los tracios, «vivir de la guerra y la rapiña es el estilo de vida más honorable, y el trabajador agrícola es el menos estimado». Los bien armados aristócratas de las tribus tracias tomaban parte en ataques de amplia escala, como el encabezado por Sitalces, el rey de la Odrisia tracia, contra Macedonia en 429. Los peonios (en el sudeste de Yugoslavia) y los ilirios (en Albania) eran igualmente guerreros y también incurrían en el pillaje. En sus incursiones se llevaban a los hombres, las mujeres y los niños, así como los bienes y el ganado. Un grupo tribal ilirio, los ardianos, se jactaba en esa época de haber adquirido 300.000 siervos.

2. El Estado macedonio

Las guerras no de conquista sino de supervivencia eran el sino de los macedonios. Por lo tanto, las instituciones de la nación estaban destinadas a la eficiencia militar. La población vivía principalmente en aldeas que llamaban «ciudades» *(poleis)*, porque cada una tenía su propia ciudadanía (por ejemplo, *pellaios*) y su sistema de gobierno con magistrados, ayuntamiento y asamblea. Cada ciudad entrenaba a su propia milicia para la defensa, y el entrenamiento en tiempos de Filipo era tanto educativo como militar. Las ciudades estaban sometidas al régimen del gobierno central, que consistía en dos elementos: el rey y los Hombres del Rey en armas. Cuando un rey moría, su sucesor era elegido por los Hombres del Rey reunidos en asamblea militar. Si el rey ganaba su confianza, sus poderes eran muy amplios. Ofrecía sacrificios a los dioses en nombre del estado, conducía las festividades religiosas, comandaba las fuerzas en persona, e iniciaba relaciones diplomáticas. Poseía todos los yacimientos de minerales, bosques de madera fina, grandes porciones de terreno y cotos de caza. Controlaba el reclutamiento de los Hombres del Rey entre la milicia de la ciudad, dirigía la promoción y aplicaba la disciplina. Planteaba cuestiones políticas ante la asamblea de los Hombres del Rey, y tenía que persuadirlos de que estaba llevando sus asuntos de un modo adecuado. En particular, podía entrar en guerra solamente si estaba seguro de su apoyo. Cuando había una sospecha de traición, el rey enjuiciaba y el acusado hablaba ante la asamblea de los Hombres del Rey, que emitía el veredicto y lo ponía en práctica. Por consiguiente, los poderes de la asamblea eran soberanos, pero sólo los ejercía raramente. En los momentos críticos, cuando los invasores penetraban en Macedonia, los Hombres del Rey se ponían en acción a una orden suya.

La ciudadanía como «macedonios» y con ella la calidad de miembros de la asamblea sólo eran prerrogativas de los Hombres del Rey, que tenían el honor de ser los «Compañeros» del soberano. Éste seleccionaba entre ellos a sus comandantes y administradores, a quienes llamaba sus «Amigos» y en un sentido especial sus «Compañeros». De vez en cuando y según sus propios deseos consultaba a un grupo de ellos, pero no estaba obligado a aceptar sus consejos y no poseían derechos constitucionales. Muchos se habían graduado en la Escuela de Pajes. El rey premiaba el servicio sobresaliente, y otorgaba al destinatario los beneficios de una finca u otra propiedad de por vida. Los Amigos no podían ascender más alto, ya que los macedonios reconocerían como soberano solamente a un miembro de la familia real. Los Hombres del Rey se dividían en dos categorías. Durante el reino de Filipo, los caballeros usaban una coraza y yelmo metálicos, esgrimían una lanza con hoja en ambos extremos y en combate montaban a pelo. Tenían una larga tradición de excelencia como «caballería pesada», lo cual requería mucho entrenamiento en la equitación (*véase* la figura 1a). Solamente en 369 la infantería se organizó como tropa «de armas pesadas». Diez años más tarde Filipo la reequipó con su nueva arma, la pica de cinco metros, un pequeño escudo suspendido del cuello, un yelmo y grebas. Combatían, como los «hoplitas» de las ciudades-Estado, en una compacta falange de hombres, colocados hombro a hombro en ocho hileras de profundidad. La pica tenía mayor alcance que la lanza de dos metros que el hoplita esgrimía con un brazo, tanto que una falange presentaba cuatro puntas de pica por cada punta de lanza del hoplita (*véase* la figura 1b). Mientras que los Compañeros de Caballería se procuraban su propia montura y equipo, el rey proporcionaba a los Compañeros de Infantería *(pezhetairoi)* las picas y el equipo mediante sus propios recursos. Para esgrimir la pica y mantener la formación de la falange se requerían aptitudes físicas y un entrenamiento intensivo.

Figura 1a. Un «Compañero de Caballería»

El mundo de Filipo como rey y Alejandro como príncipe

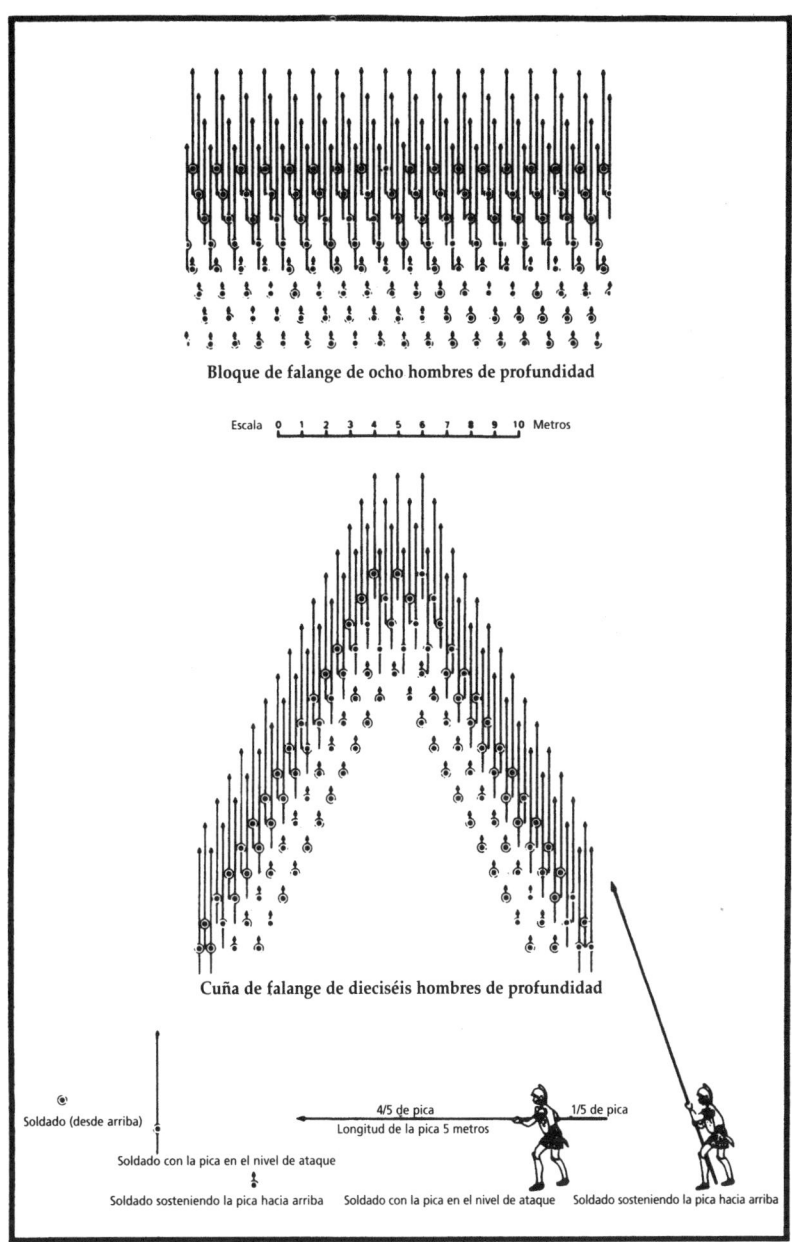

Figura 1b. La falange de piqueros

CAPÍTULO TRES

La influencia de Filipo

1. De la debilidad a la fuerza en 346

Filipo asumió el control en 359 no como rey sino como tutor de su sobrino, Amintas IV, entonces un joven adolescente. Su nación estaba al borde del colapso, después de haber perdido 4.000 hombres en combate, mientras que las fuerzas victoriosas de Bardilis habían ocupado pueblos en Pelagonia y Linco y amenazaban con invadir la propia Macedonia en 358. Filipo infundió ánimo y valor en su ejército reuniendo asamblea tras asamblea, rearmando y entrenando a su infantería, y lo inspiró con su propio espíritu indomable. En la primavera de 358 convenció a la asamblea de los Hombres del Rey de que deberían tomar la ofensiva. En una batalla decisiva contra Bardilis, con casi la misma cantidad de efectivos, infligió a éste una debilitante derrota, estableció su frontera en la ribera oriental del lago Licnitis (Ocrida), y suscribió un tratado de paz con Bardilis al casarse con su hija, Audata. Esta victoria liberó Pelagonia, Linco y los otros estados tribales de Macedonia occidental, más tarde llamada «Alta Macedonia», de los ataques y la ocupación de los dárdanos. Después invitó a los pueblos de esos estados a abolir sus monarquías e incorporarse al reino de Macedonia con iguales derechos que los macedonios. La invitación fue aceptada, y Filipo mostró su respeto por sus nuevos súbditos al casarse con Fila, miembro de la familia real Elimeotis.

Por medio de esta decisión, que Filipo debió de haber tomado con el acuerdo de la Asamblea de los Macedonios, duplicó los recursos y el potencial humano del reino. Era importante elevar el nivel de vida en la Alta Macedonia hasta el de la Baja Macedonia, y con ese propósito fun-

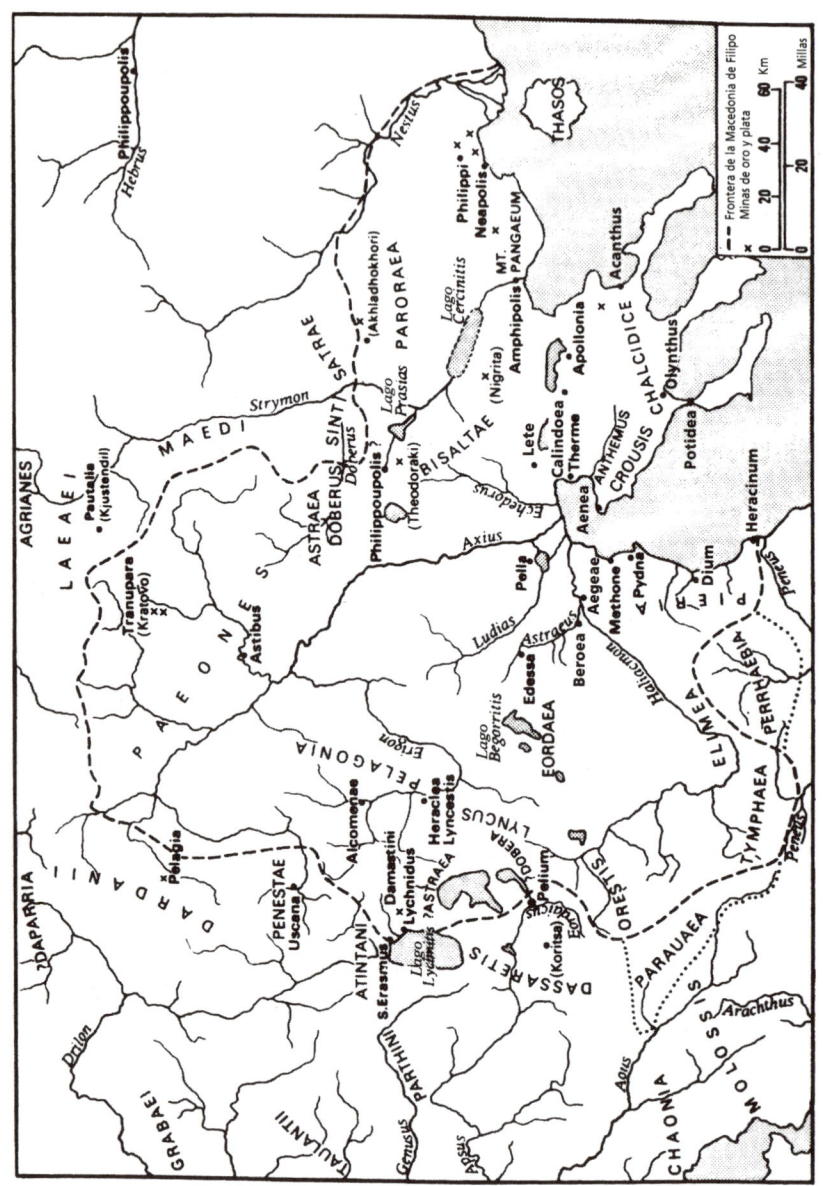

dó nuevos pueblos en los cuales los jóvenes recibían entrenamiento militar y educativo. A medida que los jóvenes se graduaban, él seleccionaba a los mejores para incorporarlos al ejército del rey y convertirlos en miembros de la asamblea como «macedonios». Sus innovaciones tuvieron tanto éxito que el número de los Compañeros de Caballería aumentó de 600 en el año 358 a 2.800 en 336, y el de los Compañeros de Infantería de 10.000 en el año 358 a 27.000 en 336. Alejandro iba a heredar el ejército más formidable de Europa.

Mediante una combinación de habilidad diplomática y oportunismo militar, Filipo desplazó a las tribus ilirias más allá de su frontera occidental, obligó a los peonios a convertirse en sus súbditos, obtuvo la posesión de las colonias griegas sobre la costa, defendió Anfípolis contra los atenienses crénidas y tracios —la rebautizó Filipos—, y desplazó su frontera oriental hasta el río Nesto (Mesta), todo a fines del año 354. Tuvo suerte de que Atenas estuviera distraída por la guerra contra sus Estados-súbditos (357 a 355) y Tebas por la guerra contra Focea, que se convirtió en la Guerra Sagrada (355 a 346); y procuró concertar un tratado de alianza con su vecino más poderoso, la Liga Calcidia de las ciudades-Estado, con la condición de que ninguna de las partes entablaría negociaciones separadas con Atenas. Durante estos años plenos de acontecimientos, Filipo suscribió una alianza con la casa reinante de Larisa en Tesalia al casarse con una dama de esa corte, Filina, y otra alianza con la casa real de Molosia, casándose con Olimpia en 357, como hemos visto antes (pág. 21). En ese año, fue elegido rey en lugar de Amintas IV.

La Guerra Sagrada fue declarada por una mayoría de los miembros de la Liga Anfictiónica, cuyo Consejo dictaba las reglas de conducta en materia religiosa y otras cuestiones, y en particular administraba el templo de Apolo en Delfos. Esa mayoría estaba formada por los pueblos de Tesalia, Grecia central y Beocia; pero había una minoría que incluía Atenas, Esparta, Acaya, y más tarde Feras en Tesalia, que pactó una alianza con Focea. Otros estados mostraron simpatía por uno u otro bando. Los ocupantes focenses de Delfos sobrevivieron saqueando los tesoros y contratando soldados mercenarios, y en 353 un líder hábil, Onomarco, lanzó una ofensiva contra Tebas y envió 7.000 mercenarios para defender Feras contra los otros tesalios. Ésta fue la oportunidad que Filipo estaba esperando: que los tesalios le pidieran ayuda y él los ayudara a obtener una victoria. Pero Onomarco se desplazó hacia el norte y le infligió dos derrotas a Filipo. Éste se replegó diciendo que lo hacía «como un carnero para embestir más fuerte». Para asombro de las ciudades-

Estado, en 352 Filipo y sus aliados tesalios obtuvieron una victoria decisiva sobre el ejército de Onomarco, integrado por 500 jinetes y 20.000 infantes. Filipo desempeñó su papel de adalid de Apolo. Sus soldados entraron en combate llevando la corona de laureles asociada con el dios, y por orden suya fueron ahogados 3.000 prisioneros como culpables de sacrilegio. También lideró la causa de la libertad y el federalismo contra los dictadores de Feras, que ahora había expulsado junto con sus mercenarios. Su premio consistió en ser elegido presidente de la Liga Tesálica, que puso sus efectivos y sus rentas a su disposición. En esa época se casó con Nicesipolis, miembro de la familia gobernante de Feras.

Su principal temor era el de una coalición de Atenas y la Liga Calcidia, ya que en ese caso la flota ateniense podría bloquear su costa y los ejércitos de los dos estados podrían invadir la llanura costera de Macedonia. En 349, cuando la Liga Calcidia violó su tratado y firmó una alianza con Atenas, Filipo invadió Calcidia y a pesar de los esfuerzos de Atenas tomó Olinto, la capital de la liga, en 348. Hizo a sus habitantes responsables de violar los votos religiosos que los habían unido bajo el tratado. Destruyó la ciudad y vendió a sus habitantes como esclavos. Además, arrasó otras dos ciudades-estado (Apolonia y Estagira) e incorporó a los pueblos de la península calcidia —los calcidios y botienses— al reino macedonio.

Mientras tanto, los focenses no contaban con fondos suficientes para pagar soldados mercenarios, y los tebanos habían sido reducidos a una condición de impotencia. ¿Quién podría dar el *coup de grâce*? En 346, se enviaron a Pella delegados de la mayoría de las ciudades-estado, con la esperanza de poner a Filipo de su lado. En esa época, el joven Alejandro, a sus diez años de edad, debió de haber observado con interés cómo su padre encontraba palabras amables para todos ellos y no se comprometía con ninguno. Cuando los enviados emprendieron el camino de regreso a sus respectivos estados, el ejército macedonio llegó hasta las Termópilas, donde el líder focense y sus 8.000 mercenarios aceptaron los términos propuestos por Filipo: entregar sus armas y caballos y marcharse a donde quisieran. De este modo el pueblo focense quedó indefenso. «Se pusieron ellos mismos en las manos de Filipo [...] y éste se sentó en el Consejo con los representantes de los beocios y los tesalios.» Filipo ya había hecho la paz y suscrito una alianza con Atenas, y la había invitado a enviar representantes a este Consejo. La invitación fue rechazada por sugerencia de Hegesipo y Demóstenes.

Filipo había actuado como el adalid de Apolo. Para él era una cuestión de convicción religiosa. Por eso mismo encomendó la ocupación al Consejo de la Liga Anfictiónica, en la cual sus aliados tenían una mayoría de votos, y ellos, sin duda, prestaron atención a sus sugerencias. Los términos que establecieron para los focenses eran moderados para las costumbres griegas (un estado griego propuso la ejecución de todos los varones): el desarme, la división en poblados-aldeas, el pago de una indemnización a Apolo y la expulsión de la Liga Anfictiónica, en la cual fueron sustituidos por miembros macedonios. Los dos votos de Focea en el Consejo fueron transferidos al estado macedonio. Por sugerencia de Filipo el Consejo «publicó reglamentos para la custodia del oráculo y para todo lo demás concerniente a la práctica religiosa, para la paz común y la concordia entre los griegos». Dentro de Beocia, Tebas tuvo mano libre: destruyó tres ciudades que habían sido obligadas a someterse a los focenses y vendió a sus pobladores como esclavos. Tebas habría preferido tratar a Focea de manera similar.

2. La política de Filipo hacia las ciudades-estado

El objetivo de Filipo era mantener la armonía entre las ciudades-estado y establecer un Tratado de Paz Común, que comprendía a Macedonia y a las ciudades-estado. Esto ya estaba contemplado en las propuestas formuladas por Jenofonte e Isócrates en los años 356-355, y coincidía con el tenor de un panfleto político, titulado *Filipo*, que Isócrates publicó en 346, poco antes de la capitulación de Focea. En él aconsejaba a Filipo, como soberano del estado más fuerte de Europa, establecer la armonía entre las ciudades-estado, liderarlas en contra de Persia, liberar a los griegos en Asia, y fundar nuevas ciudades para absorber la población excedente del territorio continental griego. El precio de la concordia era la aceptación del statu quo y el renunciamiento a cualquier política intervencionista. A pesar del ofrecimiento de Filipo de establecer una Paz Común, Atenas, Esparta y Tebas actuaron independientemente en nombre de la «libertad», y en 341 Filipo comprendió que tendría que haber usado la fuerza más que la persuasión si pretendía ejercer el control.

Atenas dependía para su provisión de alimentos de la importación de granos desde el sur de Rusia, y esas mercancías tenían que atravesar el Bósforo y el Helesponto. En el lado europeo, Bizancio podía exigir contribuciones sobre los embarques en el Bósforo, y Atenas podía hacer lo mismo en el Helesponto, a través de sus colonias sobre el Quersoneso (la península de Gallípoli). El lado asiático era controlado por Persia, que había sofocado una serie de rebeliones en las costas del Mediterráneo y a la sazón podía desplegar una enorme flota. Filipo se aproximó a esta región clave mediante la conquista de las tribus del este de Tracia. Fue durante la campaña tracia en 340 que designó a Alejandro, que contaba dieciséis años, para que actuara como su delegado en Macedonia (*véase* pág. 24). Desde entonces Alejandro estuvo completamente al tanto de los planes de Filipo.

Los acontecimientos se sucedieron rápidamente. Filipo puso sitio a Perinto y Bizancio, tras lo cual Atenas declaró la guerra. Fue a su vez bloqueado por Persia y Atenas, que actuaron en connivencia. Llamó a Alejandro para que se le uniera, invadió Dobruja, derrotó a un rey escita y extendió su dominio desde el este de Tracia hasta el Danubio. Para regresar a Macedonia en el verano de 339 tuvo que abrirse paso a través de la tierra de los tribalios, una poderosa tribu que confiscó parte de su botín. En Grecia había comenzado otra Guerra Sagrada, y le ofrecieron a Filipo el mando de las fuerzas anfictiónicas, que aceptó en el otoño de ese año. El Estado sacrílego que tenía que someter era Anfisa. Filipo intentó negociar la paz más de una vez, pero fue en vano. La batalla decisiva se libró en Queronea, Beocia, en agosto de 338. Las tropas de Beocia, Atenas, Megara, Corinto y Acaya sumaban unos 35.000 efectivos; las de Macedonia y sus aliados eran algo menos numerosas.

Alejandro, al frente de los Compañeros de Caballería, levantó sus tiendas de campaña junto al río Cefiso. Cuando las tácticas de su padre abrieron una brecha en la falange adversaria, Alejandro avanzó sobre la misma y condujo el ataque sobre la Banda Sagrada de 300 tebanos. La victoria macedonia fue total. Tebas fue tratada severamente por haber violado sus votos. Atenas fue tratada con generosidad. Alejandro ordenó que una guardia de honor trajera las cenizas de los atenienses muertos a su ciudad —un tributo original para un enemigo derrotado— y los 2.000 prisioneros atenienses fueron liberados sin exigir rescate. Mientras Filipo avanzaba en el Peloponeso, sus enemigos se sometían y sus aliados se regocijaban. Sólo Esparta le desafió. Pero Filipo arrasó su territorio y entregó algunas regiones fronterizas a sus aliados; sin embargo, no atacó la ciudad. Durante su regreso hacia el norte dejó guarniciones en Acrocorinto, Tebas y Ambracia. Mientras tanto, el Consejo de la Liga Anfictiónica redujo las restricciones impuestas a los focenses, dispuso que los anfisanos vivieran en aldeas y aprobó las medidas de Filipo.

El futuro de las ciudades-estado estaba en manos de Filipo, quien decidió crear la Comunidad Griega *(to koinon ton Hellenon)*, en la cual los estados procurarían mantener la paz entre ellos, defender las constituciones vigentes, permitir cambios sólo mediante métodos constitucionales y unirse en la acción contra cualquier violador de la Paz Común, ya fuera interno o externo. Su propuesta, formulada en otoño de 338, fue aceptada por los estados en primavera del año siguiente, y se estableció un Consejo Común, donde los miembros representaban a uno o más estados en proporción con su poderío naval y militar. El Consejo era un cuerpo soberano: sus decisiones se comunicaban a los estados para que las pusieran en práctica, no para que las discutieran. Las fuerzas militares y navales a disposición del Consejo Común estaban determinadas con precisión: las de tierra sumaban 15.000 soldados de caballería y 200.000 infantes, y la cantidad de naves de guerra, que no se especifica en nuestras fuentes, llegó a ser de 160 trirremes manejados por tripulaciones que sumaban unos 30.000 hombres. Con esto la Comunidad Griega superaba en mucho al Estado macedonio en cuanto a la dimensión de las fuerzas que podía desplegar. El Consejo tenía poderes judiciales, financieros y disciplinarios que estaban ratificados por los estados miembros. Si buscáramos una analogía moderna, deberíamos mirar a los Estados Unidos más que a la Comunidad Europea.

El siguiente paso fue la creación de una alianza ofensiva y defensiva permanente entre la Comunidad Griega y el Estado macedonio. Dado que Macedonia ya estaba en guerra con Persia, el Consejo declaró la guerra a ésta a fines del año 337, y resolvió por votación que el comandante de las fuerzas sería Filipo. Dentro de la Comunidad su título era *hegemon*, y los poderes de su cargo estaban cuidadosamente definidos. En la primavera de 336 la vanguardia de las fuerzas conjuntas cruzó hasta Asia bajo las órdenes de tres generales macedonios designados por Filipo, y se hicieron los arreglos pertinentes para que las fuerzas de la coalición continuaran el avance en el otoño, con Filipo como comandante general.

La brillante iniciativa política de Filipo, su poder de persuasión y su liderazgo efectivo eran obvios. Aprovechó la combinación de un Estado griego recién creado, autónomo y establecido y un Estado macedonio inigualable como potencia militar. Si esta combinación lograba liberar a las ciudades griegas de Asia y adquirir extensos territorios, brindaría una solución para muchos de los problemas del mundo griego. Teopompo, un crítico de Filipo en muchos aspectos, tituló su historia *Philippica*

(Filípica) «porque Europa nunca había producido un hombre tan completo como Filipo, hijo de Amintas».

3. Relaciones entre Filipo y su hijo adulto

Alejandro, que había llegado a la mayoría de edad poco antes de su acción en la batalla de Queronea, estaba por completo enterado de los planes de Filipo y los de la oposición, ya que era el confidente de su padre y su futuro sucesor. El objetivo de Filipo en Asia se reveló cuando preguntó a las sacerdotisas pitias de Delfos si él «conquistaría al rey de los persas». Si la Comunidad Griega pretendía liberar a los griegos de Asia y castigar a Persia por los errores pasados, Filipo intentaba llevar su guerra a una conclusión lógica: la derrota de Persia. Dentro de Macedonia, sin duda, algunos disentían debido no sólo al esfuerzo que suponía una guerra tras otra, sino también al temor de la derrota en el extranjero y a los alzamientos en Europa. No era ningún secreto que muchos políticos en las ciudades-estado se oponían al concepto mismo de la Comunidad Griega, que a sus ojos era una violación de la independencia de dichos estados, y consideraban al Consejo Anfictiónico y al Consejo Común como órganos de dominación macedónica en Grecia. La situación en los Balcanes estaba lejos de ser segura, con los odrisios y escitas recién derrotados y con los tribalios todavía desafiantes. Sin embargo, Filipo estaba seguro del éxito, en interés del mundo grecoparlante y de Macedonia en particular.

En combate el rey luchaba como líder al mando de sus Compañeros de Caballería o sus Compañeros de Infantería. Filipo fue herido siete veces en acción, y debía su supervivencia tanto al coraje de sus Escoltas y sus Pajes como a su fuerza física y su coraza defensiva. La proyectada campaña en Asia pondría en riesgo tanto su vida como la de Alejandro, mientras que el otro hijo superviviente, Arrideo, no era capaz de gobernar. Filipo no era el único en desear que un hijo suyo le sucediera, ya que los macedonios creían que el favor divino pasaba de padre a hijo en la casa real. En 341 tomó por esposa a Meda, la hija de un rey de los getas. Para entonces las cuatro esposas de los primeros años (358 a 356) estaban superando o habían superado la edad de gestación, y él no tenía dudas de que Meda le daría un hijo. Probablemente en el año 339 se casó con una princesa escita, cuya mano había sido ofrecida por el rey Ateas de Dobruja. También es posible que a comienzos del año 337 Filipo tomara por esposa no a un miembro de su propia casa real, ni a una

La influencia de Filipo 43

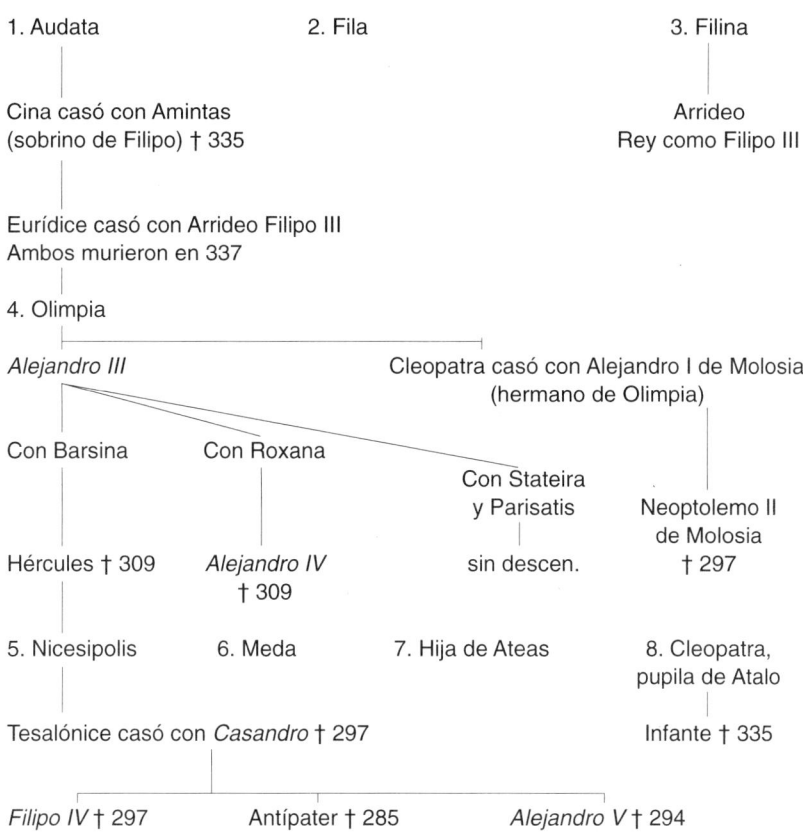

Figura 3. Las esposas de Filipo y sus descendientes

princesa de otro reino, sino a una joven plebeya macedonia, Cleopatra. Ella estaba bajo la tutela de Atalo, un Escolta del rey; y este Atalo había sido seleccionado para dirigir la infantería macedonia que estaba por invadir Asia. Este matrimonio no correspondía a la tradición macedonia, ya que introducía una familia plebeya en el círculo real. Un escritor posterior, Sátiro, dijo al respecto que Filipo, que entonces tenía más de cuarenta años, se había enamorado apasionadamente de la joven muchacha y el suyo fue un matrimonio desastroso.

Cualesquiera que hubieran sido los motivos de Filipo, el matrimonio causó una desavenencia entre él y Olimpia, y aún mayor entre él y Alejandro. Los asuntos de la realeza eran entonces, como ahora, del mayor interés para los escritores, para quienes lucrarse con el escándalo era más importante que informar con veracidad. Uno de éstos fue Sátiro, quien escribió una *Vida de Filipo* a mediados del siglo III a.C. Según su relato, del cual sólo sobrevive un resumen en fuentes secundarias, el banquete de bodas fue la escena del siguiente altercado:

Cuando Atalo brindaba por la novia, anunció a los invitados a la boda: «De hoy en adelante aquellos nacidos para ser nuestros reyes serán hijos legítimos y no bastardos.» De inmediato, Alejandro le arrojó su jarra de cerveza a Atalo, y éste respondió lanzándole su jícara. Filipo sacó su espada para matar a su hijo pero tropezó, se desplomó y se sumió en un estado de embriagado estupor. Alejandro, volviéndose a los invitados, dijo: «Ved, amigos, he aquí al hombre que planea cruzar de Europa a Asia. ¡Vamos!, si se ha caído de bruces cruzando de un lecho a otro.» Olimpia, ya indignada porque Filipo traía una muchacha tras otra al lecho nupcial, le reprochó haber intentado matar a su hijo. Filipo respondió divorciándose de ella so pretexto de adulterio. Alejandro tomó el partido de su madre y viajó con ella a Molosia, donde Olimpia convenció al joven rey para que preparara la invasión de Macedonia. Pero Filipo era demasiado astuto. Le ofreció al rey de Molosia la mano de su hija. Alejandro permaneció alejado hasta que un corintio, llamado Demarato, hizo entrar en razón a Filipo y éste mandó llamar a su hijo. Sin embargo, Olimpia permaneció en Molosia.

El escenario de la historia es ateniense, no macedonio. La poligamia no existía en Atenas; por lo tanto, el hecho de que Filipo se casara con Cleopatra significaba tratar a Olimpia como una esposa repudiada y a su hijo como un bastardo, y a todas las otras mujeres de Filipo como amantes o prostitutas. La idea de que los molosos pudieran invadir Macedonia en 337 era absurda. Esta historia pintoresca puede ser considerada como un producto de la ficción. Aun así, sigue siendo cierto que el matrimonio causó una seria desavenencia. Lo sabemos por una digresión en el relato de Arriano, cuyas fuentes en este tema eran Tolomeo y Aristóbulo, ambos contemporáneos de Alejandro. El episodio es narrado de la siguiente manera:

> Cuando Filipo aún era rey, Harpalo estaba exiliado porque era leal a Alejandro. Tolomeo, hijo de Lago, Nearco, hijo de Andrótimo, Erigio, hijo de Larico, y Laomedón, su hermano, fueron inculpados de lo mismo, porque existía recelo entre Filipo y Alejandro desde que el primero se casara con Eurídice deshonrando a la madre de Alejandro, Olimpia. A la muerte de Filipo esos hombres regresaron del exilio al que habían sido condenados por su falta.

¿De qué honor había sido privada Olimpia? La respuesta la puede dar el hecho de que Filipo cambiara el nombre de Cleopatra por el de «Eurídice», evidentemente en ocasión del matrimonio. Como hemos visto, Eurídice era el nombre de la madre de Filipo, quien había sido tenida en la más alta estima y sepultada en una tumba magnífica aproximadamente en 340 (*véase* pág. 20). Estos honores le habían sido rendidos como reina madre, quien presidía los aposentos de las esposas en el palacio. A su muerte, evidentemente Olimpia la sucedió en su puesto como futura reina madre del hijo que Filipo había promovido a la función de delegado, eligiéndolo de esta manera su sucesor en caso de que muriera. Pero llamar «Eurídice» a su nueva mujer seguramente iba a degradar a Olimpia y poner a Cleopatra en su lugar. En sí misma ésta podría haber sido una cuestión que afectara solamente al ámbito de las mujeres. Pero existía la posibilidad adicional de que «Eurídice» se convirtiera en la reina madre si llegaba a tener un hijo de Filipo, y que ese hijo desplazara a Alejandro como probable sucesor. Es cierto que dicho vástago seguramente sería un menor, a no ser que Filipo viviera hasta una edad avanzada, pero Alejandro sabía que en el pasado reciente los macedonios habían elegido a menores como reyes: Orestes, Pérdicas y Amintas. Del mismo modo, los amigos íntimos y los contemporáneos de Alejandro comprendían que éste podría ser suplantado y que sus posibilidades de ascenso en su servicio empeorarían. Es muy posible que esos amigos organizaran algún acto público de desafío que les hizo perder el favor real y que les valió ser exiliados y mantenidos en el exilio aun después de que Filipo y Alejandro se reconciliaran.

4. La invasión de Asia y la muerte de Filipo

Plutarco relató una historia diferente acerca de la desavenencia entre padre e hijo. También terminaba con el exilio de los amigos de Alejandro, pero esta vez en conexión no con la deshonra de Olimpia, como en el relato de Arriano, sino con una propuesta de matrimonio entre Arrideo y la hija de un sátrapa asiático. Esta tesis es obviamente errónea, ya que el relato de Arriano, derivado de las historias de Tolomeo y Aristóbulo, es aceptado como cierto. El resto de la historia de Plutarco también es falso. Asegura que Pixodaro, el sátrapa de Caria en el Imperio persa, deseaba casar a su hija con Arrideo, el hijo retrasado de Filipo; por eso, los amigos de Alejandro y Olimpia le advirtieron al príncipe que de ese modo sería desplazado de la sucesión y le aconsejaron que enviara un mensaje a Pixodaro declarando que Arrideo era «un bastardo» y que él mismo (Alejandro) sería un mejor partido. Cuando Filipo se enteró de esto, recriminó a Alejandro. De ahí, la desavenencia y el exilio. Si tenemos en cuenta que Pixodaro era un súbdito persa, resulta obvio que sólo podría haber actuado con total reserva, y que una alianza matrimonial no tenía valor para los propósitos de Filipo mientras el Imperio persa permaneciera incólume en Asia.

Cualesquiera que hayan sido las ideas que pudiera haber tenido Filipo acerca de un posible sucesor, él necesitaba a Alejandro en el futuro inmediato, ya fuera como comandante de los Compañeros de Caballería en la campaña asiática o como delegado en Macedonia durante su ausencia en esa campaña. En 337, Alejandro pasó algún tiempo «entre los ilirios», es decir en las cortes de los reyes ilirios clientes. Esto sólo era posible con la aprobación de Filipo y con una escolta militar. Alejandro tal vez estuvo negociando con ellos, como un preparativo para la campaña que Filipo emprendería en otoño de 337 contra Pleurias, un rey ilirio (probablemente de Bosnia). En todo caso, podemos aceptar que hubo alguna forma de reconciliación entre Filipo y Alejandro que en cierta manera incluyó a Olimpia, dentro del año 337, porque en esa época Filipo había encargado estatuas criselefantinas (recamadas de oro y marfil) de sus padres, de sí mismo, de Olimpia y de Alejandro para su exhibición pública en el Filipeon situado en Olimpia.

En el año 336 el centro de atención era la guerra en Asia. Las fuerzas de avanzada de Macedonia y la Comunidad Griega lograron victorias sorprendentes bajo el mando de Parmenio, Atalo y Amintas. Para ello se envió una flota de apoyo que liberó las ciudades griegas de la costa occidental hasta Éfeso, en el sur, donde se levantó una estatua de Filipo en el templo de Artemisa. Persia fue lenta en reaccionar. La defensa del Asia Menor había ido confiada a Memnon, un comandante de mercenarios griegos, pero no había ninguna flota persa en el Egeo para apoyarlo. Los agentes persas pueden haber llegado hasta el territorio continental griego para atraer a su bando a los políticos antimacedonios, como Demóstenes en Atenas, pero los políticos no actuarían a no ser que la flota persa controlara el Egeo. Las fuerzas principales comandadas por Filipo iban a desembarcar en el otoño y se preveía que durante la campaña de invierno éste se convertiría en el amo del Asia Menor occidental.

Mientras se congregaban las fuerzas de la Comunidad Griega, Filipo decidió organizar el festival de octubre en Egea, una ocasión internacional para invitar a sus huéspedes: enviados de las ciudades-estado y líderes de sus súbditos balcánicos. Durante este festival se celebraron bodas en Macedonia. Las ceremonias comenzaron con sacrificios a los dioses, casamientos que incluían el de Cleopatra, la hija de Filipo y Olimpia, con Alejandro, el rey de Molosia, y generosos banquetes de estado. Los invitados por su parte obsequiaron con diademas de oro a Filipo, algunos como particulares y otros como delegados oficiales de las ciudades-estado griegas, siendo Atenas una de ellas. El segundo día iba a comenzar con una procesión religiosa y espectáculos musicales y dramáticos en el teatro del palacio. De modo que poco antes del amanecer el recinto estaba colmado de macedonios prominentes y huéspedes oficiales del Estado macedonio.

La procesión fue un deslumbrante despliegue de riqueza. Estaba presidida por estatuas ricamente adornadas de los doce dioses del Olimpo y una estatua igualmente espléndida de Filipo «digna de un dios, ya que el rey aparecía entronizado junto con los doce dioses». De acuerdo con la creencia macedonia, los reyes descendían de Zeus, y el más distinguido de ellos era venerado después de su muerte. Al parecer estos honores divinos eran conferidos en casos excepcionales por los macedonios a un soberano reinante. Lo que puede explicar la presencia de la estatua de Filipo en esa ocasión es que le habían sido conferidos esos honores divinos, y que él había querido exhibir su elevación a la divinidad.

Cuando la procesión hubo terminado, algunos amigos de Filipo, encabezados por Alejandro, su sucesor escogido, y por el otro Alejandro, rey de Molosia, atravesaron el *parodos* y se ubicaron en sus asientos reservados en la primera fila. Luego llegaron los Compañeros de Infantería, que se colocaron junto a la *orchestra*. Filipo entró solo, llevando una capa blanca, y se instaló en el centro de la *orchestra* agradeciendo los vítores de los espectadores. Los siete escoltas, que habían entrado detrás de él, se desplegaron a cierta distancia. Repentinamente uno de ellos, Pausanias, se lanzó hacia delante, apuñaló al rey y huyó del *parodos*. Tres guardias personales se precipitaron corriendo hasta el rey. Otros tres —llamados Leonato, Perdicas y Atalo— persiguieron a Pausanias, que tropezó y cayó. Lo mataron con sus lanzas. En la *orchestra*, el rey yacía muerto.

CAPÍTULO CUATRO

Alejandro consolida su posición en Macedonia, Grecia y los Balcanes

1. La sucesión y el juicio de los conspiradores

La visión del asesinato de su padre por un guardia personal debió de haber obsesionado a Alejandro durante el resto de su vida. El recuerdo lo hizo consciente del constante peligro de asesinato, y del hecho de que, en última instancia, un rey no podía confiar ni siquiera en un guardia escogido. Pero en ese momento, lo más urgente era la elección de un sucesor. Se convocaron tantos Hombres del Rey como fue posible para que se reunieran en asamblea militar en el teatro, donde yacía el cadáver de Filipo, y dieran testimonio de los acontecimientos. Presidió la asamblea Antípater, el Amigo de más alto rango de Filipo. El resultado de la elección no era conocido de antemano, pues se sabe que algunos apoyaron la pretensión de Amintas, que había sido rey como menor de edad entre 359 y 357, y las reclamaciones de los hijos de Aeropo, que fue rey entre 397 y 394. Los Amigos en general se agruparon en torno de Alejandro. Uno de ellos, Alejandro Lincestes, hijo de Aeropo, fue el primero en exclamar: «Alejandro hijo de Filipo», y la asamblea eligió a éste con una resonante aclamación. Los Amigos se endosaron sus corazas, los Hombres del Rey hicieron chocar sus lanzas contra sus escudos, y el nuevo rey encabezó una procesión hasta el palacio.

Alejandro era un excelente orador. Cuando los Hombres del Rey pronunciaron el juramento de lealtad, él los arengó y les aseguró que proseguiría la política de su padre y pediría a los enviados de la Comunidad Griega que mostraran hacia él la misma buena voluntad que habían mostrado hacia Filipo. Su primera obligación fue conducir una investigación sobre las circunstancias del asesinato. Enseguida se estableció el motivo personal de Pausanias. Todo había comenzado con una aventura amorosa homosexual entre él y un Paje Real. Estas aventuras eran tan aceptables como las relaciones heterosexuales (de hecho, a menudo coincidentes con aquéllas), y formaban parte de una tradición militar que en esa época los tebanos de la Banda Sagrada exaltaban como «parejas de amantes». Cuando la relación se acabó, Pausanias asedió con burlas al muchacho, hasta tal punto que éste reveló a Atalo, al que escogió como confidente, su intención de suicidarse, cosa que hizo en la batalla contra Pleurias en el verano de 337. Atalo, deseoso de vengar al muchacho, invitó a Pausanias a cenar, lo emborrachó e hizo que un grupo de hombres abusaran sexualmente de él. Pausanias se quejó ante el rey, que le obsequió con presentes y lo ascendió, pero no tomó ninguna medida contra Atalo. En venganza, Pausanias asesinó a Filipo. Si bien los detalles pueden dar lugar a dudas, la esencia es correcta, porque Aristóteles que entonces estaba en la corte, escribió que «Pausanias había atacado a Filipo porque éste hizo caso omiso del abuso sexual que había sufrido a manos de los amigos de Atalo». Pero el motivo personal de Pausanias no excluye una conspiración, de la cual él sería sólo una parte.

El asesinato era un riesgo al que estaba expuesto cualquier rey macedonio. Por esa razón el monarca era custodiado diariamente por los siete escoltas o guardias personales —quienes eran escogidos por el soberano entre sus oficiales destacados—, además de por los Pajes Reales que hacían relevos durante el día y la noche. Por otra parte, los aposentos reales eran vigilados por Compañeros de Infantería macedonios, y en la última etapa del reino de Filipo por los Hipaspistas Reales de los cuarteles cercanos. Pero estas precauciones a veces fallaban. Por ejemplo, Arquelao fue asesinado durante una cacería real en 399, Amintas II fue eliminado por un Paje Real en 394, y Alejandro II en el transcurso de un festival, probablemente el *Xandica* de la primavera del año 367. La Asamblea de los Macedonios presidió el juicio de todos los sospechosos. En 399 tres personas comparecieron ante un tribunal, dos eran Pajes Reales y la tercera un ex Paje, y parece que el veredicto fue «responsabilidad no comprobada», si bien Aristóteles más tarde sostuvo que eran todos culpables. Del asesinato de Amintas II sólo tenemos el nombre del Paje Real, Derdas, y podría haber actuado solo. Alejandro II fue asesinado por más de una persona, y uno de los regicidas, un hombre casado con hijos, fue ejecutado. Desde luego, proliferaron los rumores. Marsias Macedón dijo que la muerte de Arquelao había sido accidental, y que la de Alejandro II contó «con la complicidad de Tolomeo», quien en realidad había sido guardia personal de Perdicas y de Filipo y por lo tanto gozaba de confianza en esa época. Informes posteriores incluso señalan a Tolomeo como el asesino.

La poligamia generaba complicaciones. Todo rey recién elegido era probable que tuviera no sólo hermanastros sino también primos de varios grados dentro de la casa real. Por lo general, trataba de obtener su cooperación, por ejemplo ofreciéndole la mano de una hija, como hizo Arquelao con un hijo de Amintas que llegó a ser Amintas II. Por otro lado, si pretendía permanecer en el trono, intentaba que esos parientes fueran condenados como traidores. Si la Asamblea de los Macedonios encontraba a un hombre culpable de traición, la ley establecía que sus allegados lo ejecutaran. Por ejemplo, Platón escribió que Arquelao ejecutó a un tío, y al hijo de ese tío, así como a un medio hermano. Cuando Amintas III murió, tenía al menos dos esposas y cada una de ellas le había dado tres hijos. Por eso los hijos de Eurídice tenían tres medios hermanos. Los tres sobrevivieron hasta el reinado de Filipo, quien dispuso la muerte de uno, apresó a los otros dos en Olinto, y no dudó en juzgarlos por traición y ejecutarlos. De los primos de Filipo dos eran apoyados como pretendientes por potencias extranjeras, la muerte de uno se consiguió mediante soborno, y el otro fue entregado después de una batalla.

Cuando Filipo fue asesinado, hubo sospechas de conspiración. Al intentar escapar, Pausanias corrió no hacia un caballo sino hacia «los caballos que estaban en la entrada y habían sido proporcionados para la fuga». Estos caballos debían de haber sido dispuestos para que los utilizara más de un asesino. Entonces, parecía que Pausanias había actuado solo, por impulso, y que el otro asesino (o asesinos) no había llegado a intervenir. ¿Quién o quiénes eran las otras posibles víctimas? Sin duda, Alejandro habría sido una de ellas, ya que si Filipo y Alejandro, sentados el uno junto al otro, hubieran sido asesinados el reino habría caído en la total confusión. La evidencia circunstancial apuntaba hacia una conspiración con un plan semejante.

El juicio de los sospechosos que fueron identificados por Alejandro y sus asistentes se llevó a cabo ante una Asamblea de los Macedonios. Derivada de una historia helenística, ha sobrevivido una descripción fragmentaria de los hechos. Se puede traducir de esta manera.

> Aquellos que estaban con él en el teatro y aquellos que estaban de servicio (es decir los macedonios) fueron absueltos, así como los que estaban alrededor del trono. Él entregó a X (probablemente el

hombre que resultó muerto) a los macedonios para que lo castigaran, y ellos lo crucificaron. Él entregó el cuerpo de Filipo a los cortesanos para que lo sepultaran.

«Él» era Alejandro. Los cadáveres de Pausanias y Filipo permanecieron allí durante el juicio. En la parte precedente del texto sin duda se informó de otros veredictos, ya que sabemos de otras fuentes que dos hijos de Aeropo fueron ejecutados «en el túmulo» donde Filipo era sepultado. Un tercer hijo de Aeropo, Alejandro Lincestes, de quien hablaremos más adelante, fue absuelto por intercesión de Alejandro. Los tres hijos de Pausanias fueron ejecutados de acuerdo con la costumbre macedonia.

2. El funeral de Filipo y la marcha hacia Corinto

La ceremonia del funeral después del juicio fue un acontecimiento militar. Los Hombres del Rey desfilaron en armas y el cadáver de Filipo fue transportado con sus armas y coraza. Se había preparado una gran pira de leños. Junto a ella fueron ejecutados los caballos hacia los cuales había corrido Pausanias y los dos hijos de Aeropo. Los arneses y las espadas de los dos hombres, junto con el arma utilizada en el asesinato fueron colocados sobre la pira junto al cadáver de Filipo y el de una de sus esposas. Después de la cremación, los huesos del rey y de la reina fueron encerrados en sendos cofres de oro. La gran tumba todavía estaba en construcción, pero la cámara principal estaba casi terminada. El cofre del rey, sus armas y coraza, y muchos otros objetos de uso personal se trasladaron a la cámara principal que luego fue sellada. Los objetos que se habían colocado sobre la pira más tarde fueron recogidos y depositados sobre el techo abovedado de la cámara. La antecámara, en la cual se había dejado el cofre de la reina, y la fachada se terminaron sin prisa. El cadáver de Pausanias, crucificado sobre una tabla, se colocó sobre la parte superior de la fachada como una advertencia, y debajo de la cornisa se pintó un hermoso fresco. Cuando todo estuvo dispuesto, se incineró el cadáver de Pausanias y se purificó con fuego el lugar donde había estado colgado. Sobre la tumba se levantó un gran túmulo de tierra roja, llevada expresamente, de modo tal que un extremo del túmulo cubría la tumba de Amintas y el otro quedaba disponible para posteriores sepulturas. Los cadáveres de los hijos de Aeropo fueron enterrados bajo el túmulo. En el altar que se elevaba fuera del mismo se realizaron sacrificios a los reyes muertos, Amintas y Filipo.

La cámara del rey se cerró prematuramente porque Alejandro tenía que partir sin demora hacia el sur. La muerte de su padre había ocurrido en las fases preliminares de tres grandes empresas: la extensión del Imperio balcánico desde el sur del Adriático hasta la costa occidental del mar Negro, el liderazgo de la recién formada Comunidad Griega, y el inicio de la campaña en Asia contra el Imperio persa. Se suponía que Macedonia se tambalearía bajo la conmoción, que la sucesión sería disputada y que aun cuando Alejandro sucediera a Filipo, aquél era, para las normas griegas, «un joven inexperto» de veinte años de edad, incapaz de salir adelante con las tres empresas. El momento parecía propicio para que los enemigos de Macedonia actuaran. Algunos tesalios ocuparon el paso del Tempe, la población de Ambracia expulsó a la guarnición macedonia y puso al partido democrático en el poder, los etolios resolvieron intervenir en Acarnania en apoyo de varios nativos exiliados, los tebanos expulsaron a su vez a la guarnición macedonia, la oposición en Atenas llegó a formar tumultos y hubo disturbios en el Peloponeso. Parecía que la Comunidad Griega era letra muerta, ya que el Consejo no había tomado ninguna medida por sí mismo, y carecía de un *hegemon*.

Alejandro marchó hacia el sur al frente del ejército macedonio. Rebasó el flanco de los tesalianos, escalando los farallones del monte Osa y ocupó Larisa, donde el clan reinante, los aleuades, eran promacedonios. Convocó el Consejo de la Liga Tesalia y fue convenientemente designado presidente de la misma, con los mismos poderes que su padre. Mientras avanzaba hacia las Termópilas, donde había concertado una reunión del Consejo de la Liga Anfictiónica, se aseguró del apoyo de la liga en Grecia. La democracia en Ambracia obtuvo la aprobación de Alejandro. Tebas fue perdonada. Los atenienses resolvieron traer sus provisiones del campo a la ciudad, a fin de soportar un asedio, pero también enviaron delegados para encontrarse con Alejandro y presentar sus excusas. Alejandro aceptó las disculpas con suma cortesía, evitó pasar por Ática y se detuvo en Corinto, donde había convocado a los consejeros de la Comunidad Griega.

Alejandro ya sabía que podía contar con el apoyo de los consejeros de las tribus y ciudades-estados centrales y del norte, y la presencia del ejército macedonio no pasó inadvertida para los otros consejeros. Alejandro pronunció un cautivante discurso ante el Consejo y en respuesta lo designaron *hegemon* con poderes plenos, que se especificaron debidamente por escrito, y le prometieron una cooperación total en la guerra contra Persia. En Corinto conoció a Diógenes (*véase* pág. 23). Su comentario: «Si no fuera Alejandro, seguramente sería Diógenes», tenía el doble significado de «si no fuera ya rey de Macedonia, presidente de Tesalia, favorito de la Liga Anfictiónica y *hegemon* de la Comunidad Griega». Sus éxitos habían sido meteóricos, pero sabía que no estaban consolidados.

3. Disposiciones en el reino

De regreso en Macedonia para el invierno, Alejandro designó a sus propios Escoltas (guardias personales), Amigos y Oficiales Comandantes, y «mantuvo ocupados a sus soldados con un entrenamiento constante en el uso de las armas y con ejercicios tácticos». Se encontraron algunas pruebas de que Amintas estaba envuelto en una conspiración. Había sido leal a Filipo, quien le había dado a su hija Cina en matrimonio y lo había enviado como delegado a Tebas. Amintas era mayor que Alejandro e hijo de un rey más antiguo que Filipo. Cualesquiera que fueran esas pruebas, Amintas fue ejecutado por traición. Llegaron ciertos informes provenientes de amigos en Atenas donde se afirmaba que Demóstenes estaba recibiendo subsidios de Persia y que mantenía correspondencia con Atalo, el comandante de la infantería macedonia en Asia. Alejandro era desconfiado, y puede ser que Atalo hubiera admitido que había estado en contacto con Demóstenes y expresado su arrepentimiento. En todo caso, Alejandro decidió someterlo a juicio por traición. Envió un oficial con órdenes de arrestarlo y, en caso de que Atalo se resistiera, de matarlo, como en efecto ocurrió. El cadáver probablemente fue traído de vuelta para el juicio y la condena. Los parientes de Atalo fueron ejecutados, entre ellos su pupila Cleopatra, entonces llamada Eurídice, y el hijo de ésta y del rey Filipo.

Dentro del reino, Alejandro tomó medidas que persistirían durante su futura ausencia, primero en los Balcanes y luego en Asia. Recientemente se han publicado inscripciones donde se revelan acciones que probablemente deberían datar no de ese invierno sino del invierno de 335-334. Una de tales inscripciones reza: «El rey Alejandro entrega a los macedonios Calindea y los territorios que la rodean, Tamiscia, Camacea y Tripoatis» (estos tres eran los territorios de tres pueblos). Alejandro estaba siguiendo la política de Filipo, que había creado una cantidad de «ciudades de macedonios» (es el caso de Oesime, fundada de nuevo con el nombre de «Ematia», Apolonia en Migdonia y Pition en Perrebia). El rey podía hacer este obsequio porque había conquistado esas tierras a punta de lanza y disponía de ellas y de sus moradores a su antojo. Los habitantes de Calindea —un pueblo de Botia— se habían establecido como una comunidad en otras partes del reino. La Asamblea de los Macedonios decidió qué población propia iba a ser transferida «en bloque» a Calindea, donde ocuparía las instalaciones de la ciudad y recibiría los ingresos recaudados en los tres territorios, cultivados por pobladores que continuaban viviendo en sus aldeas. Los macedonios de Calindea no fueron empleados en el agro sino en funciones militares y administrativas y, en particular, custodiaban la ruta arterial que se extendía a lo largo de la margen sur del lago Bolbe en Migdonia.

Filipos fue tratada con diplomacia como una ciudad aliada independiente. La condición para ese trato era que debía seguir la política del rey y aceptar sus disposiciones finales. Los enviados de Filipos plantearon a Alejandro el tema de la distribución de los terrenos aledaños que ellos reclamaban. Aquí también la tierra y sus habitantes tracios habían sido conquistados a punta de lanza. Alejandro concedió a Filipos algunos terrenos «en posesión» y otros en arriendo, y ratificó el derecho de los tracios a cultivar algunos campos, un derecho que Filipo les había otorgado. Dos funcionarios macedonios fueron los encargados de volver a trazar las fronteras. Vemos que aquí Alejandro se ocupó personal y directamente de las tierras conquistadas y su gente, mientras que en Calindea convocó a la Asamblea de los Macedonios para concertar el trasplante de una comunidad macedonia; y que escuchó las reclamaciones que Filipos hizo a través de sus enviados.

Toda el área entre el Axio y el Nesto, excepto Anfaxitis, eran territorios conquistados por las armas. Al redistribuir las comunidades macedonias e instalar algunas en esa área, Filipo y Alejandro estaban afianzando su control sobre las comunicaciones, al tiempo que colocaban a Hombres del Rey en puntos estratégicos y difundían el uso del idioma griego y las ideas macedonias. Los pueblos conquistados proporcionaban la infraestructura económica y pagaban tributo sobre la tierra que cultivaban. Los peonios en el norte y los ilirios en el sudoeste cumplían la misma función. En esos pueblos se reclutaban pequeñas fuerzas de caballería ligera, arqueros y honderos, y se los entrenaba como especialistas. También se sabe que hubo escuadrones de Compañeros de Caballería en Apolonia —la ciudad macedonia de Migdonia— y en Anfípo-

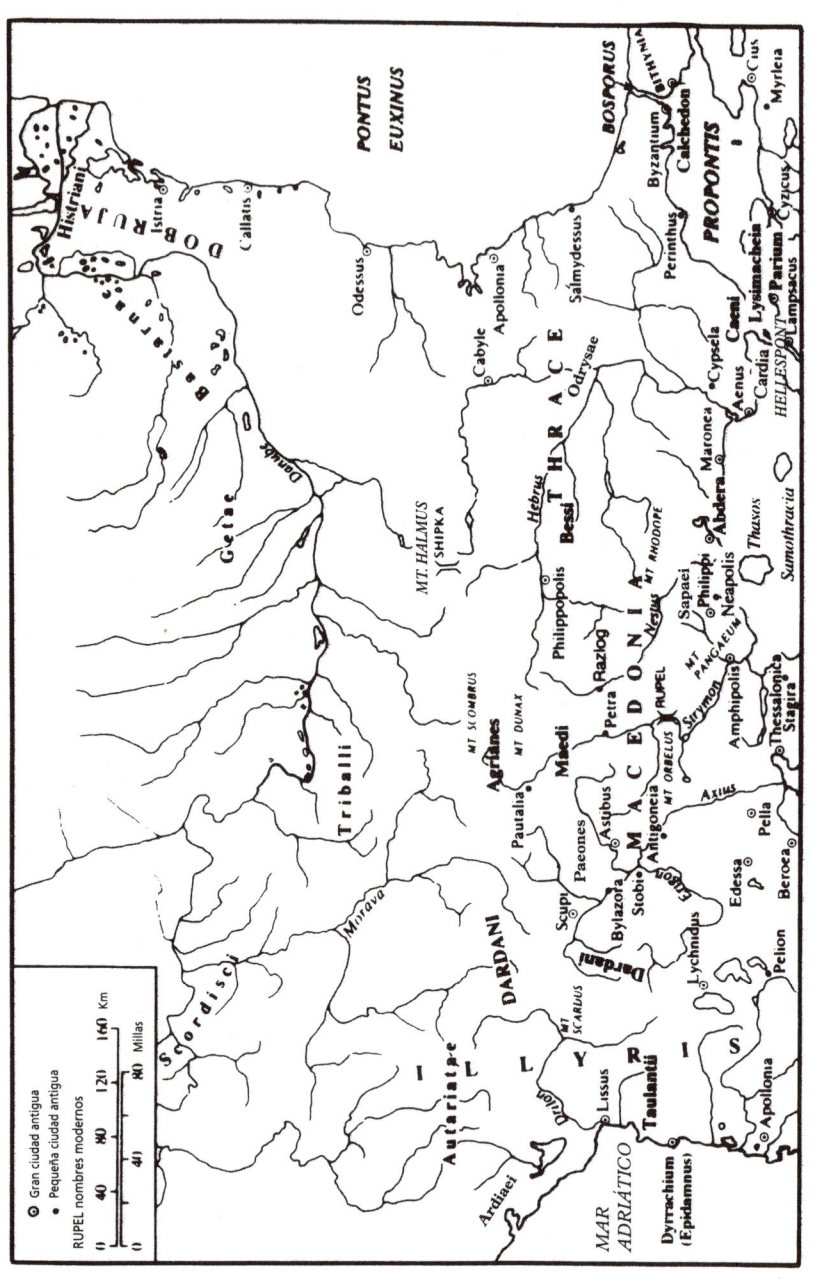

Figura 4. El área de los Balcanes

lis, donde Filipo había introducido algunos pobladores seleccionados y les había otorgado propiedades importantes a los Compañeros meritorios.

4. La campaña de Tracia y la organización del Imperio

En el año 335, «tan pronto como llegó la primavera, Alejandro partió para Tracia para reprimir a los tribalios y los ilirios que, según se había enterado, planeaban una revolución». Personalmente ya había tomado las medidas para el cruce de la frontera noroeste del reino. No eligió al general más experimentado de Filipo, Antípater, un experto en asuntos ilirios, pero lo designó para que actuara como su delegado en Macedonia. El propio Alejandro iba a asumir el mando de las fuerzas. El ejército consistía quizás en unos 25.000 hombres, 5.000 caballos y un convoy de pertrechos que incluía máquinas de asalto. No encontró una oposición seria hasta que llegó al paso sobre el monte Hemo, que estaba defendido por hombres de una tribu local y tropas tracias, que habían huido antes de su avance. Sobre la parte más escarpada del desfiladero los enemigos habían colocado una cantidad de carretones que, como Alejandro presumía, intentaban lanzar contra la falange de infantería y romper así su formación, para poder vencer a los falangistas en una lucha cuerpo a cuerpo, en la cual la pica más larga de éstos sería una desventaja. Era un buen plan, pero Alejandro tenía otro mejor. Instruyó a sus falangistas para que abrieran las filas donde hubiera suficiente espacio, y que levantaran los escudos sobre sus cabezas cuando debieran mantener una formación cerrada. Los carretones se dejaron caer, y las órdenes de Alejandro se obedecieron. Ningún hombre fue abatido. La falange, ayudada por los certeros disparos de los arqueros, hizo salir a los infantes enemigos que en comparación estaban menos protegidos y tenían armas inferiores. Cayeron 1.500. Se capturó a sus mujeres, hijos y pertrechos y se los envió a Macedonia a través de la costa egea, donde fueron asimilados a las poblaciones urbanas.

Unos días más tarde, Alejandro sorprendió a un grupo armado de tribalios que estaba acampado en un valle boscoso. Envió por delante a sus arqueros y honderos para disparar al enemigo que, como Alejandro había previsto, los atacó y persiguió en terreno abierto, donde la fuerza principal de Alejandro aguardaba. Los escuadrones de los Compañeros de Caballería cargaron sobre los flancos expuestos de los tribalios, mientras una fuerza de cobertura de caballería ligera y la falange en orden cerrado, conducidos por Alejandro, rechazaron al adversario, que se dio a la fuga. Las pérdidas enemigas se estimaron en 3.000, mientras que, según Tolomeo, «Alejandro ha perdido once jinetes y cuarenta infantes». Al descender hasta el Danubio, encontró una pequeña flota de naves de guerra macedonias, que había llegado a través del Bósforo y remontado el río. El rey de los tribalios había llevado a las mujeres y los niños de la tribu hasta una isla que ya era un refugio para algunas tropas tracias. Los intentos de Alejandro de forzar un desembarco fracasaron. Sobre la lejana ribera del Danubio pudo ver una fuerza de getas, estimada en unos 4.000 jinetes y más de 10.000 infantes, y era obvio que podían reforzar y abastecer a los tribalios y tracios en la isla.

Alejandro decidió cruzar el río de noche. Era un plan audaz pero lógico. Aquellos que estaban más próximos a él pensaron que también actuaba por «un deseo» *(pothos)* de poner el pie sobre la orilla opuesta del Danubio, algo que su padre no había logrado. Además de sus naves de guerra y numerosas piraguas y balsas, provistas de tiendas de cuero llenas de paja, Alejandro transportaba 1.500 jinetes y 4.000 infantes. Desembarcaron en un campo sembrado de trigo, lo cual los ayudó a ocultarse. Salieron al amanecer, con la infantería a la cabeza abriéndose paso en el trigal con las picas en ángulo. Una vez despejado el terreno para la caballería conducida por Alejandro, se desplazaron a la derecha, la falange formó un rectángulo hueco en orden cerrado y avanzó con las picas en la diestra. El enemigo, sorprendido ante este audaz cruce del río y aterrado por las picas puntiagudas de la falange, se desbandó ante la violenta carga de los escuadrones de caballería, cada uno en formación de cuña. Alejandro alcanzó rápidamente a su infantería próxima a la orilla del río, a fin de proteger ese flanco con su caballería en línea extendida, hasta que penetró en la ciudad de los getas, unos seis kilómetros tierra adentro. Los getas huyeron hacia las estepas, llevando algunas mujeres y niños sobre las grupas de sus caballos. Alejandro arrasó la ciudad y ofrendó sacrificios a Zeus el Salvador, a Hércules y al río Istro por permitir el cruce. Ese mismo día regresó con todos sus hombres a salvo a la orilla sur. El botín fue enviado bajo el mando de dos oficiales hacia la costa egea.

Sirmo y los tracios de la isla enviaron delegados y presentes a Alejandro y pidieron amistad. Esto fue acordado con votos de compromiso mutuo. Otras tribus a lo largo de la costa sur hicieron lo mismo. La más occidental de esas tribus era la de los celtas, en el extremo norte del mar

Adriático. Según Tolomeo, Alejandro les preguntó a sus enviados qué era lo que más temían, con la esperanza de que le dijeran «Alejandro», pero le respondieron «que el cielo caiga sobre nosotros». Alejandro concertó un pacto de amistad y alianza con los celtas, comentando a sus Amigos: «¡Qué jactanciosos son los celtas!» Durante cuatro meses Alejandro se empeñó en consolidar la obra de su padre que, por medio de varias campañas de verano e invierno, había forzado a las tribus tracias a aceptar la ley macedonia. La clave del éxito de Filipo fue la demostración de la superioridad militar, la persecución y aniquilamiento de la caballería aristocrática tracia, y la imposición de la paz. La campaña de Alejandro confirmaba ahora ese éxito.

El régimen que los macedonios impusieron en los Balcanes era diferente al de Atenas, por ejemplo, en la región egea. Aquéllos permitían que las tribus sometidas se gobernaran a sí mismas, que mantuvieran sus propias leyes y costumbres, y que armaran su propia milicia. No existía la imposición de un sistema de gobierno, como la democracia o la oligarquía, que conduciría a una amarga lucha de partidos *(stasis)*, y a tener que mantener el sistema mediante guarniciones. Más bien, cada estado tribal conservaba sus propias tradiciones, carácter y dignidad. Los macedonios exigían el pago de un tributo fijo (probablemente un décimo de la producción), la provisión de tropas y mano de obra que se les requiriera, y la aceptación de la política exterior macedonia. El centenario sistema de guerras intertribales y la costumbre de «vivir de la rapiña» *(véase* pág. 30) iban a ser reemplazados por una era de paz y prosperidad, en la cual los trabajadores agrícolas jugarían un papel destacado. Con esa finalidad Filipo había fundado «pueblos importantes en sitios apropiados y puesto fin al carácter levantisco de los tracios». La población de las nuevas ciudades, de las cuales Filipópolis (Plovdiv) era la más grande, era «mixta», porque estaba integrada por macedonios, griegos y nativos prominentes, ya que Filipo deseaba promover la agricultura y el comercio, y difundir el griego como el idioma oficial de la administración. La mezcla de ideas y culturas era el comienzo de lo que los eruditos modernos han llamado la «helenización». Otros beneficiarios de las condiciones pacíficas fueron las ciudades-estado griegas de la costa tracia, que fueron «las más dispuestas a entrar en la alianza de Filipo» y ahora en la de Alejandro.

El cambio en el destino de las ciudades-estado griegas fue muy importante. Alejandro a la sazón controlaba ambos lados del Helesponto, el mar de Mármara y el Bósforo. Las flotas de Macedonia y de la Comunidad Griega habían completado la talasocracia en esas aguas y en el mar Negro, y podían remontar el Danubio. Estaban en condiciones de reprimir la piratería y de ofrecer protección a las ciudades-estado contra los pueblos nativos. El resultado fue una rápida expansión del intercambio comercial y del comercio marítimo. Filipo y Alejandro confiscaron los ricos recursos minerales de Tracia y conquistaron el territorio. Además, emitieron una moneda que llegó a ser corriente en Europa central. Las ciudades-estado de la Comunidad Griega se beneficiaron significativamente con el incremento comercial y la seguridad de la «ruta del trigo» desde el mar Negro, de la cual dependían Atenas y muchos otros estados.

5. La campaña en Iliria

A finales del verano, Alejandro condujo su ejército hacia el sur, en dirección a los territorios de los agrianos (en las cercanías de Sofía) y de los peonios (en los alrededores de Skoplie). «Entonces llegaron mensajeros informando que Cleito, hijo de Bardilis (en Kosovo-Metohija), se había rebelado y que Glaucias, rey de los taulancios (en las cercanías de Tirana), se había unido a él, y también que los autariatas (en Bosnia) lo atacarían sobre la marcha.» Una combinación semejante era extremadamente temible. El rey de los agrianos, que era amigo personal de Alejandro y había presidido una embajada ante él, se aprestó a atacar a los autariatas, y cuando Alejandro dio la orden, la llevó a cabo con éxito. En el ínterin, Alejandro condujo su ejército a través de Pelagonia, Linco y Orestis para proteger el reino, y luego marchó hacia el norte para llegar al río Eordaico, donde acampó cerca de una ciudad iliria fortificada, Pelion, que Cleito había ocupado. Se había desplazado tan rápido que Cleito todavía aguardaba a Glaucias, para realizar un ataque conjunto sobre el reino macedonio. Al día siguiente Alejandro avanzó hacia las murallas de Pelion. Las tropas de Cleito, sobre las colinas cercanas, habían sacrificado a tres niños, tres niñas y tres carneros negros, y luego bajaron para atacar a los macedonios. Fueron derrotados tan abiertamente que abandonaron sus posiciones originales y dejaron a las víctimas inmoladas sobre el terreno.

Alejandro ahora estaba en condiciones de poner sitio a Pelion. Pero al día siguiente llegó el gran ejército de Glaucias y Alejandro tuvo que replegarse a su campamento fortificado. El problema acuciante para

Alejandro eran las provisiones para sus 25.000 hombres y 5.000 caballos, porque ya las habían recogido y consumido en su propio territorio, en el sur. Por lo tanto, envió a Filotas, el hijo de Parmenio, con los carros y una escolta de los Compañeros de Caballería hacia el norte, a la llanura fértil de Koritsa, donde el grano cosechado y los pastos eran abundantes. En el camino atravesaron el desfiladero de Tsangon. Las colinas que lo flanquean estaban ocupadas por Glaucias, con el fin de interceptar a Filotas a su regreso. Alejandro en persona condujo una fuerza de 400 jinetes, junto con los hipaspistas, los arqueros y los agrianos, quienes se dirigieron a toda prisa hacia el desfiladero, que libraron del enemigo justo a tiempo para que los carretones cargados de Filotas pudieran regresar. El alivio fue sólo temporal. El ejército de Alejandro tenía que desplazarse o morir de hambre, y el desplazamiento parecía muy dificultoso, porque la ruta de retirada hacia el sur llevaría a su ejército a través de una nación ya despojada de provisiones y finalmente sobre un terreno accidentado y montuoso, donde sus falanges podían ser abatidas por las fuerzas ligeras de un enemigo numéricamente muy superior. Al respecto, dijo Arriano: «Aquellos que estaban con Cleito y Glaucias parecían haber puesto a Alejandro sobre un terreno difícil», comentario que probablemente recogió de Tolomeo. *Véanse* las láminas 8a y b.

Alejandro desplegó todo el equipo de sitio de su ejército, pero no su bagaje, sobre el terreno junto a su campamento. Sus instrucciones fueron mantener un silencio absoluto y obedecer rápidamente cada orden. La falange, en formación cerrada de 120 hombres en fondo, ejecutó una serie de maniobras: con las picas en alto, luego con las picas en ristre, en avance y en retroceso, dando vuelta hacia uno u otro lado, y finalmente formando una cuña para atacar al enemigo al pie de las colinas. Los escuadrones de caballería se desplazaron concertadamente para proteger los flancos de la falange. Los dárdanos escaparon hacia terrenos más altos. Entonces, la falange dio la vuelta, emitió el grito de guerra y golpeó sus picas contra sus escudos como antes del ataque a los taulancios, que habían bajado desde Pelion pero ahora escapaban para protegerse tras los muros de la ciudad. Alejandro había despejado ambos flancos de su línea de avance, que estaba en el paso estrecho que se extendía entre las fuerzas dárdanas y las fuerzas taulancias.

Las posiciones del enemigo se muestran en la figura 5. Al avanzar en el paso del Lobo, Alejandro mantuvo esas fuerzas divididas, pero dentro del paso tuvo que capturar la escarpada colina K2, antes de que su falange llegara y estuviera al alcance del enemigo. Con este fin, orde-

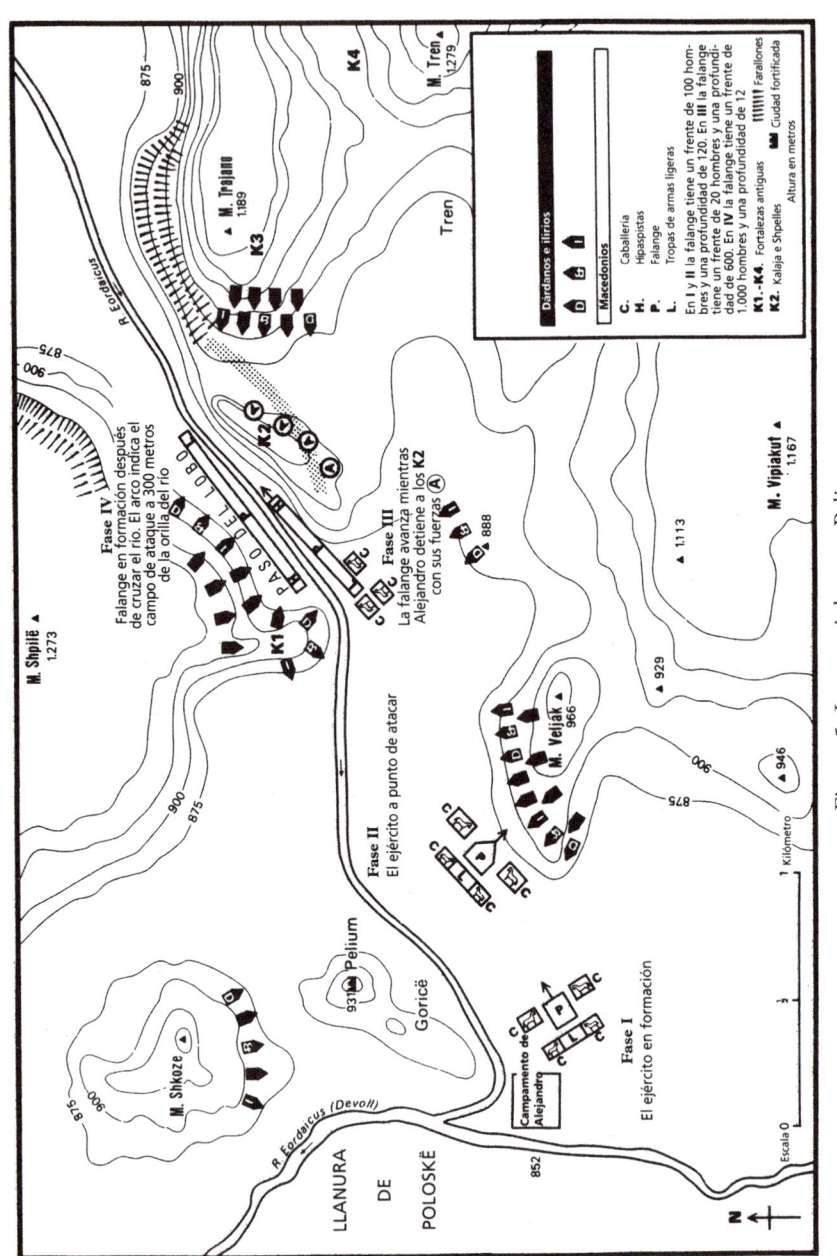

Figura 5. Las maniobras en Pelion

nó a sus siete Escoltas y a sus Compañeros personales que aferraran sus escudos, montaran sus caballos y cargaran hacia la colina. Al llegar tuvieron que luchar mitad a pie y mitad montados. En realidad, el enemigo huía al ver a Alejandro al frente de su caballería de elite, y éste había reforzado su poderío llevando consigo 2.000 agrianos y arqueros. Ordenó a las brigadas de hipaspistas y falanges vadear el río y formarse en líneas cerradas a lo largo de la orilla opuesta. Cuando esto se hizo, la fuerza de Alejandro quedó aislada sobre la colina K2, y los taulancios bajaron por la ladera de la montaña para atacarlos a medida que se retiraban. Pero Alejandro condujo a sus hombres a un contraataque, los falangistas lanzaron su grito de guerra y el enemigo se replegó. Luego Alejandro dirigió a sus hombres a paso ligero hacia el río que fue el primero en cruzar, y ordenó a los catapultistas sobre la orilla y a los arqueros en medio del río que dispararan sus armas para cubrir el escape de la retaguardia. «Los macedonios cruzaron el río a salvo, tan es así que ni un solo hombre cayó en la retirada.»

Los pastos ahora estaban disponibles sobre las pantanosas orillas del pequeño lago Prespa, y se podían obtener provisiones de las aldeas macedonias cercanas a la cabecera del lago. Durante tres días, Alejandro esperó para divisar al adversario pero sus exploradores observaron que el campamento estaba indefenso y libre de centinelas. A la noche siguiente, Alejandro dio órdenes de iniciar el ataque, que él mismo condujo en persona con los hispaspistas, los agrianos, los arqueros y dos brigadas de falangistas como vanguardia. La sorpresa fue total. Alejandro y sus hombres en formación profunda se abrieron paso a través de un ala de la posición enemiga y pusieron al resto en fuga. Entonces, Alejandro emprendió la persecución con su caballería a través de la llanura, «directamente hacia las montañas de los taulancios», una distancia de aproximadamente 100 kilómetros. «Mientras huían (de la caballería enemiga) arrojaban sus armas.» Cleito se refugió en Pelion. Cuando terminó la persecución, Alejandro dirigió su ejército hacia el sur para sofocar un alzamiento en Tebas.

El genio de Alejandro como comandante es indiscutible. La manera en que se abrió paso a través del desfiladero de Hemo, atravesó el Danubio y dispersó a los getas, y cómo replegó su ejército a través del paso del Lobo sin perder un solo hombre en las tres operaciones no tiene paralelo. Tampoco sus oponentes eran débiles; ya que los tracios eran muy temidos por las ciudades-estado griegas, y los dárdanos habían causado numerosas bajas a los molosos y macedonios en el período comprendido entre 390 y 360. Pero ahora el ejército macedonio se destacaba por su destreza profesional. Los escuadrones de la caballería pesada, cada uno en formación de cuña y armados con las lanzas largas, y la falange en filas cerradas con sus picas extendidas eran tan mortíferos en acción como aterradores de contemplar. Siempre que estuvieran en un terreno llano y coordinados en la acción eran casi invencibles. Las tropas de apoyo eran igualmente profesionales: los catapultistas, los arqueros y los honderos, los agrianos armados de una larga lanza y una espada y portando un pequeño escudo, y los jinetes de la caballería ligera, algunos armados con una larga lanza y otros con jabalinas. Los 3.000 hipaspistas eran particularmente versátiles; ya que combatían con la pica en formación de falange, protegían a los falangistas propiamente dichos y eran entrenados para usar el equipo de hoplita (un gran escudo y una lanza de 2 metros) y otras armas. Mientras que todos los falangistas usaban una coraza o media coraza de metal, solamente los oficiales hipaspistas estaban así equipados.

Alejandro condujo al ejército en cada acción. Pretendía superar a sus siete Escoltas en el combate, pues tenía un espíritu profundamente competitivo. Alentaba la competencia de los Hombres del Rey en todo el ejército. Existía un orden de precedencia entre los Escoltas o guardias personales y los Amigos, y un orden similar en los votos para confirmar acuerdos diplomáticos. Las unidades de elite eran el Escuadrón Real de los Compañeros de Caballería, la Guardia Real de Macedones (antes llamada *pezhetairoi*), la Brigada Real de los Hipaspistas, y los Pajes Reales en su último año. Existía la escala jerárquica habitual para los oficiales y para aquellos que estaban por debajo del nivel de oficial. Cada uno de los Hombres del Rey pronunciaba un juramento de lealtad al soberano y dependía de su favor para una promoción. Él era el centro de su mundo. Pretendía actuar de acuerdo con su frase favorita en la *Ilíada* (3.179) para ser «tanto un buen rey como un guerrero poderoso».

CAPÍTULO CINCO

Fuentes de información, un alzamiento en Grecia y preparativos para Persia

1. LAS FUENTES DE INFORMACIÓN PARA LA CAMPAÑA DE LOS BALCANES

Debemos nuestros conocimientos principalmente a cuatro escritores antiguos, cuyas obras fueron compuestas tres y más siglos después de la trayectoria de Alejandro: Diodoro Sículo, historiador griego del siglo I a.C., autor de una *Historia Universal*; Pompeyo Trogo, cuya obra ha sobrevivido en un epítome de Justino; Plutarco, el biógrafo y moralista griego; y Flavio Arriano, el historiador y filósofo griego autor de la *Expedición de Alejandro*. Es evidente que estos escritores se basaron en las obras de autores anteriores que habían sido contemporáneos de los acontecimientos o habían compuesto obras populares en el período helenístico (que comenzó después de la muerte de Alejandro). Al considerar la validez de las historias narradas por estos cuatro autores, necesitamos averiguar cuál de esos relatos anteriores fue utilizado por cada autor. Por ejemplo, comenzamos este libro con la doma de *Bucéfalo* según la describe Plutarco en sus *Vidas Paralelas*. Inferimos que Plutarco recogió el relato de un testigo presencial, Marsias Macedón, quien escribió para sus contemporáneos, y que la versión de Plutarco está basada seguramente en esa fuente. Por otro lado, los relatos de una reyerta en la boda de Filipo y Cleopatra que dejaron Plutarco y Justino tienen todas las características de una reseña hecha por un propagador de escándalos. Presumimos que ambos recogieron este episodio de una fuente común, concretamente de una *Vida de Alejandro* de Sátiro, un autor sensacionalista y poco confiable que escribió en el segundo tercio del siglo, cuando los sentimientos antimacedonios estaban en auge y ningún contemporáneo de los hechos sobrevivía. Por lo tanto, suponemos que los relatos no son de ningún modo dignos de fe.

Al parecer, sólo Arriano dejó un relato detallado de la campaña de los Balcanes. Los otros tres autores simplemente aluden a ella, porque su interés y el de los autores a quienes habían recurrido estaba centrado en los asuntos griegos y en la travesía hacia Asia. Tanto Arriano como el autor o autores en los cuales éste se basó comprendían la importancia de la campaña de los Balcanes en relación con la invasión de Asia: «Alejandro pensaba que, cuando iba a partir hacia una expedición lejos de la tierra natal, no debía dejar a sus vecinos planeando revoluciones, sino que éstas debían haber sido completamente sofocadas.» Como hemos visto, el relato de Arriano es notablemente detallado, específico y coherente en toda su extensión, presumiblemente porque todo provenía del mismo autor o autores. Afortunadamente, y de una manera casi inédita entre los escritores antiguos, Arriano confesaba a sus lectores que había recogido los relatos de Tolomeo y Aristóbulo, que él consideraba «completamente verídicos» y que, donde éstos diferían, daba la versión que juzgaba «más creíble y más digna de mencionar». Sus palabras sin duda son ciertas, ya que sus propios contemporáneos estaban familiarizados con las historias de Tolomeo y Aristóbulo y podrían haber advertido de inmediato si él no hacía lo que había prometido hacer.

Si bien es innegable que Arriano dio una versión inalterada de los relatos de Tolomeo y Aristóbulo sobre la campaña de los Balcanes, lo hizo porque pensaba que esos relatos eran «completamente ciertos» y porque «esos dos hombres habían hecho la campaña con Alejandro». La única divergencia que observó entre ellos fue que Tolomeo dio la cantidad exacta de las bajas macedonias en la caballería y la infantería (Arriano. 1.2.7). De esto inferimos dos cosas, que Aristóbulo no informó de las bajas o dio cifras menos «creíbles», y que subsecuentemente las cifras «exactas» que daba Arriano las recogía del relato de Tolomeo. De inmediato surge la duda: ¿cómo Tolomeo tenía cifras de las bajas «más creíbles» que las de Aristóbulo, y también —como veremos más adelante— poseía cifras de los heridos en acción durante muchos años? Preguntas similares surgen con respecto a las referencias sobre las órdenes dadas por Alejandro —de las cuales algunas no se ejecutaron, por ejemplo en la campaña de los Balcanes en Arr. 1.6.5 y 1.6.10—, el nombre de los oficiales, la especificación de las unidades en acción y los intervalos de tiempo en términos de días. Si tenemos en cuenta que en los libros 1 a 6 Arriano informa sobre 147 órdenes, 78 intervalos de días, y unos cientos de nombres de oficiales, estas preguntas llegan a ser cruciales. Que un hombre guarde todos estos datos en su memoria es inconcebible. Tolomeo debió de haber tenido acceso a un informe escrito, que Arriano sabía que era «creíble».

Ese informe sólo puede haber sido el *Diario de Alejandro*, que sobrevivió en Alejandría. Estratis escribió a mediados del siglo III un extenso comentario sobre el *Diario* (sobrevive un fragmento de un comentario, presumiblemente de Estratis, sobre los acontecimientos de 335). Plutarco y Arriano parafrasearon algunos pasajes del mismo y Filino, Eliano y Ateneo hicieron algunas referencias a él. La naturaleza del *Diario* se conoce a través de estos escritos y de las descripciones de su contenido en diarios reales posteriores. Era un registro, hecho en el momento y día por día, de las actividades y declaraciones del rey, y adjuntos al mismo había algunos documentos importantes, por ejemplo sobre asuntos diplomáticos y correspondencia oficial. El *Diario* era secreto durante el período de vida de un rey y durante el tiempo subsiguiente, en el cual sus órdenes eran importantes, y luego era depositado con las otras pertenencias del rey en el lugar de su sepultura, en el caso de Alejandro en Alejandría. Allí, Tolomeo, el soberano de Egipto, tuvo acceso al *Diario*. Sin embargo, Aristóbulo no pudo tener acceso, ya que escribió su obra en Macedonia. Por eso se entiende que Arriano haya calculado las bajas de los macedonios contra los tribalios como «once jinetes y aproximadamente cuarenta infantes», como dice Tolomeo, ya que sabía que la historia de Tolomeo se basaba en apuntes de los hechos históricos que habían sido registrados en el *Diario* en el momento que ocurrían, sin desviaciones ni modificaciones.

No obstante, Arriano se planteó si el propio Tolomeo no habría tergiversado el informe. Sin embargo, se dijo que Tolomeo, al escribir después de la muerte de Alejandro, no se había visto obligado ni tentado —con la esperanza de obtener favores— «a escribir algo diferente de lo que había ocurrido»; y que al ocupar un alto cargo público, como soberano, se deshonraría si se descubría que estaba mintiendo. Arriano estudió la descripción de los hechos. Sin duda, Tolomeo seleccionó y presentó esos hechos según su propio criterio, de una manera que generalmente, pero no siempre, era favorable a Alejandro como su amigo y protector, ya que Tolomeo ascendió hasta el más alto rango, el de Escolta de Alejandro. Además de hacer uso del *Diario* y confiar en su propia memoria sobre muchos de los detalles vívidos que fueron repetidos por Arriano, Tolomeo dio su propia interpretación de los objetivos y don de mando de Alejandro, y no fue renuente a cantar sus propias alabanzas. Como la mayor parte de los escritores antiguos, se consideraba a sí mismo un artista literario. En consecuencia, no citó documentos reales —como el *Diario*— al pie de la letra, ni siquiera parafraseándolos, sino que compuso su propio relato. Vemos un ejemplo de esto en el tratamiento que hace Arriano de la enfermedad terminal de Alejandro. Él mismo ofreció su propia paráfrasis del relato del *Diario*, y agregó que Aristóbulo y Tolomeo habían escrito descripciones «no muy distantes» de esa paráfrasis. Aquí es evidente que Tolomeo no había parafraseado el *Diario*, sino que había compuesto su propia historia independiente; esto no sorprende si tenemos en cuenta que como Escolta debe haber velado por el rey en su enfermedad.

La siguiente duda es hasta qué punto Arriano entendió mal o modificó lo que había leído en los relatos de Tolomeo y Aristóbulo. Entonces y ahora, Arriano estaba mucho mejor ubicado que cualquier historiador de Alejandro para comprender las circunstancias en las cuales Alejandro llevó a cabo sus conquistas y organizó su reino en Asia, ya que había escrito tratados sobre tácticas y caza, conducido una campaña exitosa contra los alanos de Georgia y Azerbaiyán, y desempeñado el puesto de cónsul y gobernador de Capadocia en el apogeo del Imperio romano. El hecho de que no introdujo cambios se desprende de su propia convicción de haber informado con «total veracidad» de lo expresado por Tolomeo y Aristóbulo, y de haber anunciado que cuando los relatos de éstos diferían, él optaba por la versión más creíble. Sabemos menos acerca de Aristóbulo, un ciudadano de Fócida que gozó de la confianza de Alejandro y a quien se le encomendó la restauración de la tumba de Ciro en Pasargada. Como sus intereses eran científicos y geográficos más que militares, en su historia de Alejandro suministró mucho menos material que Tolomeo, pero parece haber tenido mayor interés en la personalidad de Alejandro. Es probable que Arriano recogiera de Aristóbulo la idea de que las acciones de Alejandro a veces estaban inspiradas en un fuerte deseo o anhelo (*pothos* en griego y *cupido* en latín).

«También he recogido relatos de otros autores porque me parecieron dignos de mencionar y no del todo increíbles, pero sólo como anécdotas *(legomena)* acerca de Alejandro.» Algunas de estas anécdotas eran interpretaciones diferentes de los hechos descritos por sus principales autores y otras aportaban un material adicional, particularmente sobre los asuntos en Grecia y la zona egea, donde Alejandro no estuvo personalmente. De sus comentarios se desprende que Arriano fue un crítico de esos otros escritores, principalmente en las variadas versiones del final de Alejandro (Arr. 7.27). Analizaremos algunos de estos *legomena* a medida que surjan.

2. La rebelión y toma de Tebas, y las fuentes de información

El relato más completo que se conserva es el de Arriano, basado en las historias más extensas de Tolomeo y Aristóbulo. Comencemos desde el principio.

Alejandro acababa de volver de su persecución de los ilirios, cuando le llegaron informes de un movimiento revolucionario en Tebas. Éste surgió como consecuencia de que los exiliados —al regresar a la ciudad por invitación de sus adeptos— habían asesinado a dos desprevenidos macedonios de la guarnición, que les habían comunicado la muerte de Alejandro en Iliria; y esos exiliados habían persuadido a los tebanos para que se unieran a la causa de la libertad y la autonomía. Alejandro comprendió el peligro de que la revolución se extendiera, ya que hacía tiempo que sospechaba de Atenas, Etolia, Esparta y algunos otros estados del Peloponeso. En consecuencia, marchó al frente de su ejército hacia las tierras altas del monte Grammo, el monte Pindo y el monte Cambunia, donde había abundantes pastos y donde se podían requisar quesos, carne y animales de transporte de los pastores trashumantes. Después de llegar sin previo aviso a Pelinna, en el norte de Tesalia, y de haber marchado durante seis días a razón de unos 33 kilómetros diarios, descansó con su ejército durante un día. Desde allí llegó a Oncesto en Beocia, al sexto día de marcha, tras haber recorrido unos 200 kilómetros a un promedio de 40 diarios. Su desplazamiento fue tan sigiloso que los tebanos no advirtieron su proximidad. Había atravesado sin dificultad el desfiladero de las Termópilas y ahora podía proveerse de víveres y tropas de los aliados del norte de Beocia y de Fócida.

La rapidez con que se desplazaba Alejandro le permitió alcanzar Tebas al día siguiente y detener cualquier posible ayuda de Atenas y otros estados. Aguardó con la esperanza de que los tebanos se arrepintieran y le enviaran una embajada, pero atacaron su campamento y mataron a unos pocos macedonios. Aun así, Alejandro esperó. Había una divergencia de opiniones en Tebas, pero los cabecillas y especialmente los generales de la Liga Beocia que habían violado su juramento de lealtad a la Comunidad Griega habían convencido a la mayoría para que luchara. Alejandro en ese momento estaba acampando cerca de la ciudadela de Tebas (Cadmea) en la cual la guarnición macedonia fue rodeada y probablemente aislada. Aun así, Alejandro no intentaba atacar pero «según Tolomeo», Perdicas, que comandaba la brigada de guardia, no esperó una orden del rey sino que condujo él mismo un ataque sobre la fuerza defensiva tebana, que consistía en dos empalizadas, una detrás de la otra y ambas frente al macizo muro de la ciudad. Cuando forzó la primera empalizada, se le unió otra brigada. A medida que avanzaba para atacar la segunda empalizada, era probable que fuera arrollado por los refuerzos tebanos. Alejandro no tuvo más remedio que disponer su ejército en posiciones de acción.

Sabemos de otras fuentes que los tebanos habían recibido abundantes armas y equipos de Atenas. Ellos eran famosos por sus fuerzas defensivas, sus muros eran casi infranqueables para las tácticas de guerra griegas, y sus hoplitas (soldados de infantería) tenían una alta reputación. Dado que Alejandro había llegado sin su equipo de sitio, todo parecía estar a favor de la defensa. Pero la iniciativa de Perdicas creaba una situación de la cual Alejandro podía sacar ventaja. Ordenó a los arqueros y agrianos que ocuparan el espacio entre las dos empalizadas. Allí Perdicas había caído gravemente herido, y fue llevado de vuelta al campamento. Alejandro esperaba apartado al frente de la Guardia de Infantería de los macedonios y la Brigada Real de los hipaspistas en formación de falange, y detrás de la falange estaban las otras dos brigadas de hipaspistas. Como Alejandro había previsto, los atacantes macedonios fueron dispersados por un contraataque, que causó la pérdida de 70 arqueros, y ferozmente perseguidos por los hoplitas tebanos, que ya no estaban en formación de falange sino separados, a través de la brecha en la primera empalizada. No obstante, la carga de los piqueros de Alejandro en formación fue decisiva, y los macedonios persiguieron a los fugitivos a través de las puertas de la ciudad. Un grupo liberó la guarnición de Cadmea, y otro ocupó los muros y permitió la entrada del resto del ejército. La resistencia organizada pronto cedió. La caballería huyó a la campiña. En las luchas callejeras que siguieron Alejandro apareció ora aquí ora allí, pero «no fueron tanto los macedonios, como los fócidos, los plateos o los otros beocios» quienes estuvieron dispuestos a matar a los tebanos, hombres, mujeres y niños, todavía suplicantes en los altares.

La narración de Arriano es un resumen del punto de vista macedonio sobre la acción, tal como fue relatada por Tolomeo y Aristóbulo.

Otros autores han dado un punto de vista muy diferente, desde la perspectiva griega. Según Diodoro, Alejandro fue de Tracia a Macedonia, reunió todo el ejército de más de 3.000 jinetes y 30.000 infantes, y llegó a Tebas para encontrar la guarnición de Cadmea rodeada de fuerzas defensivas, como empalizadas y trincheras. Tebas ya había recibido equipos de Atenas gracias a Demóstenes, y la Asamblea ateniense había resuelto prestar ayuda a Tebas pero luego la había postergado. Arcadia, Argos y Elis respondieron a su llamada despachando tropas, pero se detuvieron en el istmo al enterarse de la llegada de Alejandro. Sin embargo, inspirados por sus líderes, los tebanos decidieron luchar hasta el final por la causa de la autonomía. Desatendieron las advertencias que los dioses enviaban bajo la forma de fenómenos fantásticos y oráculos divinos. Alejandro pasó tres días preparándose para el ataque. Durante esos días habría perdonado a Tebas. Por ejemplo, a través de un heraldo anunció que cualquier tebano podría acudir a él y disfrutar de la Paz Común de los griegos. Los tebanos replicaron anunciando que cualquiera que deseara tomar el partido del gran rey de Persia y de Tebas podría unírseles a fin de derrocar al dictador de Grecia y liberar a los griegos. Ante estas palabras Alejandro montó en cólera, y en un arranque de ira decidió destruir completamente la ciudad.

A continuación sigue un relato épico de la lucha que comenzó con un intercambio de armas arrojadizas y continuó con un combate a espada. Los tebanos, más numerosos y superiores en entrenamiento, forma física y moral, vencieron a los macedonios, de modo que Alejandro tuvo que comprometer todas sus reservas para la batalla. Aun así, los tebanos se mostraron inconmovibles. Tenían grandes esperanzas de victoria, pero el rey divisó una puerta trasera indefensa y envió a Perdicas con una gran fuerza dentro de la ciudad. Entonces los tebanos se replegaron desordenadamente mientras la caballería avanzaba derribando a los infantes bajo los cascos de los caballos, y lucharon heroicamente hasta el final. Los macedonios fueron despiadados, y los tespios, los plateos y otros se unieron en la masacre, que terminó con la muerte de más de 6.000 tebanos y la captura de 30.000. Este relato tiene mucho en común con narraciones posteriores de Diodoro. Desde un punto de vista militar no tienen valor, ya que son ficciones sobre el modelo homérico en el estilo y modo de batalla. Además, el relato se decanta manifiestamente en favor de los tebanos.

No cabe duda de que Diodoro recogió este y otros relatos posteriores de Cleitarco, quien probablemente había sido ciudadano de Colofón en el Asia Menor y terminó viviendo en Alejandría, Egipto. No prestó servicio en Asia y siendo joven había estudiado filosofía. Aproximadamente entre 315 y 290 publicó un extenso y sensacional relato de la expedición de Alejandro que fue ampliamente leído en la época romana. Según Quintiliano fue un talentoso escritor, pero como historiador fue «notoriamente poco confiable»; para Cicerón fue un escritor retórico de una mentalidad más bien pueril, y como historiador se tomó la libertad de «mentir abiertamente» a fin de lograr un efecto brillante. Longino lo consideraba despectivamente como un «charlatán superficial». La descripción del combate en Tebas y la rabia bestial de Alejandro son en sí mismas un ejemplo de las características resumidas por Cicerón, Quintiliano y Longino. Estos críticos capaces conocían la obra completa de Cleitarco. Nosotros sólo tenemos fragmentos insignificantes, que no nos proporcionan una base para modificar de alguna manera sus opiniones. El relato de Cleitarco también lo utilizaron Trogo (como lo resumió Justino) y Plutarco, cuyas versiones tienen mucho en común con la de Diodoro. Un capítulo de las *Vidas* de Plutarco que describe el perdón caballeresco de una mujer tebana, Timoclea, por parte de Alejandro, fue tomado de la historia de Aristóbulo y refleja algo de su refinado estilo.

3. El Consejo de los Griegos dicta la sentencia contra Tebas

El hecho de que Alejandro considerara la revolución de Tebas una violación no de su tratado con Macedonia sino de la carta constitucional de la Comunidad Griega se desprende de los relatos de Arriano, Diodoro y Plutarco. En efecto, Tebas había violado todas las normas de la carta al permitir el retorno de los exiliados, al asesinar a los macedonios de la guarnición, denunciar a la Comunidad como una tiranía y abrazar la causa de Persia contra la Comunidad Griega. En respuesta, Alejandro, como *hegemon* de la Comunidad, convocó a las tropas de los miembros leales, como los fócidos y algunos de los estados beocios, y a su llegada ofreció condiciones generosas si Tebas se reincorporaba a la Comunidad. Si Perdicas no hubiera actuado, Alejandro podría haber tenido éxito por medios diplomáticos; pero se vio obligado a salvar a sus propias tropas de la destrucción. Una vez que Tebas fue conquistada, tuvo que admitir el hecho de que Atenas, Etolia, Arcadia, Argos y Elis habían estado dispuestas a unirse en la rebelión contra la Comunidad Griega.

Entonces, ¿cómo debía manejar el veredicto final sobre la ciudad tomada? Tomar la decisión por su cuenta habría sido actuar como rey de Macedonia y pasar por alto la misma existencia de la Comunidad Griega. En ese caso, se podría haber pensado que actuaba como un dictador en relación a las ciudades-estado. Por otro lado, si deseaba que la Comunidad Griega continuara y tuviera alguna autoridad, no tenía otra alternativa que delegar la decisión en el Consejo de dicho organismo. De hecho, ésta fue la opción que escogió. Estaba en concordancia con sus acciones y proclamaciones en Tebas.

El relato más vívido lo dejó Diodoro, que se inspiró en Cleitarco. «De acuerdo con los concejeros de los griegos, Alejandro confió al Consejo Común la cuestión de lo que se debería hacer con la ciudad de los tebanos.» Algunos detalles sobre esta reunión del Consejo aparecen en varios relatos. «Los aliados que tomaron parte en la acción» —o sea los fócidos, plateos, tespios, orcómenos— influyeron sobre el ánimo de los reunidos por la violencia de su odio a la ciudad que había masacrado a sus ciudadanos en más de una ocasión. Ellos, y sin duda otros que tenían motivos para odiar a Tebas, la acusaron de traición al unirse a Persia en contra de los griegos, tanto en el presente como en el pasado. La mayoría de los consejeros presentes (no sabemos cuántos eran) decidieron el destino de Tebas: «Arrasar la ciudad, vender a los cautivos, declarar fuera de la ley a cualquier tebano fugitivo, prohibir a todos los griegos que dieran refugio a un tebano, y reconstruir y fortificar Orcómene y Platea.» Luego, «de acuerdo con el veredicto del Consejo, el rey (como *hegemon* bajo la carta de la Comunidad) destruyó la ciudad y por medio de eso infundió gran temor en aquellos que se rebelaron contra los griegos», es decir, en los líderes de Atenas y de otros estados. En ese momento, esto debió de tener un efecto mucho más disuasivo, como señaló Polibio dos siglos más tarde.

La moderación que mostró Alejandro en la ejecución del veredicto se resalta en más de un relato. Aquellos que habían votado en contra de la revolución, los descendientes de Píndaro, aquellos que tenían relaciones diplomáticas con Filipo, Alejandro y los macedonios, los sacerdotes y sacerdotisas, y Timoclea y su familia fueron exonerados y quedaron libres; y cuando Alejandro estuvo en Asia, trató a los enviados y mercenarios tebanos en Persia con suma generosidad. No necesitaba tomar represalias contra los estados que habían acordado apoyar a Tebas. Los arcadios condenaron a muerte a aquellos que habían abogado por ese apoyo. Los eleáticos acogieron a los ciudadanos que habían estado exiliados por ser promacedonios. Los etolios, tribu por tribu, enviaron delegados para pedir indulgencia. Los atenienses, después de un debate en su Asamblea, enviaron delegados para transmitir su resolución, en la cual congratulaban a Alejandro por su regreso sano y salvo de la campaña balcánica y su castigo a los tebanos. Se dijo que Alejandro la arrojó lejos en señal de disgusto. Sin embargo, reaccionó mandándoles una *Carta* (sin duda una copia se conservaba en el *Diario*) en la cual pedía la entrega de nueve atenienses renombrados que había hallado tan culpables como los cabecillas tebanos en la rebelión de Tebas y también responsables por la política que había conducido a la batalla de Queronea, y por los agravios en ocasión de la muerte de Filipo. Ellos serían juzgados «en el Consejo de los Griegos». Atenas apeló contra esta demanda y prometió juzgar a los hombres en su propio tribunal. La apelación fue aceptada por Alejandro con la excepción de un hombre, el general Caridemo, que había huido para servir a Persia. De esta manera Atenas fue tratada muy indulgentemente.

El comentario de Arriano sobre la indulgencia de Alejandro hacia Atenas es interesante: «Se puede haber debido a su respeto por Atenas, o a su ansiedad por embarcarse en la expedición a Asia, ya que no estaba dispuesto a dejar en las mentes de los griegos ninguna sospecha sobre su persona.» Filipo y Alejandro siempre habían tratado a Atenas con excepcional generosidad por razones que variaban según las exigencias de la situación. Pero desde la victoria en Queronea estaban deseosos de formar una verdadera alianza de cooperación con Atenas, o al menos obtener su neutralidad. El respeto por su liderazgo cultural puede haber sido un factor de importancia, pero no quedaban dudas acerca de la necesidad práctica de vencer o al menos oponer resistencia a la flota ateniense; ya que una combinación de esa flota y la armada persa dominaría el mar Egeo, el Helesponto, el Bósforo y el mar Negro, y pondría fin a la expansión macedonia.

Atenas fue sólo una parte de un problema mayor para Alejandro. La Comunidad Griega era una forma de organización política que tenía tres valores prácticos para él: mantener las ciudades-estado en paz dentro de Grecia, relacionarlas con Macedonia en una alianza estrecha, y comprometerlas a luchar junto a Macedonia contra Persia. Todo el mundo sabía que la existencia de la Comunidad y su política se debían al poderío militar de Macedonia. Demóstenes y los políticos de la misma tendencia la consideraban la máscara de la dictadura, la negación de la ciudad-estado independiente, e instaban a sus ciudadanos a repudiar a la Comunidad Griega y unir sus fuerzas con Persia en contra de Macedonia. Para otros políticos, la Comunidad Griega proporcionaba el mejor *modus vivendi* con Macedonia y la perspectiva de una Paz Común real; además, una campaña exitosa en Asia liberaría a los griegos de allí y proporcionaría una salida para la población fluctuante del territorio continental. En un clima de opinión política tan variada, Alejandro debía hacer que su poderío militar fuera de conocimiento público. Su toma de Tebas en una cuestión de horas logró precisamente eso. Tenía que defender la autoridad y los principios de la Comunidad Griega y encontrar medios pacíficos de mantener bajo control a otros descontentos. Por eso mostró respeto por Atenas como estado independiente, se burló de la política de Demóstenes que propugnaba la colaboración con Persia, y en la travesía hacia Asia fue acompañado por un escuadrón ateniense como parte de las fuerzas conjuntas de la Comunidad Griega.

Alejandro anhelaba lograr un acuerdo rápidamente, no porque se le hubiera agotado su impulso bestial con la destrucción salvaje de Tebas, como sostuvo Cleitarco, sino porque la vanguardia de las fuerzas macedonias y griegas en Asia estaba sufriendo reveses en la última parte del año 335, y él tenía que acudir en su auxilio con toda premura. También era imprescindible que la fuerza principal estuviera en Asia y controlara los puertos cercanos al Helesponto, antes de que la flota persa pudiera entrar en el Egeo a comienzos del verano de 334. Sin duda, debió de haber previsto que una vez en el Egeo los persas intentarían promover alzamientos en los estados continentales y con eso dividir a la Comunidad Griega. Pero podía intentar contrarrestar ese intento sólo si convencía a las ciudades-estado de su respeto sincero por su independencia política dentro de la estructura de la Comunidad. Por ese motivo y para «no dejar en la mente de los griegos ninguna sospecha sobre su persona», él y su ejército no entrarían en el Peloponeso.

4. Alejandro se prepara para la campaña contra Persia

Después de estas negociaciones (con Atenas) Alejandro regresó a Macedonia. Condujo los sacrificios a Zeus del Olimpo en Dío en la forma que Arquelao había introducido, y celebró los juegos en honor de Zeus en Egea. Algunos afirman que también celebró un torneo en honor de las Musas.

El festival nacional fue como el que Filipo había celebrado en Egea en el año 336. El sacrificio fue un reconocimiento por las mercedes que el Estado macedonio había recibido de Zeus el Salvador y Protector. Alejandro tenía una buena razón para dar las gracias. En toda guerra el factor tiempo es importante, a veces el más importante. En 335, Alejandro había estado en condiciones de aplastar a los ilirios dos semanas antes de aislar a Tebas. Si el alzamiento de Tebas hubiera precedido al ataque en masa de las fuerzas ilirias a Pelion, el ejército macedonio que estaba en Beocia y Macedonia habría sido totalmente aniquilado por los ilirios. Podemos decir que el factor tiempo fue fortuito; pero Alejandro y sus macedonios vieron la mano de Zeus en la secuencia de los acontecimientos. Él los había salvado del desastre. En Asia también fue importante el factor tiempo. Los problemas planteados por la sucesión en la corte persa y otras distracciones hicieron que Darío III Codomano no desplegara la flota persa, ni organizara un contraataque importante en tierra durante el tiempo en el cual Alejandro hacía la campaña en los Balcanes, tomando Tebas y reafirmando la autoridad de la Comunidad Griega. También por esta ventaja Alejandro tenía motivos para estar agradecido a Zeus del Olimpo.

Había sido un año de asombrosos triunfos contra los tracios, los getas, los tribalios, los ilirios y tebanos, con un mínimo de bajas propias, excepto en Tebas, donde la cifra de 500 macedonios muertos puede ser exagerada, ya que en última instancia proviene de Cleitarco. En 336, Alejandro perdonó los movimientos revolucionarios de algunas ciudades-estado, y sólo emprendió una acción militar en 335 contra Tebas, donde se había visto forzado por la conducta de Perdicas. Probablemente habría preferido una sentencia menos severa para los tebanos, pero su destino estaba en las manos del Consejo Griego, y en la historia reciente de Grecia los habitantes de muchas poblaciones conquistadas se habían vendido como esclavos. En realidad, para las costumbres griegas los tebanos no habían sufrido el peor destino; ya que los propios tebanos habían masacrado hombres adultos y vendido a otros como esclavos en Orcómene en el año 363, y los atenienses hicieron lo mismo en Sesto diez años después. Si en el futuro se respetaba la carta de la Comunidad Griega, no habría más casos de destrucción como éstos. En los Balcanes Alejandro también tomó medidas con la esperanza de promover la paz y la prosperidad. Cuando Glaucias reconoció su derrota y se rindió, Alejandro lo dejó en su trono como un rey cliente; y Cleito probablemente fue tratado de la misma manera.

Después de su ausencia de ocho meses, el festival en Egea le dio a Alejandro la oportunidad de organizar una pródiga diversión, que se prolongó durante nueve días consagrados a las nueve Musas.

Levantó una gran tienda de campaña con cien lechos, e invitó al banquete a los Amigos y los Comandantes, además de los enviados de las ciudades (de los macedonios) [...] y distribuyó animales para el sacrificio y todo lo apropiado para agasajar a toda la fuerza de los Hombres del Rey que habían elevado la moral del ejército.

En Macedonia Alejandro tuvo que tomar decisiones que se encontraban fuera del alcance de los poderes de sus delegados. Por ejemplo, fue probablemente entonces que promovió la fundación de una «ciudad de macedonios» en Calindea (*véase* pág. 57) y recibió a una embajada de Filipos que planteó la distribución del territorio reclamado. Concertó una reunión de los Comandantes y los Amigos prominentes para discutir sus planes de la travesía a Asia. Según Dilo, un competente historiador helenístico —de quien Diodoro recogió esta información—, Antípater y Parmenio aconsejaron a Alejandro engendrar un heredero antes de cruzar a Asia, pero éste contestó que sería deshonroso para el líder de las fuerzas griegas y macedonias sentarse y aguardar el nacimiento de niños. Con una mirada retrospectiva, vemos que aquéllos tenían razón y que Alejandro incurrió en un juicio erróneo (ya que una esposa podría haberlo acompañado en la travesía). Pero el rechazo a ese consejo es comprensible. Su padre se había casado por primera vez a los veinticuatro años. Alejandro tenía sólo veintiuno y, como la mayoría de los jóvenes de esa edad, no pensaba en la muerte como en algo cercano.

Los planes que Alejandro expuso ante sus Comandantes y Amigos eran extremadamente audaces si tenemos en cuenta la situación en Europa. Iba a llevar a Asia una mitad de los falangistas macedonios remanentes (algunos ya estaban activos en la vanguardia), unos dos tercios de los Compañeros de Caballería y la caballería ligera, además de una pequeña cantidad de infantería ligera. Si surgiera un levantamiento general de las tribus balcánicas y/o de las ciudades-estado, Macedonia estaría en una situación desesperada; ya que su ejército consistía solamente en 1.000 Compañeros de Caballería, 500 hombres de caballería ligera, 12.000 falangistas y algunos efectivos de infantería ligera reforzados por la milicia de las ciudades. También planeaba llevar a Asia 22 trirremes y 38 pequeñas naves de guerra, que probablemente constituían toda la fuerza de la flota macedonia. Sus tripulaciones, que totalizaban unos 6.000 hombres, eran reclutadas principalmente en Calcidia. Ya se habían tomado disposiciones para que la Comunidad Griega contribuyera con las siguientes fuerzas (además de las que servían en la vanguardia): 2.400 jinetes, 7.000 infantes, y 160 trirremes con tripulaciones que totalizaban 32.000 hombres. Algunos de los oficiales de Alejandro podían haber aducido que la flota griega no era fiable, y que fácilmente podría volverse en contra de la pequeña flota macedonia, o desertar en masa hacia la flota persa. Pero Alejandro insistió en el plan. Las tribus balcánicas iban a proporcionar 500 agrianos y otros 7.000 infantes de las tribus que Alejandro había derrotado en 335. Algunos oficiales tal vez dudaran de que estas tropas fueran dignas de confianza. No sabemos qué planes se habían hecho para la provisión de servicios auxiliares, en cuanto a las naves mercantes, las máquinas de asedio, los convoyes de provisiones, los animales de tiro, los ingenieros, camareros, cocineros, etcétera.

Una inscripción fragmentaria hallada en la acrópolis de Atenas especificaba el reglamento para el pago en moneda y maíz que debía hacerse a los soldados que servían en las fuerzas de seguridad locales. Al parecer, los macedonios prestaban servicio junto con los hombres de las ciudades-estado, ya que había que pagar un dracma diario a un «hipaspista». En la inscripción se mencionaba a Alejandro, presumiblemente en su calidad de comandante general, y una copia del reglamento debía ser exhibida en Macedonia, en el templo de Atenea en Pidna. Los oficiales responsables de publicar el reglamento de esta manera eran «los que estaban a cargo de la defensa común», a veces llamados «guardianes de la paz» (*eirenophylakes*, un término acuñado por Jenofonte: *véase* pág. 27). Sus deberes eran «prevenir la masacre, el destierro, la confiscación de propiedades, la redistribución de la tierra y la cancelación de deudas que eran contrarias a las leyes vigentes de los estados-miembro» de la Comunidad Griega, y además «impedir la liberación de esclavos con propósitos revolucionarios». Con esto Alejandro y el Consejo Griego esperaban controlar cualquier tendencia hacia las luchas partidarias *(stasis)* que afectarían a la Paz Común y podrían provocar la intervención de Persia.

En esos años, las presiones financieras sobre el reino macedonio eran muy grandes. Principalmente porque el personal del ejército y la marina debía estar bien remunerado cuando estaba en servicio activo, y también porque el botín de una campaña exitosa quedaba en manos del Estado, no de los militantes. Además, Alejandro planeaba llevar a Asia unos 5.000 mercenarios griegos (sumados a los que ya estaban empleados en la vanguardia). Por otro lado, tenía que pagar su parte en el transporte de las provisiones que serían necesarias para alimentar a toda la fuerza, hasta que pudiera saquear nuevos territorios. Aristóbulo declaró que Alejandro sólo tenía 70 talentos a mano para el aprovisionamiento final; Onesicrito —otro contemporáneo, aunque menos confiable— dijo que Alejandro poseía 200 talentos, y un escritor posterior afirmó que sólo tenía provisiones para treinta días. Más allá del grado de veracidad de estas declaraciones, el crédito personal de Alejandro como rey era casi inagotable, ya que poseía todos los yacimientos minerales del reino y del Imperio balcánico, todos los bosques de maderas finas en el reino, y una gran cantidad de tierras reales. Por lo tanto, antes de cruzar a Asia estaba en condiciones de recompensar a algunos de sus Compañeros por su servicio sobresaliente con los ingresos de una propiedad, una aldea, un puerto o un villorrio *(synoikia)*. Algunos se negaron a aceptar las recompensas. Uno de ellos fue Perdicas, quien, lejos de ser castigado por su iniciativa en Tebas, continuó al frente de una brigada y enseguida fue promovido a Escolta de Alejandro.

En los escritos de Plutarco sobre la distribución de las recompensas, Perdicas le pregunta a Alejandro con qué se había quedado para sí, y Alejandro le contesta: «mis esperanzas». Esto puede haber sido recogido de Cleitarco, pero tiene un tono de verdad. Esas esperanzas estaban bien fundamentadas, en parte porque Alejandro había calculado los riesgos que su nación correría en Europa, pero principalmente porque creía que los dioses estaban de su lado. Realizaba sacrificios diarios a los dioses en nombre del estado; como sus predecesores, creía que descendía de Zeus y de Hércules; y era alentado en esta fe por augurios y oráculos. Uno de estos augurios fue descrito por Plutarco y Arriano, que lo sacaron de una fuente común, probablemente de Aristóbulo. Se observó que una estatua de Orfeo, tallada en madera de ciprés y reverenciada en Leibetra (Pieria), sudaba profusamente cuando Alejandro se disponía a partir. Los adivinos le dieron varias interpretaciones. Pero Alejandro aceptó la de su augur favorito, Aristandro de Telmeso, quien profetizó que las hazañas de Alejandro en Asia «serían celebradas con el esfuerzo y sudor de poetas y músicos». A nosotros esto nos puede parecer pueril. Pero no fue así para Alejandro. Llevó consigo a Aristandro, lo consultó en todos los momentos críticos y aceptó sus profecías, excepto en una ocasión, cuando Alejandro demostró estar equivocado y Aristandro en lo cierto (Arr. 4.4.3 y 9). Decir que Alejandro creía en la clarividencia es un error, ya que era un artículo de fe que los dioses podían revelar el futuro a través de fenómenos físicos y palabras de individuos inspirados, hombres o mujeres de cualquier raza.

5. El sistema monetario y la cultura en 336/335

«Filipo elevó el reino macedonio hasta un alto nivel de grandeza porque tenía abundancia de dinero.» Todos los yacimientos minerales dentro del reino y del Imperio balcánico eran una posesión personal del rey, y en los primeros años del reinado de Filipo las técnicas de explotación minera se habían mejorado significativamente. El oro y la plata de sus monedas eran de la más pura calidad, lo cual era importante pues las monedas eran valoradas como lingote o barra. Las monedas más famosas de Filipo fueron sus *philippeioi* de oro con la cabeza de Apolo sobre el anverso y un carro de dos caballos al galope en el reverso. Dado que en la zona mediterránea se aplicaba la medida ática de peso, estas monedas se utilizaban principalmente para las transacciones en gran escala. Se han encontrado grandes cantidades de *philippeioi* en toda Grecia y la Grecia occidental (especialmente en Sicilia), Asia Menor, Siria, Chipre y Egipto, y también en los Balcanes y el sur de Rusia. Las monedas de plata más grandes eran los tetradracmas, que mostraban la cabeza de Zeus coronada de laureles y sobre el reverso un caballo de carrera montado por un jinete. Todas las monedas de plata se acuñaban según el estándar tracio que regía las transacciones dentro y más allá de los Balcanes. Numerosos tetradracmas se han hallado en esta región, en Grecia y en Sicilia. La amplia circulación del *philippeioi* y de los tetradracmas nos da una idea de la órbita del comercio y las transacciones de Macedonia. Las monedas de plata de pequeño valor y las más grandes de bronce se utilizaban para el intercambio interno dentro del reino. Por eso el sistema económico de Macedonia llegó a ser exclusivamente monetario, y Alejandro heredó la moneda más fuerte de Europa.

Filipo también fue un gastador pródigo, especialmente en el financiamiento de las guerras de 340-338 y para montar la invasión de Asia en 336. En una declaración que Arriano resumió siguiendo una versión de Tolomeo, Alejandro confesó que en el momento de su muerte Filipo había dejado: «Unas pocas vasijas para beber en oro y plata, un tesoro de menos de 60 talentos y deudas por unos 500 talentos.» Los hechos sin duda son ciertos, pero la descripción es un poco engañosa, porque el rey no estaba al borde de la bancarrota sino que tenía enormes recursos de capital. En realidad, fueron esos recursos los que le permitieron pedir préstamos de esa magnitud. Alejandro gastó dinero en una escala aún mayor en sus primeros años de reinado. Para el funeral de Filipo no reparó en gastos. Dentro de un lapso de doce meses marchó con todo su ejército a Corinto, condujo campañas en Tracia, Iliria y Grecia central, mantuvo parte de sus fuerzas en Asia, y celebró sus éxitos de la manera más exagerada durante el festival de nueve días en Egea. Probablemente durante esos meses Alejandro superó a Filipo en sus compromisos. Sobrepasó las deudas de su padre al pedir préstamos de 800 talentos. En el invierno de 335-334 hizo un gran desembolso destinado a la organización de las fuerzas de seguridad locales, al pago de los mercenarios griegos y de las tropas balcánicas, y a la financiación de las fuerzas macedonias y su infraestructura para la invasión a gran escala de Asia.

En este período de presión financiera y durante algunos años más, Alejandro emitió la moneda de oro de su padre (el *philippeioi*) y los tetradracmas de plata con la leyenda «Philippou». Las utilizó para transacciones importantes en el extranjero, como la contratación de compañías de mercenarios griegos. Fue una medida astuta de su parte, porque esas monedas eran tan aceptadas en todos lados, como siglos más tarde lo fueron las libras esterlinas de oro victorianas. En el año 335, comenzó a emitir monedas de plata con su propio nombre, principalmente las de pequeño valor, de un dracma o menos. Si bien los tetradracmas de plata que había acuñado su padre seguían respondiendo al estándar tracio, la moneda de Alejandro respondía al estándar ático, probablemente para que Alejandro la utilizara en su calidad de *hegemon*, por ejemplo para el pago de las fuerzas de seguridad. Si emitió estas monedas de plata y otras posteriores según el estándar ático fue porque los intereses de Macedonia estaban principalmente en el área mediterránea. También era conveniente que sus monedas de plata y oro tuvieran el mismo patrón, de modo que la proporción entre los dos metales preciosos se pudiera fijar o modificar más fácilmente.

La primera moneda de plata con el nombre de Alejandro llevaba en la faz la cabeza de un joven Hércules y en el envés un águila suspendida sobre un rayo, ambos emblemas de Zeus. Emitió una gran cantidad de monedas de bronce de tres valores diferentes para el intercambio dentro del reino y el Imperio balcánico. Éstas mostraban la cabeza de un joven Hércules y sobre el reverso la maza y el carcaj asociados con el semidiós griego. Es evidente que Alejandro pretendía que sus súbditos vieran a su nuevo rey como un joven Hércules que disfrutaba del favor de Zeus.

La moneda y la cultura hasta cierto punto están relacionadas entre sí. La riqueza de Atenas en el período de Pericles y en una menor medida en el cuarto siglo, atrajo a hombres con todo tipo de habilidades. Muchos de ellos llegaron a ser residentes extranjeros y contribuyeron a su prosperidad. La riqueza de Macedonia tuvo el mismo efecto. Entre aquellos que visitaron la corte en el siglo V a.C. figuran Píndaro, cuyo epíteto para Alejandro I, «intrépido maquinador» *(thrasymedes)*, se podría haber tomado como el lema para los reyes de la dinastía teménida; Eurípides, que produjo dos obras en Macedonia y fue nombrado Compañero; el poeta épico Querilo, que también se estableció y murió en Macedonia; el más célebre de los historiadores, Herodoto; Helánico y probablemente Tucídides; y el fundador de la medicina científica, Hipócrates de Cos. El palacio de Arquelao había sido decorado por el gran pintor de frescos, Zeuxis, que provenía de Heraclea en Italia. Filipo continuó con la misma tradición, ya que asistía a las disertaciones de su filósofo residente Eufreo (que sucedería a Platón como director de la Academia), contrató a Aristóteles y Teofrasto de 343 a 335, trajo a su corte a los historiadores Anaxímenes, Calístenes y Teopompo, y contrató grandes actores para competir en los certámenes dramáticos que formaban parte del festival en honor de las Musas. La importancia de Filipo como un hombre de cultura y benefactor de las artes fue admitida incluso por sus críticos. Podría decirse lo mismo de un hombre de su entorno, Antípater, ya que éste fue alumno de Aristóteles y escribió una historia de las guerras ilirias.

La arqueología tardó en estudiar los restos históricos de Macedonia, pero cuando lo hizo alteró por completo nuestra idea de la cultura macedonia. La declaración de Alejandro de que Filipo había dejado unas pocas vasijas de oro y plata no nos había preparado para el descubrimiento de casi cincuenta vasos de plata en las tumbas invioladas de Filipo y Alejandro. Son de una belleza incomparable en sus formas variadas y su exquisito diseño. Las cabezas en miniatura en la base de las asas son un trabajo de experto. Una de ellas (*véase* lámina 4b) representa a un joven Hércules con las facciones de Alejandro. No hubo nada comparable en las ciudades-estado, y el conjunto de vasijas de plata recientemente descubierto en un escondite en Rogozen, en el noroeste de Bulgaria, nos muestra que las versiones tracias, si bien imitan las formas macedonias, eran inferiores en su ejecución. Tampoco esas vasijas de plata eran un monopolio de la realeza. Algunos ejemplares igualmente hermosos se han encontrado, por ejemplo en Derveni (Migdonia), en Sevaste (cerca de Dío) y en Nikisiani (cerca de Kavala). Los dos cofres en los cuales se depositaron los restos incinerados de Filipo y su esposa son de oro puro y están bellamente decorados con estrellas, rosetas y flores de loto, que estaban asociadas con la creencia en la vida eterna (*véase* lámina 5a). Para las rosetas se utilizó pasta de vidrio coloreada. Igualmente destacables son las diademas de oro (*véase* lámina 5b). Coronas similares se han encontrado en tumbas del período en toda Macedonia. La destreza en el labrado de metales preciosos tenía una larga tradición en Macedonia, como podemos apreciar por los descubrimientos del período arcaico en Sindos, Egea y Eane, y el hallazgo de avíos de plata y hierro dorados, utilizados a comienzos del siglo IV. La diadema de plata dorada en la tumba de Filipo tiene la superficie grabada como la piel de la serpiente, un símbolo de la vida inmortal.

Las cabezas miniaturas de marfil, de sólo una pulgada de altura, son retratos realistas de la familia de Filipo y de sus Amigos íntimos. Las estatuas que representan a los padres de Filipo, a Filipo, a Olimpia y a Alejandro yacen juntas, con sus miembros de oro y marfil sobre el suelo de su tumba. En el templo circular de Filipo había estatuas en miniatura de oro y marfil de las mismas personas, que estaban consagradas a Olimpia, como una acción de gracias a Zeus. La destreza artística de las cabezas de marfil está más allá de toda comparación. (*Véase* lámina 1b.)

Los frescos de las paredes de las tumbas de Amintas y Eurídice, y los de la fachada de la tumba de Filipo superan con mucho en su calidad artística, en el uso de las sombras y la comprensión de la perspectiva, a cualquier pintura hallada en otros sitios del mundo griego. La escuela de Zeuxis, bajo el patrocinio de los reyes, creó un estilo en la pintura que iba a inspirar los frescos romanos y helenísticos (como en Pompeya y Herculano). Alejandro eligió el tema del fresco que se pintó bajo la cornisa en honor a su padre (*véase* lámina 2). El tema del fresco es una cacería real, con la familia real montada y los Pajes a pie. Filipo aparece como un hombre barbado de edad madura que está a punto de matar un león, sobre el cual fija la mirada con su ojo izquierdo (ya que era ciego del derecho). El poder real en el centro (*véase* lámina 15) es Alejandro, coronado de laureles, que acude a auxiliar a su padre con la espada en alto. Aparece joven, lampiño, con los ojos ligeramente salientes. El tercer personaje real, visto desde atrás y desnudo, es tratado con menos honor. Probablemente sea Amintas, el hijo de Perdicas. La composición de los personajes en movimiento y de los árboles en el fondo es magistral.

Un arte relacionado con la pintura fue el del mosaico. No utilizaban piedras chatas sino guijas redondeadas, que reflejaban la luz de una manera más refulgente. Los pavimentos de mosaico de las casas en Pella, que datan del último cuarto del siglo IV a.C., son sumamente sofisticados, algunos con representaciones de Dionisio cabalgando sobre una pantera y otros con una cacería de leones, donde los cazadores son probablemente los jóvenes Alejandro y Cratero (*véase* lámina 6a).

«La ciudad de Pella, originalmente pequeña, fue ampliada por Filipo que se había criado allí. Tiene un promontorio fortificado junto al lago Loudias. Este lago desemboca en el río homónimo, y el lago a su vez es alimentado por un afluente del Axio.» Las excavaciones han revelado la existencia de una gran ciudad con parcelas rectangulares de 47 metros cuadrados, delimitadas por calles de 9 y 6 metros de ancho. Había dos carreteras pavimentadas y provistas de aceras, que conducían desde el puerto a la avenida central de 15 metros de ancho. La mayoría de las casas tenían uno o dos patios interiores, rodeados de una columnata. El puerto es de gran interés, porque ha sido el primer puerto fluvial en ser mencionado en la literatura. El canal desde el Axio hasta la dársena del lago y el canal de desagüe debieron de haber sido mantenidos por medio de esclusas y terraplenes artificiales. Algo queda del palacio, que data de la época de Filipo; su superficie abarcaba 60.000 metros cuadrados y se ingresaba al mismo a través de un monumental propileo. La ciudad estaba fortificada con una muralla circular de ladrillo sobre

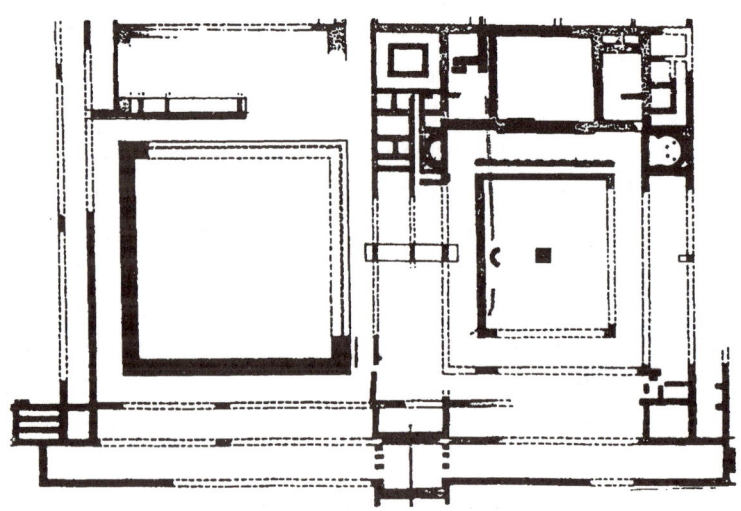

Figura 6. El palacio de Filipo y Alejandro en Pella

base de piedra. Filipo alentaba a las ciudades macedonias a que levantaran muros como éste. Él mismo planeó muchas nuevas ciudades en el reino y en Tracia. Como hemos visto (*véase* pág. 24), Alejandro fundó una en el valle Estrimón.

Filipo también promovía la construcción de templos. En Pella había pequeños templos dedicados a Afrodita y Cibeles —cerca del ágora— y a Darron, un dios local curador, junto a un sanatorio. Un hoyo circular, similar al del templo de los Cabiros en Samotracia, estaba asociado con el culto a la fertilidad y a las deidades locales, y allí se reverenciaba a Artemisa, Plutón, y a Atenea como protectora del ganado. Los habitantes de Pella, como los de Dío, rendían culto no sólo a las deidades del panteón griego sino también a muchos otros dioses que reverenciaban los variados pueblos del extenso reino. Una forma de arquitectura en la cual Macedonia sobresalió fue la de construir tumbas. La línea de desarrollo es evidente desde el sepulcro en forma de caja de Amintas III, alrededor de 370, hasta las tumbas similares pero de doble cámara cerca de Katerini, hasta la gran tumba abovedada de doble cámara de Eurídice, construida dentro de una estructura de paredes paralelas que estaban destinadas a soportar el peso de un túmulo de tierra. En la sepultura abovedada de Filipo se eliminó esa estructura y se erigió una hermosa fachada con el fresco de la cacería real. Además de introducir el uso de la fachada clásica para un edificio funcional y la construcción de una cripta abovedada en honor de una deidad o un héroe muerto, Macedonia ha tenido una larga y distinguida historia en la arquitectura europea.

Finalmente nos hemos enterado, a raíz de las excavaciones, que los artesanos macedonios se destacaban en la fabricación de armas y corazas, ya fueran de hierro o de bronce. La coraza y el yelmo de Filipo estaban hechos de hierro. Eran como los que empleó Alejandro en la batalla de Gaugamela: «brillantes como plata bruñida» (evidentemente un tipo de acero templado). Él y su reina estaban equipados para la vida eterna con una serie de armas (picas, espadas, jabalinas, lanzas, flechas y un carcaj de oro) y una fina armadura (grebas de láminas en oro y una gorguera de hierro dorado). Fueron los armeros macedonios quienes equiparon al ejército de Alejandro en Asia con las armas y corazas que jugaron un papel tan importante en su avance victorioso hacia el Hífasis en Paquistán.

CAPÍTULO SEIS

El cruce del Helesponto y la primera victoria

1. Acuerdos en Europa y cálculos para Asia

Alejandro tomó las disposiciones que juzgó necesarias para Macedonia durante su ausencia en Asia. Designó a su Amigo de más alto rango, Antípater, como su delegado «general con todos los poderes en los asuntos de Macedonia y de los griegos». Dentro de Macedonia, Antípater ejercería el mando militar *(hegemonia)* sobre 12.000 falangistas y 1.000 Compañeros de Caballería de los Hombres del Rey, 500 hombres de caballería ligera y algunos infantes ligeros, y estaba facultado para convocar las milicias de las ciudades en caso de necesidad. Sería el rector suplente de la Escuela de Pajes y manejaría las finanzas del estado con propósitos militares y navales. Como comandante macedonio estaba a cargo de los «tribalios, agrianos, ilirios (incluyendo a los dárdanos como "ilirios"), y de Épiro hasta las montañas ceraunianas» (desde el punto de vista macedonio sólo la parte norte de Épiro). Con respecto a la Comunidad Griega, Antípater, como *hegemon* delegado, ejercería los poderes que habían sido acordados entre el Consejo Común y Alejandro. Estos poderes incluían el mando de las fuerzas de seguridad y de cualquier otra fuerza, militar y naval, que pudiera surgir dentro de la órbita de autoridad de la Comunidad Griega. Antípater tenía el derecho de designar a sus propios delegados para los puestos de mando.

Existían otros aspectos de la monarquía. El más importante era la actividad religiosa del rey, tanto como jefe de estado y como representante de la casa real de los teménidas, y esto incluía sacrificios diarios, presidir procesiones, organizar festivales, proporcionar víctimas para los sacrificios, etcétera. Un soberano de la familia real en Macedonia tenía que administrar las propiedades reales y las finanzas de la casa real, que incluían la recaudación de impuestos y gran parte de los gastos de rutina. Además existían algunos departamentos de la administración pública que eran dirigidos por el rey. La responsabilidad de todas estas cuestiones en ausencia del rey recaían sobre el jefe de una oficina llamada el «Protectorado de la Monarquía» *(prostasia tes basileias)*. Esta oficina era tenida en la más alta estima entre los macedonios. Alejandro la confió a Olimpia, la reina madre. Sabemos que durante su ausencia ella «condujo sacrificios en su nombre» *(prothuetai)* y era una experta en los sacrificios tradicionales de la tribu real (los argeadas) y en aquellos ofrecidos a Dionisio.

En algunos asuntos Antípater y Olimpia tenían que actuar juntos, por ejemplo para negociar con Atenas el arresto de un desertor. Pero en general parece que cada uno tenía una esfera de actividad claramente definida. Aun así era probable que surgieran fricciones entre estas dos fuertes personalidades y, en ese caso, Alejandro tendría que haber tomado partido por uno de los dos. Parece improbable que Antípater estuviera autorizado a mantener una reunión con los 13.000 Hombres del Rey bajo su mando y considerarla como una asamblea de estado. Más bien, en esta situación el estado macedonio actuaría dondequiera que el rey y los Hombres del Rey estuvieran, y en la primavera de 334 era evidente que durante unos años el rey y ellos estarían en Asia. Por eso las medidas que Alejandro había tomado en Macedonia eran de largo alcance. Es importante observar que el comando militar de Tracia había sido confiado no a Antípater sino a un general tracio independiente, que respondería directamente ante Alejandro y sería el encargado de mantener la línea de comunicación vital desde el Helesponto hasta la frontera este del reino macedonio en el río Nesto. Para este puesto clave Alejandro designó a su tocayo, Alejandro Lincestes, quien había sido el primero en aclamarlo como rey.

La crítica obvia a las disposiciones de Alejandro era que los 13.000 Hombres del Rey representaban una fuerza insignificante en relación con sus responsabilidades. Pero al mismo tiempo se podría haber aducido que emprender la conquista de Asia con 13.000 Hombres del Rey bajo su mando era poco menos que absurdo. Alejandro debió de haber sopesado los riesgos en cada caso con suma precaución. Evidentemente confiaba en la aceptación del sistema macedonio de control por parte de las tribus balcánicas y en la lealtad de las tropas balcánicas que ya había llevado a la campaña de Asia en 334 y más tarde. Del mismo modo, habría considerado que la mayoría de las ciudades-estado y Atenas en particular respetarían la carta de la Comunidad Griega durante su ausencia, y que las flotas y los soldados que iban con él estarían deseosos de liberar las ciudades-estado griegas del dominio persa, y tomar venganza sobre Persia por los actos pasados de sacrilegio.

A comienzos de la primavera de 334, los contingentes macedonios (1.800 Compañeros de Caballería, 12.000 infantes falangistas y algunas tropas de armas ligeras, tanto de la caballería como de la infantería) y los contingentes balcánicos (ilirios, tribalios, agrianos y odrisios que totalizaban unos 7.500 hombres) se congregaron en Anfaxitis. Desde allí marcharon a través del valle Kumli, y cruzaron el lago Cercinitis hasta Anfípolis, donde se encontraron con Parmenio al mando de 2.300 jinetes y 7.000 hoplitas de la Comunidad Griega, además de 5.000 mercenarios griegos. Con esto el total de las tropas combatientes llegaba a 5.100 jinetes y 32.000 infantes, de los cuales mucho menos de la mitad habían sido proporcionados por el reino macedonio. El ejército iba acompañado de varios servidores y especialistas. La marcha desde Anfaxitis hasta Sesto sobre el Helesponto —una distancia de 750 kilómetros— se cubriría en 20 días, o sea una etapa diaria de 36 kilómetros más o menos.

Las flotas se encontraron en Anfípolis. La armada macedonia consistía en 22 trirremes y 38 navíos de guerra más pequeños (pentecoste y triaconte), con tripulaciones que totalizaban probablemente 6.000 hombres, y la flota griega, proporcionada por la Comunidad Griega, sumaba 160 trirremes con tripulaciones de unos 32.000 hombres. Además de las flotas de guerra había naves mercantes que transportaban los equipos y provisiones, estas últimas suficientes sólo para un mes. Toda la fuerza se puede estimar en unos 90.000 hombres. Al menos la mitad de esos hombres provenían de la Comunidad Griega y de centros de reclutamiento de mercenarios en Grecia, y sólo un cuarto a lo sumo provenía del reino macedonio. Estaban todos bajo el mando supremo de Alejandro como rey y *hegemon*, y él designaba a los comandantes de los diferentes contingentes y flotillas.

De los compromisos financieros sabemos muy poco. Los Hombres del Rey debieron de haber recibido una paga durante las prolongadas campañas de Filipo, y lo mismo debía de ocurrir en las campañas ahora previstas. La suma pagada debió de haber sido de un dracma por día para los soldados de infantería de la primera línea, así como para un miembro de las fuerzas de seguridad, y de tres dracmas por día para un solda-

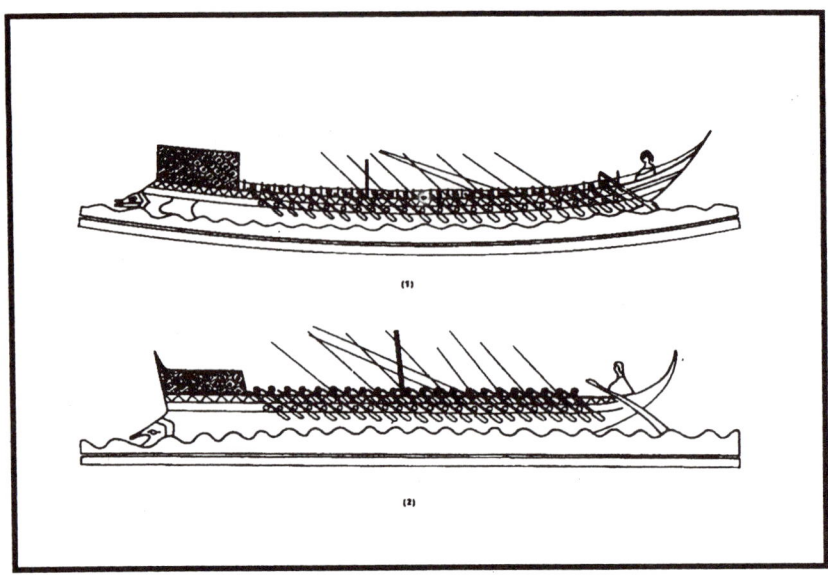

Figura 7. El penteconter

do de caballería. A los hoplitas (infantes) griegos probablemente se les pagaban cinco óbolos (seis óbolos equivalían a un dracma), y a los soldados de caballería griegos dos dracmas y tres óbolos por día. A los mercenarios griegos se les pagaba por mes, tanto a los jinetes como a los infantes, pero no sabemos cuál era la suma pagada. Además, se suministraban raciones básicas para los soldados y las tripulaciones, y estos alimentos a menudo se podían complementar con adquisiciones personales, siempre que hubiera un mercado disponible. La responsabilidad financiera estaba dividida entre Macedonia y la Comunidad Griega. El rey proporcionaba los salarios y el mantenimiento de los soldados macedonios y balcánicos, y de las tripulaciones de la flota macedonia. Había equipado y armado a los macedonios, pero los Compañeros de Caballería traían sus propias monturas y presumiblemente sus mozos de cuadra. Los estados miembros de la Comunidad Griega que habían enviado una flotilla dotaban a las naves de tripulación y se hacían cargo de los gastos de manutención, y aquellos que habían suministrado tropas debían haberlas equipado apropiadamente, por ejemplo, con suficientes caballos y monturas de relevo. Evidentemente, cuando las fuerzas expedicionarias estaban en campaña Alejandro era el administrador de los fondos enviados inicialmente desde Macedonia y Grecia. Según Aristóbulo, él contaba sólo con 70 talentos para las provisiones cuando marchaba hacia Sesto, y en el verano la escasez de fondos fue uno de los motivos que le hicieron tomar la determinación de licenciar a la flota griega. En este aspecto, también podemos observar que las decisiones de Alejandro estaban muy bien calculadas.

2. El cruce del Helesponto

El cruce del Helesponto estuvo muy asociado con aspectos religiosos. Los antepasados de Alejandro, Hércules por el lado de su padre y Aquiles por el de su madre, habían luchado contra Troya en diferentes campañas. Los aqueos, los ancestros de los griegos integrantes del ejército de Alejandro, habían dirigido el sitio y la toma de Troya, celebrados por Homero. Cuando el ejército llegó a Sesto, Alejandro fue «presa de una increíble exaltación de espíritu» ante la vista de Asia. Allí, en Sesto, levantó doce altares que dedicó a los doce dioses del Olimpo por la guerra inminente y ofrendó sacrificios por la victoria en esa guerra, para la cual había sido designado comandante como vengador de las afrentas persas en Grecia. Los persas habían gobernado demasiado tiempo, y mejores gobernantes tomarían su lugar. Este relato proviene en última instancia de Cleitarco, que describió esencialmente la parte griega de la expedición. Después de los sacrificios, se le ordenó a Parmenio supervisar el transporte de todas las tropas no macedonias desde Sesto hasta Abidos, a bordo de la flota griega y una serie de naves mercantes.

Alejandro marchó con sus macedonios hacia Elea en la punta de la península. Allí ofreció sacrificios en la tumba de Protesilao, «quien había sido el primero en bajar a tierra», pero había sido asesinado por un troyano; Alejandro esperaba que este desembarco tuviera más éxito. Luego, él y sus hombres se embarcaron en la flota macedonia de 60 navíos y zarparon hacia el «puerto de los aqueos». Al otro lado del Helesponto, Alejandro sacrificó un toro y derramó libaciones de una copa dorada en honor de Poseidón y las Nereidas. Alejandro, revestido de toda su armadura, fue el primero de los macedonios en clavar su lanza en el suelo y saltar a tierra, diciendo: «Acepto de los dioses ganar Asia por la lanza.» Allí mismo ofrendó sacrificios y luego pronunció una plegaria para «que estas tierras no lo recibieran renuentemente como rey». Por haber pisado tierra a salvo, levantó altares en honor de Zeus de los Desembarcos, Atenea y Hércules, tanto en Elea como en el puerto de los aqueos. Estos relatos provienen de Tolomeo, Aristóbulo y otros autores, como Calístenes y Onesicrito, que habían estado con Alejandro en esa época.

Las ceremonias en Sesto, y las que acompañaron la travesía desde Elea revelan los objetivos que Alejandro tenía para la guerra. Como *hegemon* de los griegos tomaría venganza por las afrentas persas, liberaría a los griegos de Asia del dominio persa y establecería un régimen mejor. Estos objetivos limitados, de venganza y liberación de Persia, habían sido establecidos por la Comunidad Griega desde la época de Filipo. No se hacía mención alguna al propósito de la Comunidad Griega de adquirir tierras en Asia o incorporar a los griegos liberados en su propia organización. Por su parte, Alejandro tenía sus propias intenciones adicionales: convertirse en rey de Asia, algo que él aceptaría de los dioses y que intentaría ganar por las armas. Por lo tanto, su propósito no era meramente derrocar al Imperio persa y proporcionar un régimen mejor para los súbditos de Persia, sino considerar su propio reino a Asia, es decir el continente limitado en el este por el océano. Desde ese momento Asia era suya, y él rogaba que los asiáticos lo aceptaran voluntariamente como su rey, por ser ésta la voluntad de los dioses. Una vez más podemos apreciar la extraordinaria seguridad del joven rey.

Alejandro prefería la *Ilíada* a cualquier otra obra literaria. Para él era un registro de acciones y personajes históricos. Había depositado una corona de laureles sobre la tumba de Aquiles, y Efestión había dejado otra sobre la tumba de Patroclo, ya que Efestión era el mejor amigo de Alejandro, exactamente como Patroclo había sido el amigo inseparable de Aquiles. Después, él y los otros Compañeros habían corrido desnudos, a la manera tradicional, en honor de Aquiles. Cuando avanzaron tierra adentro desde la tumba de Aquiles hacia Troya, Alejandro ofrendó sacrificios a la Atenea troyana, dedicando su armadura en su templo, y recogió de allí algunos escudos que sobrevivían de la Guerra de Troya. Expió el sacrilegio cometido por su ancestro, Neoptólemo, el hijo de Aquiles que había matado a Príamo, el rey de Troya, ante el mismo altar de Zeus Herkeios (Zeus de la Casa). Por eso ofreció sacrificios a Príamo y rogó que no descargara su ira sobre los descendientes de Neoptólemo. Para Alejandro era evidentemente importante que la Atenea troyana —como diosa de la guerra— y el espíritu poderoso de Príamo estuvieran de su lado. Le aconsejaron que a través de Olimpia enfatizara su conexión con Andrómaca, una nieta de Príamo, ya que ella había dado a Neoptólemo un hijo, Moloso, de quien tomó su nombre la casa real molosia (la rama materna de Alejandro). Vemos aquí la creencia arraigada de Alejandro en su propia estirpe, en el poder de los dioses, dondequiera que estuvieran sus altares, y en el poder de un soberano siglos después de su muerte.

El cruce del Helesponto y la primera victoria 93

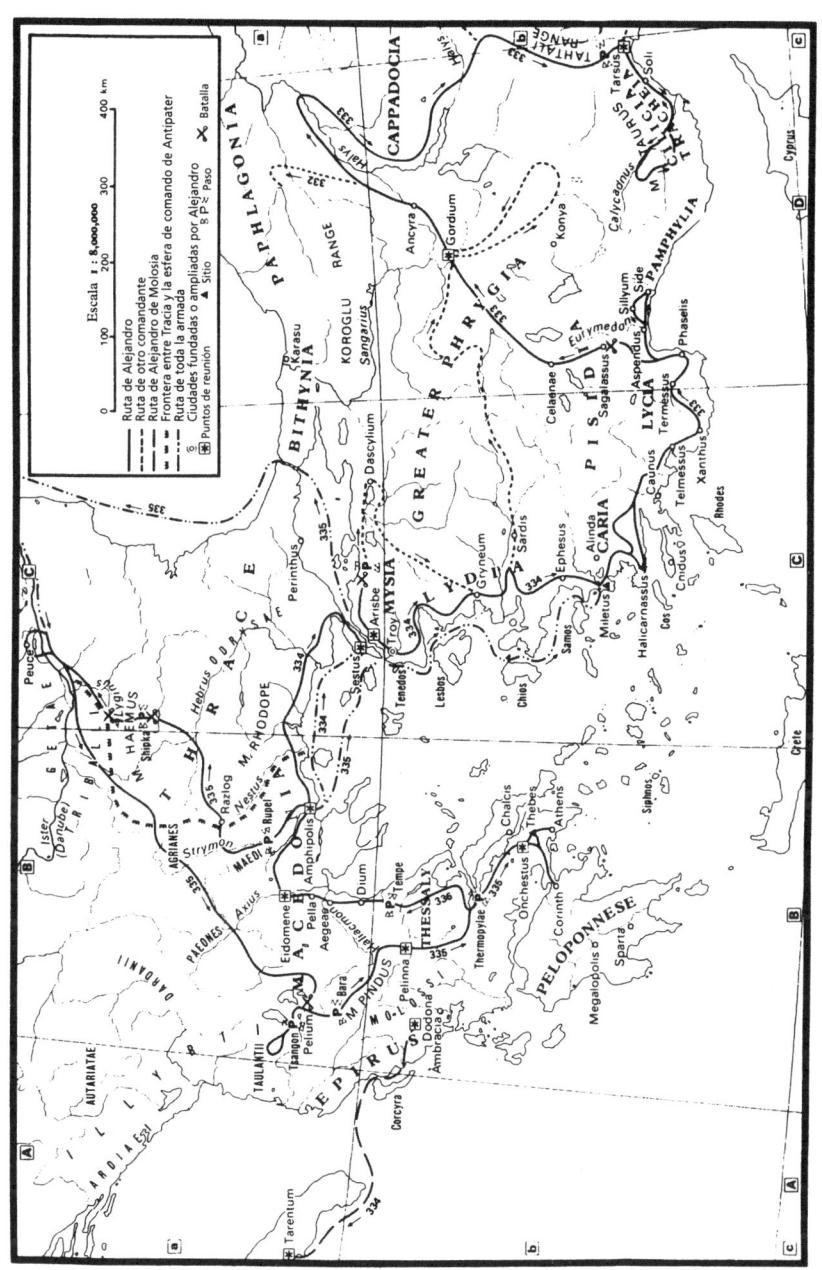

Figura 8. Desplazamientos de las fuerzas de Alejandro, 336-333

Un artista desconocido retrató el momento en que Alejandro clavó su larga pica *(sarissa)* en el suelo de Asia. La pintura, una copia de un original helenístico *(véase* lámina 7), sobrevivió bajo la lava del Vesubio en Boscoreale. En ella Alejandro aparece como un hombre joven, tocado con la gorra tradicional *(kausia)*, y junto a él se ve un escudo macedonio con una estrella en su centro. Alejandro está junto a las aguas azules del Helesponto, y la figura personificada de Asia en el lado derecho le dirige una mirada intencional de aceptación. A la izquierda del espectador, el filósofo Aristóteles observa desde la distancia.

3. La batalla del río Gránico

Desde Troya Alejandro partió para reunirse con el grueso del ejército. Pasó revista y contó las tropas que habían cruzado con él a Asia. Hizo un informe en el *Diario*, pero se divulgaron cifras diferentes para engañar al enemigo. La mayor parte del informe nos ha llegado a través de Diodoro, quien a su vez lo recogió de Tolomeo *(véase* pág. 91). Alejandro había podido hacer la travesía en paz, porque la vanguardia que Filipo había enviado tenía el control de la costa asiática del Helesponto, y porque la flota persa aún no había entrado en el Egeo. Durante los últimos dieciocho meses Alejandro y la Comunidad Griega no habían reforzado la vanguardia, que había sido rechazada por el comandante en jefe persa, Memnon *(véase* pág. 46). En las ciudades griegas había partisanos de cada lado. Parmenio sometió a la población de Grineo, una ciudad del sur que evidentemente se había unido a Memnon, pero no logró tomar Pitane por asedio. En este frente, las fuerzas persas habían llegado hasta Reteo en la Tróade. Más al norte, Memnon y sus oficiales, llevando las gorras macedonias *(kausia)*, casi engañaron a los habitantes de Cizico para que les abrieran las puertas, pero luego Memnon arrasó sus tierras con una fuerza de 5.000 mercenarios griegos. Alejandro llegó justo a tiempo para salvar a la fuerza de contención macedonia, a sus propios mercenarios y probablemente a las tropas de la Comunidad Griega, cuyo comandante en jefe en ese entonces era Calas.

Como hemos visto, Alejandro necesitaba una rápida victoria para obtener provisiones. Memnon posiblemente sabía esto, porque aconsejó una estrategia de retirada dejando la tierra arrasada; pero los sátrapas persas se negaron a sacrificar sus tierras y concentraron sus fuerzas cerca de Zelea, al este de Abidos. Su intención era atacar la base de Alejandro en Abidos, si avanzaba hacia el sur, o empujarlo hacia el este y bloquear su avance allí. Memnon adoptó una fuerte posición defensiva sobre la margen oriental del río Gránico, desplegando su excelente caballería —20.000 jinetes— sobre el terreno llano frente al río, y situando sus 20.000 infantes mercenarios griegos más en alto sobre la ladera de la colina. Era una posición que no se podía atacar desde ningún flanco, e impedía la aproximación a las «Puertas de Asia», un estrecho paso a través del cual se extendía una ruta persa hacia el este.

Alejandro actuó con su rapidez y seguridad características. Tres días después de completar el desembarco avanzó sobre la llanura del Gránico, no con todo su ejército sino con las fuerzas macedonias, los agrianos y la caballería griega. Sumaban unos 13.000 infantes y 5.100 jinetes. Alejandro se enteró por Calas de la magnitud del ejército persa, y estaba seguro de que sus fuerzas de elite podrían derrotar al enemigo numéricamente superior. Fue después del mediodía cuando sus exploradores regresaron para comunicarle la posición persa sobre la margen opuesta del río. Alejandro mandó hacer alto para consultar a sus comandantes. Un fragmento de la discusión se conservó en el *Diario* que Tolomeo tuvo la oportunidad de consultar, y probablemente le debemos a él un resumen de lo que Parmenio aconsejó. Éste se oponía a un ataque frontal (presumiblemente sugerido por Alejandro), porque el río era profundo en algunos lugares y la orilla opuesta era escarpada y alta, y porque si algunas tropas lograban abrirse paso en el terreno elevado serían abatidas por la caballería enemiga. Propuso acampar donde estaban y postergar para el día siguiente la decisión de cómo cruzar. La respuesta de Alejandro incluía la siguiente observación: «Me avergonzaría si, después de atravesar fácilmente el Helesponto, este pequeño arroyo nos impidiera cruzar como debemos.» Luego emitió sus órdenes detalladas. Éstas tenían que incluir el desarrollo de la acción y los desplazamientos tácticos, porque él mismo, como un «combatiente poderoso», estaría inmerso en la batalla.

Alejandro formó su línea para un ataque frontal como sigue. En el ala izquierda, que comandaba Parmenio, las unidades estaban integradas por la caballería griega (1.800 tesalios y 600 jinetes de otros estados), un escuadrón de jinetes tracios (150) y tres brigadas de falangistas (4.500). En el ala derecha, que comandaba Alejandro, estaban las unidades de los agrianos (500), los arqueros (500), los Compañeros de Caballería (1.800), un escuadrón de jinetes peonios (150), los lanceros (600), los hipaspistas (3.000) y tres brigadas de falangistas (4.500). La cantidad de jinetes era la misma en cada lado de la línea, pero la infantería era más numerosa en la parte derecha y los arqueros y agrianos formaban un saliente en el extremo derecho. Si la caballería formaba columnas de diez caballos de fondo y de frente, y la infantería tenía falanges de ocho hombres, como era normal, la longitud de la línea sería de unos dos kilómetros y medio. Con esto igualaba la longitud de la línea de caballería persa, cuyas columnas constaban de unas dieciséis filas de caballos, de las cuales las últimas estaban algo desperdigadas a fin de tener espacio para maniobrar sobre el terreno.

Los comandantes persas permanecieron en la posición que habían adoptado inicialmente y que había sido comunicada a Alejandro. Si los infantes macedonios hubieran estado armados, como los mercenarios griegos, con lanzas de dos metros, no habrían tenido oportunidad de abrirse paso sobre la orilla frente a los proyectiles de la caballería persa y contra el peso de los caballos. Pero las picas macedonias de 4 metros de longitud eran de una eficacia enorme, ya que un piquero podía derribar un caballo o a su jinete desde abajo con un efecto mortífero, y una vez comprometido en la lucha ya no era un objetivo fácil para los proyectiles. Por otro lado, Alejandro contaba con que su infantería derribara y derrotara gradualmente a la caballería enemiga, y en el ínterin planeó abrir una brecha con la caballería en un punto y extender su línea hacia la derecha para rebasar el flanco del enemigo. Atacó en el acto, a fin de aprovechar la imprudencia de los comandantes persas al inmovilizar a sus mercenarios griegos.

Alejandro, con su yelmo adornado de plumas blancas, era una figura conspicua al frente del Escuadrón de Caballería Real. Los comandantes persas se desplazaban para enfrentarse a él con sus mejores jinetes. A una orden de Alejandro sonaron las trompetas y el ejército bajó hasta el lecho del río, amplio y guijarroso. El asalto inicial se libró a la izquierda de la posición de Alejandro, y en él participaron un escuadrón de los Compañeros de Caballería, los jinetes peonios, los lanceros y la Brigada Real de los hipaspistas. Si bien el ataque inmovilizó a la caballería enemiga, Alejandro no trabó combate, sino que fue extendiendo su línea sobre su lado del lecho del río hacia la derecha, de modo que los arqueros y los agrianos rebasaran el flanco del enemigo. Para entonces, el escuadrón de Compañeros de Caballería que había conducido el asalto e infligido bajas había retrocedido. En ese momento Alejandro ordenó el ataque general. A la cabeza del Escuadrón de Caballería Real cargó contra el grupo enemigo que había rechazado al escuadrón inicial.

En una feroz lucha cuerpo a cuerpo Alejandro y su entorno sobrevivieron gracias a su «fuerza, experiencia y lanzas de cerezo contra las jabalinas persas». La lanza de Alejandro se quebró, aunque también tenía la de su mozo. Pero Demarato le dio su propia lanza. Alejandro y su plana mayor estaban en el promontorio de la orilla, pero no en formación, cuando una cuña de la caballería enemiga, conducida por Mitrídates, inició el ataque. Alejandro se adelantó, hirió a Mitrídates en el rostro y lo derribó del caballo, justo cuando Resaces cargaba contra Alejandro y destrozaba parte de su yelmo con su cimitarra. Mientras Alejandro hería en el pecho a Resaces con su lanza, Espitridates alzó su cimitarra para matar a Alejandro, pero Cleito, actuando con rapidez, le cortó el brazo derecho de un tajo. Los persas estaban perdiendo terreno. Sobre la derecha, los arqueros y agrianos atacaban a la caballería por los flancos y se mezclaban con su propia caballería, haciendo retroceder el ala izquierda del enemigo. Mientras tanto, los Compañeros de Caballería se abrieron paso hacia lo alto de la orilla. A la izquierda de Alejandro, los hipaspistas y falangistas utilizaban sus picas con efectividad. «Cuando se abrió una brecha en medio de los persas, la caballería de cada ala se desbandó y huyó precipitadamente.»

Alejandro reagrupó a sus hombres y rodeó la falange de los 20.000 infantes mercenarios griegos, que estaban «más asombrados por el inesperado giro de los acontecimientos que por las consideraciones tácticas». Constituían una fuerza formidable, porque superaban en número a los falangistas de Alejandro por un amplio margen y eran combatientes experimentados. Pero una vez que quedaran inmovilizados y rodeados tenían pocas posibilidades de supervivencia; ya que la falange macedonia libraría una batalla frontal y la caballería e infantería ligeras atacarían sus flancos expuestos y su retaguardia. Según Plutarco, que probablemente había recogido la información de Aristóbulo, el comandante de los mercenarios preguntó por los términos de una retirada bajo juramento, pero Alejandro se negó, porque sabía que luego combatirían nuevamente al servicio de Persia. Él mismo, montado en su caballo, condujo el ataque «más dominado por la pasión que por la razón», y su caballo fue abatido por una estocada. Pero el resultado fue como el de la Banda Sagrada en Queronea; ya que los piqueros en formación aniquilaron a la falange griega. Se aceptó la rendición de 2.000 efectivos.

La derrota total del enemigo se debió al genio militar de Alejandro. Su comprensión inmediata de la situación, su coordinación de todas las armas en un ataque sincronizado, y su ingenio al combinar el asalto inicial con la extensión de su línea a la derecha fueron brillantes. Su rapidez en la deliberación y en la acción no dio tiempo a los comandantes persas para reorganizar sus fuerzas, permitiéndole derrotar primero a la caballería y luego a la infantería, en forma separada. La batalla de la caballería atrajo la atención pública, ya que la caballería persa era una fuerza de elite reclutada de regiones tan alejadas como Bactria y comandada por miembros de la familia de Darío y su entorno, conocido como «la parentela» *(syngeneis)*. «El premio al valor» *(aristeia)* lo recibió Alejandro en persona; y «el guerrero excepcional» debió de haber pensado que llevaba una vida mágica, como habría pensado cualquier joven en una batalla.

Los 2.000 mercenarios griegos fueron enviados a Macedonia para trabajar encadenados de por vida (cadáveres así encadenados se encontraron recientemente en la Cálcide), porque «siendo griegos habían combatido contra Grecia contraviniendo las decisiones de los griegos». A los mercenarios griegos y a los oficiales persas que habían caído en combate se les proporcionó un entierro honorable. Las bajas de la caballería persa se calcularon en unos 1.000 hombres, ya que no hubo persecución. Entre los macedonios, los veinticinco muertos del escuadrón de Compañeros de Caballería que habían conducido el asalto fueron tratados como héroes. Alejandro encargó a Lisipo que esculpiera estatuas de estos héroes, que se instalarían en Dío, junto a las estatuas de los reyes teménidas. De las otras fuerzas de caballería e infantería habían caído sesenta y treinta hombres respectivamente. Todos fueron sepultados con sus armas y equipos, y a sus padres e hijos se les otorgó «la exención de servicios personales y de impuestos sobre la tierra y la propiedad». Alejandro visitó personalmente a los heridos, escuchó los relatos de sus proezas y examinó sus lesiones. El botín fue recogido por Alejandro, quien envió 300 juegos de armaduras persas para ser dedicados a Atenea sobre la acrópolis de Atenas con la inscripción: «Alejandro, hijo de Filipo, y los griegos, excepto los bárbaros lacedemónicos que viven en Asia.» Dedicatorias similares podrían haberse hecho en otros estados, ya que Alejandro «deseaba que los griegos fueran socios en la victoria», especialmente porque la caballería griega había triunfado sobre el ala izquierda y la flota griega había montado la invasión de Asia. La mayor parte del botín, particularmente las vasijas y los mantos imperiales, se envió a Olimpia.

Debemos nuestra información principalmente a Arriano, quien a su vez recogió el relato de Tolomeo, un combatiente que tuvo acceso al *Diario* en el cual estaban registradas las órdenes y acciones de Alejandro.

Aristóbulo hizo un relato menos preciso que utilizó Plutarco en su obra, donde informa que cayeron veinticinco jinetes y nueve infantes. También fue Aristóbulo quien censuró a Alejandro por actuar dominado por «la pasión», y comprendió su deseo de hacer de los griegos sus socios en la victoria. Diodoro, utilizando datos aportados por Cleitarco, escribió un relato completamente diferente, donde menciona predicciones, cifras enormes (100.000 infantes persas, 20.000 prisioneros), una travesía al amanecer, batallas separadas de caballería contra caballería y luego de infantería contra infantería, y un «lance» de Alejandro con «la parentela». Este relato es tan poco fiable como el de la toma de Tebas, también de Diodoro (*véase* pág. 71). Una deducción de interés es que Aristóbulo debió de haber publicado este relato de las bajas macedonias antes que el de Tolomeo, que se apoyaba en el *Diario* y era evidentemente correcto.

CAPÍTULO SIETE

La conquista de Asia Menor

1. La política de Alejandro y el avance hacia Éfeso

La moral de los sátrapas se hizo añicos. Su líder, Arsitas, se había suicidado, los otros habían huido hacia sus satrapías, la gran fuerza de la caballería persa estaba desintegrada, y Parmenio había ocupado Dascileo, la capital de la Frigia helespontina, sin oposición, ya que su guarnición se había dado a la fuga. La debilidad del sistema imperial persa en su área occidental era evidente. Cada sátrapa gobernaba su propia satrapía (similar a una provincia romana) con poderes absolutos, y reclutaba sus propias fuerzas armadas, que consistían principalmente en aristócratas nativos como jinetes y en soldados mercenarios griegos como infantes. Cuando se reclutaban infantes de la población indígena, eran de baja calidad y reacios a combatir en apoyo del régimen opresor de Persia. Aparte de reclutar griegos, los sátrapas a menudo tenían que reforzar las guarniciones para mantener el régimen de dictadores o juntas, impuesto por Persia sobre las ciudades griegas. Por otra parte, los sátrapas a menudo tenían riñas entre sí. El Gran Rey ejercía un control remoto desde Susa, en Irán, donde vivía. Designaba y destituía como sátrapas a los miembros de su propia familia o de su entorno, y ya había sido informado de la situación por sus agentes en cada satrapía, conocidos como los «ojos del rey». Pero a la sazón ya había perdido ese control; y cuando designó a Memnon como comandante en jefe de la resistencia a los macedonios, este último no pudo imponer su voluntad sobre los sátrapas. Después de la derrota en el Gránico, Memnon recibió escaso o ningún apoyo de los sátrapas y dependió de las guarniciones en las ciudades griegas para detener el avance de los macedonios.

Alejandro dio a conocer su propia política en esos primeros días. No era lo que Isócrates y Aristóteles habían aconsejado, específicamente el sometimiento de los bárbaros como esclavos de sus patrones griegos y macedonios. El autoproclamado rey de Asia consideraba el territorio como su posesión y a los pueblos de Asia, ya fueran griegos o nativos, como sus súbditos. Su objetivo era derrocar el régimen opresivo persa e introducir su propio régimen, bajo el cual los pueblos nativos serían respetados y tratados con imparcialidad. Por eso cuando pasó revista a su ejército después del desembarco, publicó un bando sobre el saqueo y la devastación, porque «su propia posesión iba a ser exceptuada»; y cuando los montañeses acudieron a ofrecerle su sumisión, esperando la esclavitud, él les dijo: «Volved a vuestra hacienda propia.» La ciudad griega Zelea había servido como base para los persas. Después de ocuparla, Alejandro no tomó represalias contra la población esclavizándola, como había hecho Parmenio en Grineo (*véase* pág. 94). La perdonó considerando que «se había visto forzada a luchar del lado de los bárbaros». Mostró respeto por los oficiales persas que habían estado a punto de matarlo, les dio una sepultura honorable a aquellos que habían caído y tomó a su servicio a algunos jinetes persas que deseaban unírsele. Poco después de la batalla hizo ofrendas a la Atenea troyana y declaró Troya una ciudad libre, es decir exenta del pago de tributos; ya que su diosa asiática lo había aceptado y respaldado. En efecto, se dijo que uno de los escudos que había recogido de su templo le había salvado la vida durante la lucha cuerpo a cuerpo en el Gránico.

La sagacidad de la política de Alejandro se hizo evidente cuando llegó a Sardes, el centro de las satrapías de Lidia. «Fue recibido por los ciudadanos principales de Sardes (los lidios) y por Mitrenes (el comandante persa), que había rendido la ciudad y el tesoro [...]. Alejandro mantuvo a Mitrenes de su lado, otorgándole un rango honorable, permitió a los lidios el uso de sus leyes ancestrales y los dejó ser libres» («libres» en el sentido de que podrían gobernarse a sí mismos de acuerdo con sus propias leyes). Conservó el sistema satrapial y el pago de tributos a los cuales los asiáticos estaban acostumbrados, y designó a Calas, un macedonio, como sátrapa de la Frigia helespontina. Introdujo una reforma importante en Lidia, y después en otros lugares: ya que puso a Pausanias al mando de una guarnición de tropas argivas en Sardes, nombró a Nicias encargado de evaluar y recaudar tributos, y puso a Asandro a cargo de los asuntos civiles con algunas tropas «interinas». Cada funcionario respondía directamente ante Alejandro. Conocemos sus nombres por medio de Arriano, cuya fuente, Tolomeo, los recogió del *Diario* en el cual Alejandro había registrado sus designaciones y nombramientos. La separación de los poderes militares, financieros y civiles era una medida que Roma no tomaría en Asia hasta la época de Augusto. Entonces o poco después Alejandro hizo otra innovación en Lidia, concretamente el entrenamiento de los jóvenes lidios para prestar servicio en las fuerzas del rey; unos cuatro años más tarde las tropas lidias se unieron a su ejército de operaciones (*véase* pág. 163).

La liberación de las ciudades griegas la llevó a cabo un grupo de fuerzas que Alejandro había enviado, conducidos por comandantes macedonios. Él marchó con el resto del ejército de Sardes a Éfeso, adonde llegó cuatro días más tarde. Allí derrocó a la oligarquía afín a los persas, repatrió a los exiliados y estableció una democracia. Alejandro tuvo la suerte de no poseer una ideología política; de modo que cuando los demócratas comenzaron a asesinar a sus adversarios políticos, puso un límite a los «interrogatorios y represalias, teniendo en cuenta que si esto se permitía la gente mataría al inocente tanto como al culpable, por odio personal o para acrecentar su patrimonio». Su prevención de los excesos de la lucha partidaria *(stasis)* fue sumamente elogiada en esa época. Iba a ser una característica de todas sus negociaciones con las ciudades-estado griegas.

Después de su acción en Éfeso emitió una orden general, según la cual todas las ciudades griegas liberadas debían reemplazar sus oligarquías por democracias, practicando siempre la amnistía, y restablecer sus propios procedimientos legales. Negoció personalmente con las ciudades griegas, no a través del sátrapa local, y las exoneró del pago de tributos. Con esto les otorgaba una categoría preferencial dentro del reino de Asia. Pero todavía estaban sujetas a las órdenes del rey, y para la prosecución de la guerra se les exigía un pago por el tiempo que durara, a la manera de una contribución financiera *(syntaxis)*. En Éfeso, pidió no una contribución sino un tributo a las autoridades del templo de Artemisa, quizás en agradecimiento por su acción al levantar una estatua de Filipo en dicho templo. Su interés en obtener el favor de las deidades griegas también fue evidente en Sardes, donde planeó construir un templo a Zeus; un violento trueno le reveló al modo divino el sitio indicado. Si bien se estaban realizando cambios políticos en muchas de las ciudades liberadas, Alejandro permaneció en Éfeso, ofreció sacrificios a Artemisa en nombre del estado y montó un gran desfile en el cual el ejército marchó en formación de batalla. Tenía buenas razones para dar las gracias a los dioses. Su angustia acerca de las finanzas y provisiones era cosa del pasado, ahora gobernaba sobre dos tercios de la costa occidental de Asia Menor y había difundido su política como rey de Asia entre sus nuevos súbditos.

2. La guerra en el mar y el sitio de Halicarnaso

Mientras todavía se hallaba en Éfeso, Alejandro debía de estar enterado de que una flota persa estaba a punto de entrar en las aguas del Egeo. Cuando esto ocurrió, debió de haberse enfrentado con el mismo problema con que Agesilao, rey de Esparta, se enfrentó en el año 396. De todos modos, Alejandro ya había evitado los errores de Agesilao, que Jenofonte había revelado en su *Hellenica*. En efecto, Agesilao había planteado demasiadas exigencias a las ciudades griegas «liberadas», había tratado a las poblaciones nativas como enemigas, y había arrasado grandes zonas en busca de un botín. El régimen opresivo de Esparta en el territorio continental griego y en las islas había conducido al alzamiento de los estados que esperaban una ayuda persa en oro y tropas. Esparta había ordenado la retirada de la mayor parte del ejército de Agesilao y dejado la armada griega bajo el mando espartano para encararse con la flota persa. El resultado había sido la derrota de la armada griega, el apoyo persa a la rebelión griega contra Esparta, y la Paz de Antálcidas en 386, según la cual Persia asumía el control de las ciudades griegas en Asia y garantizaba la autonomía de los estados griegos en otras partes. En el año 334, Alejandro ya sabía que la flota persa era formidable, ya que Persia controlaba Egipto, Chipre, Fenicia y toda la costa hasta Éfeso, y era en estas tierras donde los persas reclutaban trirremes con sus tripulaciones nativas de remeros entrenados.

Un día después del desfile en Éfeso, Alejandro marchó hacia Mileto. Sitió la ciudad y trajo a la flota griega de 160 trirremes hasta la vecina isla de Lade, donde las tripulaciones desembarcaron y fueron protegidas por un gran contingente de sus tropas balcánicas. Tres días más tarde apareció una flota persa de 400 trirremes que navegó hacia el norte unos quince kilómetros para establecer una base sobre el cabo Micala. ¿Debía librar batalla la flota griega? Alejandro consultó a su plana mayor. Según Arriano, Parmenio pretendía enfrentarse con el enemigo y se ofreció él mismo para subir a bordo. Pensaba que una victoria era probable, especialmente porque se había visto un águila sobre la playa donde estaban fondeadas las naves de la flota griega, y pensaba que su aparición era un presagio de una victoria auspiciada por Zeus. Alejandro no estaba dispuesto a comprometerse en una batalla. Consideró que las tripulaciones fenicias y chipriotas estaban mejor entrenadas que las de los variados contingentes griegos, y que en caso de una derrota debido a la superioridad numérica, él perdería las vidas de los macedonios que actuaban como infantes de marina y aumentaría el riesgo de un alzamiento de los estados griegos del territorio continental. Interpretó el presagio de manera diferente. El hecho de que el águila estuviera sobre la playa significaba que «dominaría a la flota persa desde la tierra».

Un milesio prominente ofreció abrir la ciudad a ambas partes. Pero Alejandro le dijo que esperara un ataque al amanecer. Durante el sitio, una línea de trirremes griegos bloqueó la entrada al puerto, de modo que los persas fueron incapaces de intervenir. La ciudad cayó, con considerables pérdidas entre los mercenarios griegos y los milesios. Alejandro perdonó a los otros milesios y los declaró libres, en el sentido de que podrían gobernarse por sí mismos. Tomó a su propio servicio a unos 300 mercenarios griegos que habían estado dispuestos a luchar hasta morir. Durante el sitio, un destacamento de jinetes e infantes macedonios había impedido a los persas desembarcar en Micala, pero quedaron tan escasos de víveres y agua que tuvieron que replegarse hacia Samos. Regresaron solamente para ver la caída de Mileto, la ciudad más poderosa de la costa occidental.

Entonces Alejandro envió la mayor parte de la flota griega a las aguas territoriales. Allí las tripulaciones no fueron desmovilizadas sino que permanecieron listas para ser llamadas. Alejandro sabía que su flota griega no iba a ser igualada en el mar por la flota persa, y podía asumir el pago de sus salarios con sus propios fondos en Asia, en sustitución de los fondos de la Comunidad Griega. Ahora su plan era seguir las indicaciones dadas por el águila, el ave de Zeus, o sea conquistar todas las bases de la flota persa sobre la costa mediterránea, impedirles obtener nuevos abastecimientos de equipos y tripulaciones, y de esta manera forzarla a la rendición. El plan era excepcionalmente audaz, ya que su éxito dependía de una serie de factores: la habilidad de su ejército para ocupar las bases, la habilidad de la flota macedonia para controlar el Helesponto, y la renuencia de la mayoría de las ciudades-estado, especialmente de Atenas, a desertar de la Comunidad Griega para unir sus fuerzas con las de Persia. Para muchos esta audacia puede haber parecido un acto arriesgado. Para Alejandro era una cuestión de cálculo preciso y de fe en la voluntad divina, como se lo había revelado el presagio del águila.

Para el resto de la operación marítima, Darío designó a Memnon como comandante de «el sur del Asia Menor y toda la flota». Era de suponer que él navegaría sin dificultades a través del Egeo con la esperanza de provocar una revolución en Grecia. Sin embargo, decidió apoderarse de Halicarnaso (Bodro) con lo más selecto de sus tropas persas, muchos griegos mercenarios y una parte de la flota anclada dentro del puerto. Las defensas de la ciudad eran excepcionalmente eficaces: un amplio y profundo foso que dificultaba la aproximación, un muro de mampostería de casi 2 metros de espesor, altas torres, almenas y poternas, y dos ciudadelas internas. Contaban con una gran provisión de proyectiles para catapultas y podían recibir suministros de todo tipo a través del mar. Si la ciudad se rendía, la flota persa tendría una base inexpugnable dentro del Egeo y podría detener el avance de Alejandro.

Durante la marcha desde Mileto, Alejandro se ganó el apoyo de las ciudades «por su trato amable», concedió la autonomía y la exención de tributo a los griegos. La sátrapa depuesta de Caria, Ada, vino a verlo suplicante y le entregó a su heredero, Alinda; por su parte, Alejandro aceptó la adopción y le confió a ella la crianza de su vástago. Su caballerosidad obtuvo la aprobación de las ciudades de la región, que enviaron misiones para honrarlo con coronas de oro y se comprometieron a cooperar con él. Esta acogida fue de gran importancia, porque los carios eran un pueblo guerrero y habían luchado por su libertad en el pasado. Ahora Alejandro estaba en condiciones de concentrar todas sus fuerzas fuera de Halicarnaso. Durante la inactividad de la armada persa, su pequeña flota griega conducida por la flotilla ateniense de veinte trirremes trajo de Mileto las cuerdas de escalar y las máquinas de asedio (torres rodantes, arietes, manteletes y catapultas), muchas de las cuales habían sido desmontadas para su traslado y debían ser montadas al arribar a tierra. Algunas naves transportaban provisiones de alimentos para el ejército, que se complementaban con contribuciones de las ciudades aliadas. Después de un abortado intento de tomar Minda, Alejandro comprendió que sería un asedio difícil y prolongado.

Han sobrevivido dos relatos del asedio, cada uno en una versión abreviada. El de Diodoro, recogido de Cleitarco, fue escrito desde el punto de vista de los defensores, magnificando sus éxitos de una manera épica; es de escaso valor histórico. El de Arriano, inspirado en Tolomeo y Aristóbulo, describía las acciones principalmente desde el punto de vista macedonio y extraía algunos detalles del *Diario* (por ejemplo, las cifras de las bajas y de los heridos macedonios cuando los defensores realizaron un ataque nocturno). Tampoco omite los éxitos de la defensa, pero sólo nombra a Memnon, Orontobates (sátrapa de Caria) y a un desertor macedonio del lado persa, mientras que menciona como comandantes y como bajas a una serie de oficiales macedonios, sin duda como en el *Diario*.

Basta con mencionar aquí la etapa final del asedio. Los atacantes habían hecho traer dos altas torres y las escalas, pero los defensores habían construido una pared de ladrillo en forma de semicírculo detrás del foso y dos altos torreones, uno en cada extremo, de modo que los proyectiles de sus catapultas alcanzaban a quienes atacaban el muro de ladrillo. Cuando Alejandro en persona condujo un segundo ataque sobre este muro, toda la fuerza de los defensores hizo dos salidas coordinadas y estuvo a punto de obtener éxito. Pero al final fue rechazada con grandes bajas. Los macedonios podrían haber conseguido penetrar si Alejandro no hubiera detenido sus tropas, a fin de ahorrar a los griegos de Halicarnaso los horrores de la lucha callejera. Gracias a esta batalla tenemos la primera mención de las máquinas disparadoras de «grandes piedras» y de las más poderosas catapultas lanzadoras de flechas por medio de la torsión de una cerda retorcida de caballo. Estas máquinas habían sido inventadas por Diades y Carias, alumnos de Polido, el experto tesalio de Filipo. Los artefactos que descargaban piedras podían derribar un portal o una pared de mampostería, y las catapultas perfeccionadas podían desalojar a los defensores de las torres y parapetos.

Visto lo cual, Orontobates y Memnon decidieron que no podían resistir otro asalto. Por lo tanto, esa misma noche prendieron fuego a sus propios equipos y a las casas próximas al muro, y replegaron sus tropas hacia las dos ciudadelas. Al entrar en la ciudad, Alejandro ordenó respetar a los ciudadanos de Halicarnaso y extinguir los incendios. Al día siguiente, resolvió no poner sitio a las ciudadelas. Trasladó a la población a otro sitio, ya que no podía protegerla, y destruyó los edificios de la ciudad. Designó a Ada como sátrapa de Caria, seguro de que ella le sería leal, y a un oficial macedonio para que comandara 200 jinetes y 3.000 mercenarios griegos. Éstos ejercerían vigilancia sobre los persas de Halicarnaso, pero eran una fuerza pequeña para semejante tarea, ya que los persas controlaban el puerto y podrían conseguir refuerzos. En ese momento Alejandro debió de haber sabido que estaba dejando un peligroso centro de resistencia y una base para la flota persa, pero decidió seguir adelante con sus otros planes.

3. La división de fuerzas y el avance de Alejandro hacia Panfilia

En el otoño del año 334, Alejandro tuvo una idea clara de lo que Persia intentaba hacer al año siguiente. La decisión de Orontobates y Memnon de mantener el control de las ciudadelas y del puerto de Halicarnaso era un indicador claro de que en la primavera la flota persa esperaba utilizar Halicarnaso como base y avanzar a través del Egeo para promover rebeliones en el Peloponeso y/o arrebatar el Helesponto a los macedonios, cosas que ni siquiera habían intentado hacer en 334 porque Memnon había concentrado todas sus fuerzas en la defensa de Halicarnaso. Sorprende que, después de la derrota del Gránico, Darío no hubiera enviado parte de su ejército imperial desde Persia hacia Asia Menor para atacar las líneas de comunicación de Alejandro o enfrentarse a él en una batalla. La explicación sólo puede ser que Darío albergaba el propósito de hacerlo con un ejército muy grande en la primavera o verano del año 333. Presumiblemente estaba planeando avanzar a lo largo de la Ruta Real a través del centro de Asia Menor hacia la costa, u obligar a Alejandro a librar batalla en Cilicia o en Siria. En uno u otro caso habría estado en una posición muy ventajosa si hubiera sido capaz de reunir su flota y conducir una ofensiva coordinada.

Alejandro sabía, por la experiencia de Filipo en Macedonia y Tracia, que la posesión de una franja de costa solamente era algo precario, y que era esencial controlar la región interior. Esto era particularmente importante en el caso de Asia Menor, ya que los valles de los grandes ríos (el Caico, el Hermo, el Caistro y el Meandro) proporcionaban rutas directas hacia la costa, y Alejandro no tenía suficientes fuerzas para bloquear esos valles. En consecuencia, la mejor defensa era tomar posesión de la muy extensa llanura de Anatolia desde la cual fluían esos ríos. Esa llanura era muy apta para la caballería, y sus enormes recursos de grano y forraje sustentarían a su ejército a lo largo del invierno. Al mismo tiempo intentó continuar su política de «dominar la flota persa desde tierra» obteniendo el control de los puertos sobre la costa sur de Asia Menor, una empresa importante porque el terreno montañoso sólo era accesible para la infantería, y la población nativa era belicosa. Para aplicar esta doble estrategia necesitaría dividir su ejército y de ser posible aumentar la cantidad de sus tropas.

Después de sepultar a los que habían caído durante la noche final en Halicarnaso, Alejandro envió a su patria a aquellos macedonios que se habían casado recientemente, para que pudieran pasar el invierno con sus mujeres, un acto de compasión con el cual ganó gran popularidad. Asimismo, ordenó a los oficiales a su cargo que «reclutaran en la campiña tantos hombres como fuera posible, para la caballería y la infantería», y que los llevaran con ellos a su regreso. Otro oficial fue enviado al Peloponeso para contratar mercenarios con el dinero que Alejandro ahora disponía de sus victorias en Asia. Los tesalios y otros jinetes griegos, «una hiparquía de los Compañeros» (quizá la mitad de los escuadrones con la excepción del Escuadrón Real), la infantería griega, y los convoyes de asedio y de provisiones se enviaron bajo el mando de Parmenio para ocupar la parte norte de la llanura de Anatolia, conocida como «Frigia Mayor». Esta tarea se completó en varios meses. No sabemos nada del modo como se hizo, porque las acciones de Parmenio no quedaron registradas en el *Diario* y por eso Tolomeo, en cuyo relato se basó Arriano, no las conocía. Alejandro, con el resto del ejército, partió «hacia Licia y Panfilia para obtener el control de la región costera».

Los nativos de Licia eran un pueblo guerrero tanto en tierra como en el mar. Habían llegado a ser parcialmente helenizados, como sabemos por una inscripción bilingüe del año 337-336 encontrada en Xanto, y habían sido gobernados por el sátrapa de Caria. El ejército macedonio tomó la ciudad de Hiparna en el primer ataque, y Alejandro dejó partir a la guarnición de su acrópolis cuando ésta se rindió. Todas las ciudades del sudoeste de Licia se sometieron a Alejandro «por acuerdo» o «por rendición». Luego atacó a los montañeses del interior, probablemente para favorecer a las ciudades costeras, y algunos enviados de estas ciudades en el sudeste de Licia acudieron a ofrecerle su «amistad». Alejandro les ordenó ponerse en manos de sus representantes. Y eso hicieron. Esto benefició a ambas partes y en particular a la ciudad griega Faselia, que unió fuerzas con Alejandro para destruir un punto de resistencia tierra adentro, desde el cual Pisidia había lanzado ataques contra los pueblos de la costa. Se hicieron arreglos para entrenar a los jóvenes licios a la manera macedonia. El primer reclutamiento de licios se hizo en 329 (*véase* pág. 163).

Mientras Alejandro avanzaba hacia Panfilia, una parte de su ejército utilizó una ruta de montaña que había sido abierta por su infantería tracia, y la otra parte siguió por el litoral, que era transitable cuando soplaba viento del norte. Alejandro estaba con el último grupo. Cuando llegaron, el viento sur había cedido y soplaba un fuerte viento del norte, de modo que la marcha se hizo «fácil y rápida», «sin ayuda divina, como

Alejandro y su comitiva solían aclarar». La creencia en que los dioses estaban de su parte alentaba a Alejandro. Si bien en sus *Cartas* no hizo alusión alguna, le permitió a Calístenes, su historiador oficial, sugerir que el mar «se doblegaba» ante Alejandro. En Panfilia utilizó Perge, una ciudad griega, como su base. Los enviados de otra ciudad griega, Aspendo, vinieron a ofrecer la rendición pero pidieron no estar sometidos a un régimen militar. Alejandro estuvo de acuerdo, pero pidió a Aspendo que contribuyera con 50 talentos a la fuerza expedicionaria y que enviara los caballos que estaban criando para el Gran Rey como una forma de tributo. Los enviados aceptaron estas condiciones, y Alejandro prosiguió la marcha a lo largo de la costa hasta Side, una ciudad de origen griego pero de población mixta, como revelan las inscripciones bilingües. Dotó a Side de una guarnición y partió para Silion, una ciudad fortificada que tenía una guarnición de mercenarios y soldados de Panfilia. Pero dio media vuelta cuando se enteró de que Aspendo se había negado a recibir a sus enviados y se estaba preparando para resistir un asedio.

Aspendo, junto a la cual el río Eurimedón desembocaba en el mar, era una base ideal para la flota persa, como lo había sido en el año 467. Alejandro encontró la población concentrada sobre su bien fortificada acrópolis, y él no tenía el equipo apropiado para montar lo que probablemente sería un sitio prolongado. Por consiguiente, prosiguió las negociaciones, durante las cuales los enviados de Aspendo le propusieron aceptar los mismos términos que antes. Esto significaba dejar su ciudad sin guarnición. Pero Alejandro formuló sus propias demandas, que fueron aceptadas: el pago de 100 talentos, la provisión de caballos, la aceptación de hombres prominentes como anfitriones, el pago anual de un tributo a los macedonios, la aceptación de un fallo sobre algún territorio disputado, y la obediencia a las órdenes de un sátrapa designado por Alejandro. Estos términos sin duda fueron registrados en el *Diario*, del cual Arriano los obtuvo a través de la historia de Tolomeo. Si consideramos los términos originales y los ahora impuestos sobre Aspendo, observamos lo siguiente: como ciudad griega liberada, inicialmente Aspendo debía hacer una contribución ad hoc para ayudar al ejército, estaba exenta del pago de un tributo anual, no tendría guarnición militar, y no estaría sometida a las órdenes de un sátrapa, sino que trataría directamente con Alejandro. Pero ahora había sido castigada, porque su contribución se había duplicado, debía entregar un tributo anual a los macedonios, estaba sujeta a las órdenes de un sátrapa, y tenía que aceptar un fallo emitido por un organismo extranjero, y dar hospedaje como una garantía de futura conducta. No cabe duda de que Alejandro dotó de guarnición a la ciudad para mantener el control del puerto.

El pago del tributo a los macedonios es de especial interés. Alejandro no pretendía que el dinero le fuera pagado a él personalmente ni como rey de Macedonia ni como rey de Asia, porque no deseaba que la conquista se considerara como algo personal —del mismo modo había procedido Filipo con el diezmo pagado por los tracios—, y como rey de Asia no deseaba apartarse de su costumbre de negociar con las ciudades-Estado griegas en Asia. De esta manera, Aspendo quedó ubicada en una categoría separada, al estar sometida a la Asamblea de los Macedonios en cuestiones financieras, y al sátrapa de Alejandro en los asuntos internos. Desde Aspendo y Perge, Alejandro marchó tierra adentro. Antes de seguirlo debemos mencionar un complot, del cual se enteró cuando estaba cerca de Faselis. Parmenio (mientras invadía Frigia) había arrestado a un agente persa, llamado Sisines, y se lo comunicó a Alejandro. La historia fue así. Sisines había sido enviado por Darío oficialmente para encontrarse con el sátrapa persa de Frigia, pero en realidad para ponerse en contacto con Alejandro Lincestes, que entonces estaba al mando de la caballería tesalia junto con Parmenio *(véase más abajo)*. Consecuentemente, Alejandro envió una carta a Darío por intermedio de un desertor macedonio, Amintas, y en respuesta a esa carta Sisines informó que, si Lincestes asesinaba a Alejandro, Darío lo haría rey de Macedonia y le entregaría un subsidio de 1.000 talentos de oro. Sisines había sido arrestado antes de que pudiera comunicarse con Alejandro Lincestes.

Alejandro reunió a sus Amigos y les pidió su consejo. Éstos consideraron a Alejandro Lincestes culpable de traición, según la evidencia del informe de Sisines. También influyó sobre ellos un presagio. Durante el sitio de Halicarnaso, cuando Alejandro estaba disfrutando de una siesta, voló sobre su cabeza una golondrina, y esto lo despertó. De inmediato consultó con su adivino, Aristandro, que al parecer dijo que eso significaba un complot de uno de los Amigos de Alejandro y que el conspirador sería descubierto. Alejandro informó a sus Amigos reunidos sobre este episodio. Le aconsejaron «quitarse de encima a Alejandro Lincestes, de inmediato», para evitar que se hiciera más popular en la caballería tesalia y ésta se rebelara con él. Un oficial macedonio, vistiendo ropas locales y acompañado por guías de Perge, llegó hasta Parmenio y le transmitió la orden verbal de arrestar a Alejandro Lincestes. Esto se llevó a cabo con éxito. Alejandro puso a Lincestes bajo arresto durante cuatro años *(véase* pág. 175).

El relato de Arriano que hemos resumido se basa en las versiones de Tolomeo y Aristóbulo, y Tolomeo pudo haber consultado los pormenores del episodio de la golondrina y la conversación de Alejandro y sus Amigos, que seguramente estaban registrados en el *Diario*. Los eruditos han inferido del epíteto «Lincestes» que este Alejandro era un miembro de la casa real derrocada de Linco. Pero el epíteto era simplemente la indicación de su residencia y, por lo tanto, de su ciudadanía en Linco. Todo parece indicar que era un miembro de la casa real teménida, ya que había sido el primero en aclamar a Alejandro en 336, y se decía que era él quien debía sucederlo en el comando de las tropas en el caso de que Alejandro cayera en combate. Además, Alejandro le había asignado puestos de alta jerarquía y era una persona apropiada para que Darío la pusiera sobre el trono macedonio. Su padre Aeropo era probablemente el nieto de Aeropo II, quien había sido rey en 398-395. ¿Por qué Alejandro no hizo comparecer al prisionero ante la Asamblea de los Macedonios para acusarle de traición? La prueba que había convencido a los Amigos sin duda también habría persuadido a los Hombres del Rey. Puede ser que Alejandro sintiera un gran afecto por su primo. Tal vez existiera una razón pública: Alejandro arriesgaba su vida con frecuencia, y en caso de ser asesinado, ¿quién iba a ser capaz de sucederlo? Arrideo era medio retardado. Como un comandante popular y talentoso, Alejandro Lincestes podría ser un sucesor apropiado.

4. ANATOLIA Y GORDIO

El invierno estaba bien avanzado cuando Alejandro marchó tierra adentro desde Perge para abrirse paso a través del territorio de los pisidios, renombrados guerreros, y alcanzar la llanura de Anatolia. La primera ciudad en oponer resistencia fue Termesos. Al aproximarse a una garganta empinada que estaba bien defendida por los termesios, Alejandro acampó para dar la impresión de que no atacaría. Como previó, la mayor parte de los efectivos volvieron a la ciudad, dejando unos pocos guardias en el lugar. Entonces Alejandro lanzó un ataque rápido con una fuerza de armas ligeras, tomó el desfiladero, y acampó cerca de la ciudad. Una ciudad rival de Termesos, Selge, pidió y obtuvo la amistad de Alejandro, que le dio instrucciones de mantener Termesos bajo control. Gracias a esto estuvo en condiciones de avanzar y atacar Sagalasos, la más formidable de las ciudades de Pisidia. Los sagalasios y algunos termesios se apostaron en una colina frente a la ciudad. Alejandro condujo un ataque frontal con 7.500 falangistas, cuyos flancos estaban protegidos por tropas de armas ligeras, arqueros y agrianos sobre la derecha y tracios armados de jabalinas sobre la izquierda. Como las tropas de armas ligeras se habían adelantado, los arqueros en particular sufrieron algunas bajas, pero para entonces los falangistas comenzaron a cargar sobre el enemigo que no tenía corazas defensivas y fueron derribados por las picas. En la batalla murieron unos 500 y el resto huyó, de modo que Alejandro pudo tomar la ciudad por asalto. Sus propias pérdidas habían sido de unos veinte hombres. Sometió al resto de los pisidios capturando algunas fortalezas y aceptando la rendición de otras. Podía proclamar que había impuesto sus reglas, pero no hizo nombramientos y avanzó deprisa hacia Frigia. «Sobre el cuarto día» llegó a Celene (ahora Dinara), un punto clave en las comunicaciones dentro de Anatolia.

El sátrapa de Frigia había sido derrotado y desplazado hacia el sur por Parmenio. Había huido de la satrapía, pero había dejado 100 mercenarios griegos y 1.000 soldados de Caria con órdenes de mantener inexpugnable la ciudadela de Celene. Les iba a enviar refuerzos en una fecha especificada. A la llegada de Alejandro se ofrecieron a entregarle la ciudadela para esa fecha (si los refuerzos no llegaban). Alejandro aceptó el ofrecimiento, dejó 1.500 efectivos para custodiar los accesos, y en su debido momento la ciudadela le fue entregada. Pasó diez días en el sur de Frigia, durante los cuales el ejército disfrutó de un descanso bien merecido, y tomó las medidas administrativas del caso. Designó a Antígono Monoftalmos («el Tuerto») sátrapa de Frigia, y condujo su ejército hacia Gordio (cerca de Ankara), donde se reuniría con las fuerzas comandadas por Parmenio, con los refuerzos y los macedonios que habían pasado el invierno en sus hogares. Estos refuerzos eran 300 jinetes macedonios, 3.000 infantes macedonios, 200 jinetes tesalios y 150 jinetes eleáticos. Es probable que hubieran sido más las bajas padecidas tanto en la acción como por enfermedad durante los últimos doce meses del año 333, ya que las estimaciones son de finales de abril de ese año.

Los logros del ejército de Alejandro durante el año de lucha incesante desde que saliera de Macedonia en abril de 334 son casi increíbles. Había conseguido el control de una región más extensa y rica en recursos que toda Tracia. Había tornado ineficaz a la flota persa mediante su propia habilidad y osadía en las tácticas de asedio. Se había anticipado a cualquier desplazamiento del ejército imperial persa en Anatolia, gracias a la rapidez de sus propios movimientos. La mayor eficacia en la batalla correspondió a la caballería griega y a los Hombres del Rey. Pero su avance fue posible sólo por el sistema de apoyo de la flota griega —hasta su partida de Asia—, las infanterías griega y balcánica, los ingenieros del convoy de asedio, y los organizadores del convoy de pertrechos. Como Alejandro había prohibido el pillaje y la destrucción, sólo rara vez dejaba la tierra enemiga arrasada, como hizo por ejemplo en Pisidia, cuando el convoy de asedio estaba con Parmenio. Por el contrario, se abastecía mediante la captura de los depósitos del enemigo y la contribución o adquisición de provisiones. Fue su dominio de la logística lo que permitió que las tropas de asalto de su ejército se movieran con tanta rapidez.

Su genio como comandante era evidente en su habilidad para inspirar a sus hombres a través de su propio coraje en cada acción, y para obtener una respuesta heroica a sus órdenes. Su estrategia audaz se justificaba por su éxito. Con su política de liberación y de tratamiento preferencial de las ciudades griegas se ganó su cooperación. Como rey de Asia liberó a los pueblos nativos de la opresión persa y obtuvo el apoyo, por ejemplo, de Lidia, Caria y Licia. Donde tuvo que lidiar con oposición, como en Pisidia, demostró su superioridad en la guerra pero no impuso guarniciones ni represalias. No hubo períodos de «gobierno militar» del tipo moderno. Adoptó la forma administrativa vigente de las satrapías, introdujo importantes mejoras en ella, e inició el entrenamiento de algunos jóvenes a la manera de los macedonios.

CAPÍTULO OCHO

La batalla de Iso y la ocupación de la costa mediterránea

1. La guerra en el mar y el avance hacia Tarso

Sobre la acrópolis de Gordio había un carro que, según se creía, el rey Midas —un soberano frigio— había dedicado a Zeus. A Alejandro le habían contado que la persona que deshiciera el elaborado nudo que unía la lanza al yugo del carruaje «debía gobernar sobre Asia». Alejandro lo intentó en vano, pero luego quitó el gancho del yugo y así separó la lanza del mismo. Esa noche Zeus mostró su aprobación con truenos y rayos, y Alejandro al día siguiente ofrendó sacrificios a «los dioses que se habían manifestado y le habían revelado la manera de deshacer la atadura». Éste fue el relato de Aristóbulo, quien vio que Alejandro había actuado con un «deseo vivo» *(pothos)* al resolver el problema del nudo. Otros autores dijeron que el joven rey había perdido la paciencia y cortado el nudo con su espada. Se prefiere la versión de Aristóbulo, ya que es posible que hubiera estado presente y además escribía para sus contemporáneos. El incidente tuvo importancia porque las palabras de Alejandro en el Helesponto, «acepto Asia de los dioses», ahora quedaban confirmadas por la divinidad. Más allá de toda duda, él sabía que sería el soberano de Asia.

Entre abril y agosto, Alejandro consolidó su poder y extendió sus dominios hacia el mar Negro. Paflagonia aceptó su autoridad, proporcionó rehenes, y fue anexada a la satrapía de la Frigia helespontina. También fue exonerada de pagar tributo. A las ciudades griegas que se levantaban sobre su costa se les ordenó instaurar democracias, como fue el caso de Amiso, al este de Sinope. Luego Alejandro condujo sus fuerzas desde Macedonia a Capadocia, al este de Paflagonia, puso a gran parte

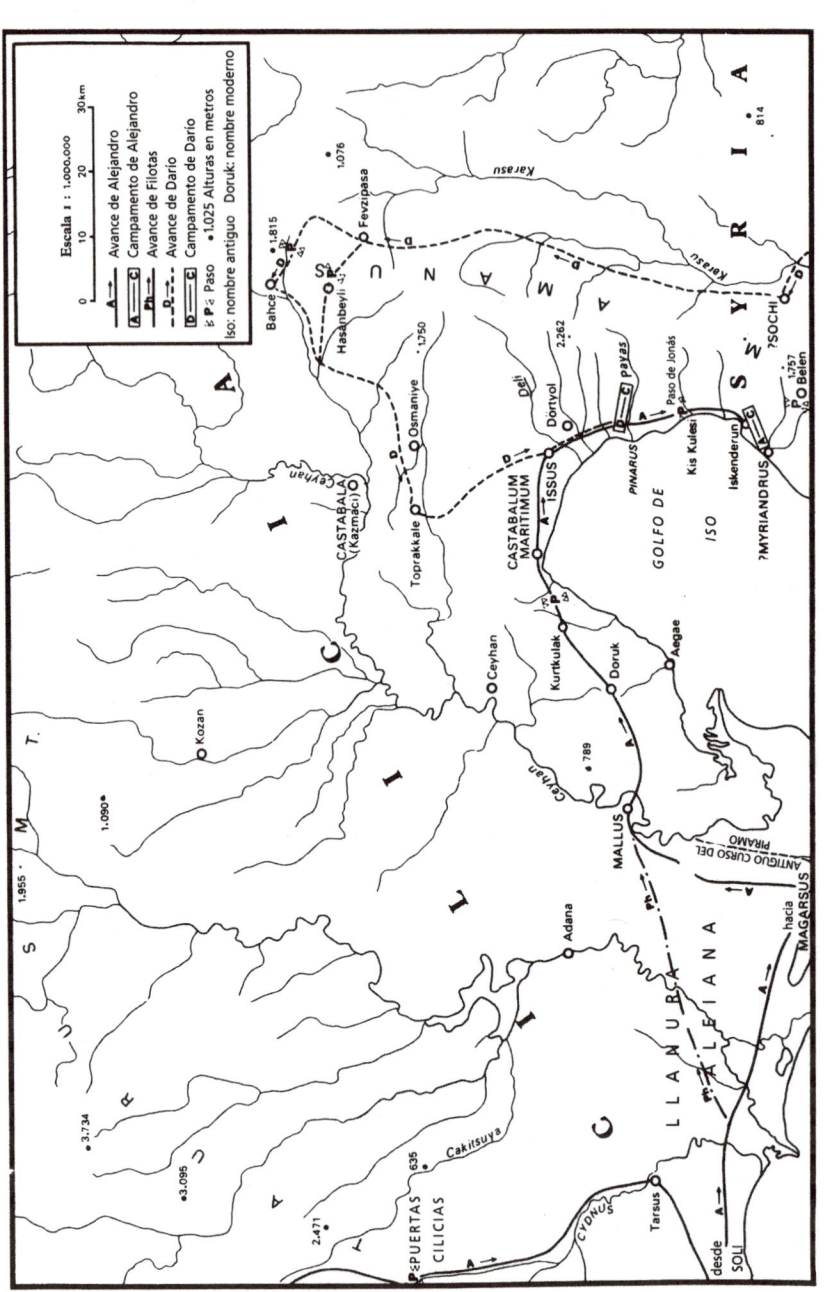

Figura 9. Cilicia

de la región de su lado, y designó a un macedonio como sátrapa de Capadocia, que controlaba el acceso desde Armenia al Asia Menor. Prolongó su estadía en Anatolia por razones estratégicas. Desde allí podría avanzar directamente hacia el Helesponto, hacia las costas occidental o sudoriental de Cilicia, pero esta opción dependía del resultado de la guerra en el mar.

En marzo del año 333, Memnon penetró sin oposición en el Egeo con 300 trirremes y abundante dinero. Tenía una poderosa fuerza de mercenarios griegos, que superaba a los partidarios de Alejandro en Quíos y Lesbos, excepto en Mitilene, donde los mercenarios griegos enviados por Alejandro habían reforzado la resistencia. Desde finales de abril hasta junio, Memnon mantuvo el bloqueo de Mitilene, perdiendo con eso la iniciativa en el mar. Mientras tanto, Alejandro había ordenado a la flota macedonia en el Helesponto que tomara la ofensiva, a Antípater que reclutara fuerzas navales y controlara el Egeo occidental, y a la Comunidad Griega que convocara a la flota griega «de acuerdo con las cláusulas de su tratado como aliados», y que controlara el Helesponto. Envió 1.100 talentos a los comandantes macedonios y a Antípater, y una carta con sus órdenes a Atenas, lo cual junto con su flota de unos 350 trirremes (sólo pudo tripular la mitad) mantendría el equilibrio de fuerzas en el mar. La Comunidad Griega continuó siéndole leal. En Atenas «los oradores» propusieron la impugnación de la carta, pero prevaleció el sentido común de Foción y otros. La confianza previa de Alejandro en los griegos estaba justificada. Las flotas se encontraban en el mar cuando murió Memnon, en junio. De allí en adelante los persas permanecieron en Mitilene bajo el mando del comandante persa Farnabaces, a quien Darío no confirmó en su puesto hasta pasado un mes o más.

Alejandro se enteró de la muerte de Memnon en julio, poco después de la partida de su fuerza de griegos mercenarios, que Darío había reunido en Siria. Alejandro creía que las flotas macedonia y griega controlarían el Helesponto y el Egeo occidental. Por lo tanto, decidió invadir Cilicia y enfrentarse al gran ejército de Darío, que evidentemente estaba en camino hacia la costa siria. Las Puertas Cilicias, un estrecho paso bordeado de farallones, estaban dominadas por las tropas persas. Alejandro acampó a prudente distancia, y personalmente condujo una fuerza de hipaspistas, arqueros y agrianos durante una marcha nocturna, con la esperanza de sorprender al enemigo al amanecer. En realidad los persas estaban sobre aviso, pero cuando vieron que Alejandro lideraba el ataque huyeron y dejaron el paso libre. Cuando llegaron la caballería y otros infantes de armas ligeras, Alejandro los condujo con tanta rapidez que cubrieron los noventa y dos kilómetros hasta Tarso antes del anochecer. El sátrapa persa había planeado saquear la ciudad pero escapó, dejándola intacta.

Alejandro había sufrido un colapso, ya fuera como consecuencia del agotamiento o por haberse zambullido en las aguas heladas del Cidno en Tarso, y los doctores habían abandonado toda esperanza de salvar su vida, excepto Filipo, un médico de Acarnania. Éste estaba preparando una poción cuando a Alejandro le comunicaron un mensaje de Parmenio en el que le informaba que el tal Filipo estaba al servicio de Darío. Alejandro entregó el mensaje a Filipo y bebió la poción, «demostrando su fe en el médico y su confianza total en sus amigos, así como también su entereza frente a la muerte». Éste es el relato de Arriano, derivado de Aristóbulo. Otras versiones fueron aún más sensacionalistas. La enfermedad persistió desde julio hasta octubre. Durante ese tiempo, Farnabaces reforzó a los persas en Halicarnaso y tomó Mitilene, Tenedos y Samotracia, desde donde amenazó el control macedonio sobre el Helesponto. Otras naves persas navegaron hacia las islas Cícladas, y una fuerza de avanzada de diez trirremes llegó hasta Sifnos. Allí fueron sorprendidas al amanecer por un comandante macedonio al frente de quince navíos, y solamente dos naves persas escaparon. La defensa del Helesponto y del Egeo occidental todavía se mantenía cuando Alejandro recobró su salud.

A comienzos de octubre Alejandro sabía que Darío estaba en camino hacia la costa. Envió a Parmenio al frente de la caballería tesalia, la infantería griega y balcánica y algunos mercenarios griegos, con la misión de expulsar a las fuerzas persas de la costa hacia el sur, hasta el Pilar de Jonás, donde un paso estrecho separaba Cilicia de Siria. Él mismo condujo al resto de su ejército hacia el oeste hasta la Cilicia tracia, donde existía algún apoyo a Persia. Impuso una multa a la ciudad griega de Soli por ese motivo e instaló una guarnición. Luego avanzó con una columna volante hacia las montañas, donde se granjeó la amistad de algunas comunidades y expulsó a otras, todo en una semana. El objetivo de Alejandro al enviar tan lejos a Parmenio y reducir él mismo la resistencia de la Cilicia tracia era impedir que la flota de Farnabaces y el ejército de Darío operaran juntos sobre la costa mediterránea, ya que si lo hubieran hecho habrían podido desembarcar tropas en su retaguardia y cortarle la línea de comunicación y abastecimiento. Después de su victoria y la de Parmenio, no quedó ningún puerto de escala disponible para las naves persas al sur de Halicarnaso y Cauno. A su regreso de Soli llegaron noticias de que los sátrapas de Lidia y Caria habían obtenido una victoria sobre las fuerzas persas de Orontobates cerca de Halicarnaso. Entonces, Alejandro celebró un festival del Estado macedonio en honor de Zeus olímpico y las Musas, como había hecho en 335, con el desfile de todo el ejército, la carrera de antorchas y las competiciones. Ofreció un sacrificio a Asclepio (Esculapio para los romanos), el dios griego de la medicina, quien le había hecho recobrar la salud. Luego, Alejandro emprendió la marcha para reunirse con Parmenio. Hizo un alto en Mallo, una ciudad griega, donde puso fin a una disputa *(stasis)* entre los ciudadanos. Todavía estaba allí cuando llegaron noticias de que Darío estaba acampado en Sochi, Siria, a dos días de marcha tierra adentro desde el Pilar de Jonás, vigilado por la fuerza de Parmenio. Parecía que la estrategia de Alejandro estaba teniendo éxito. Esperaba hacer frente al ejército de Darío cuando estuviera tierra adentro y fuera del alcance de la flota persa. (*Véase* figura 10.)

2. La campaña de Iso

Alejandro consultó con sus Compañeros íntimos. Ellos lo instaron a liderarlos en una acción inmediata. Él les agradeció el consejo, se encontró con Parmenio en el camino, dejó su convoy de pertrechos y sus soldados enfermos en Iso, atravesó el Pilar de Jonás y acampó en Miriandro sobre la costa (cerca de Iskenderun). Una noche de lluvia y tormenta lo obligó a permanecer en el campamento y dejar descansar a su ejército todo el día. A primera hora del día siguiente llegó un mensaje que le informaba que Darío estaba detrás de él sobre el flanco opuesto del Pilar de Jonás. Incrédulo, Alejandro embarcó a algunos Compañeros en un triaconte. Penetraron en la bahía por la desembocadura del río Pinaro (Payas), y regresaron con alguna información acerca de la posición de Darío. El mensaje estaba en lo cierto. Darío había interceptado la línea de abastecimiento de Alejandro, y si podía mantenerse firme, obligaría al ejército de Alejandro a rendirse. ¿Cómo pudo haber sucedido esto? Darío había aguardado durante varios días en Sochi, cuya amplia llanura daba cabida a sus efectivos numéricamente superiores y su excelente caballería. Sabía que el ejército de Alejandro estaba dividido, y supuso, a raíz de la demora de Alejandro, que éste permanecería en Tarso. Por lo tanto, marchó con su ejército hacia el norte, atravesó la cordillera de Amano por el paso de Bahce, y alcanzó la costa de Iso. Si su suposición hubiera sido correcta, habría acampado entre las dos fuerzas enemigas, habría combatido separadamente con cada una de ellas y probablemente habría sido auxiliado por su flota. Por pura casualidad, Alejandro había marchado desde Tarso hasta Miriandro durante los mismos días en que Darío estaba en camino hacia y desde el paso de Bahce. Al llegar a Iso, Darío mutiló y luego mandó matar a los macedonios enfermos. Después desplazó su enorme ejército —varias veces más numeroso que el de Alejandro— hasta una posición defensiva sobre la margen derecha del río Payas.

Cuando el triaconte volvió, Alejandro convocó a sus comandantes y recibió su apoyo entusiasta. Envió a algunos jinetes y arqueros para averiguar si el paso en el Pilar de Jonás, a seis kilómetros de allí, estaba ocupado por el enemigo. Para alivio de Alejandro, no lo estaba, ya que la ruta corría a lo largo de una estrecha franja de playa que se inundaba cuando los vientos eran adversos y estaba flanqueada por farallones por el lado de tierra. Se le ordenó al ejército que después de la comida de la tarde marchara hacia el paso, adonde llegó alrededor de la medianoche. Se apostaron centinelas sobre las cimas de los farallones, y los hombres gozaron de unas pocas horas de sueño. Alejandro ofrendó sacrificios en acción de gracias a las deidades del mar (Poseidón, Tetis, Nereo y las Nereidas), porque la playa no se había anegado. Al amanecer emprendieron la marcha hacia el río Payas, a seis kilómetros de distancia, y Alejandro impartió sus órdenes a los comandantes a medida que el ejército comenzaba a descender lentamente hacia el terreno bajo, desplegando las columnas en línea de combate.

El ejército constaba de 5.300 jinetes y 26.000 infantes. Parmenio estaba al mando del ala izquierda, cuya línea de combate estaba formada de izquierda a derecha por los escuadrones de jinetes griegos —pero no los tesalios—, luego los arqueros cretenses y los lanzadores de jabalinas tracios, y finalmente las tres brigadas de falangistas comandadas por Cratero. Se le ordenó a Parmenio mantenerse próximo a la costa, para que su flanco no fuera rebasado por las fuerzas enemigas. Alejandro comandó el ala derecha, integrada de derecha a izquierda por los lanceros y la caballería peonia, los arqueros macedonios y agrianos, la caballería tesalia, los Compañeros de Caballería, la Guardia de Infantería Real, los hipaspistas y tres brigadas de falange formadas en columnas de ocho hombres en línea y de fondo. Detrás había una segunda formación más corta que la falange, compuesta por la infantería mercenaria griega y los balcánicos. Durante el lento descenso, Alejandro cambió algunas de estas disposiciones. La caballería tesalia fue trasladada al ala izquierda. Como su flanco derecho había sido rebasado por una fuerza persa en una estribación de la montaña (*véase* figura 10), Alejandro destacó 300 jinetes para que permanecieran en la ensenada y extendió su propia línea hacia la derecha cubriendo la retaguardia de los mercenarios griegos que integraban la segunda línea.

Cuando se hubieron ejecutado estos cambios, Alejandro detuvo la fila de guerreros de cuatro kilómetros de largo. Cabalgó a lo largo de la misma, exhortando a sus hombres, regresó a su puesto de comandante de la Guardia de Infantería Real y ordenó el avance final en una línea perfecta «paso a paso».

Si bien el ejército de Darío era mucho más numeroso, en su línea de ataque no había más hombres que en la línea del frente de Alejandro, de modo que su superioridad numérica era de escaso valor. La posición que Darío había escogido era excepcionalmente sólida. Al surgir desde la cuesta empinada de la montaña, el río Payas tiene un lecho pedregoso de unos 35 metros de ancho con riberas escarpadas, a veces erosionadas por el agua de las crecidas. Un poco después del primer puente, el río forma un canal que bordea el conglomerado rocoso de los farallones de la orilla derecha, de unos tres a siete metros de altura, pero con ocasionales interrupciones. Debajo del segundo puente fluye a través de grava y arena y tiene orillas bajas. Aquí su curso era diferente en la Antigüedad, pero el terreno era el mismo. Darío ubicó lo mejor de su infantería sobre lo alto de la orilla, entre las posiciones actuales de los dos puentes modernos, y reforzó todas las brechas con empalizadas. La infantería estaba formada por los mercenarios griegos, flanqueados a cada lado por los *cardaces* persas, equipados como los mercenarios, pero sólo con arcos y flechas. Éstos componían una falange desacostumbradamente ancha y larga. Detrás de ellos estaba Darío y su Guardia de Caballería Real, integrada por 3.000 jinetes. Esta parte de la línea de combate estaba destinada únicamente a la defensa. Entre el segundo puente y la costa Darío situó detrás de los *cardaces* un gran contingente de caballería, con el cual esperaba abrirse paso entre el enemigo y atacar su flanco y retaguardia. Más allá del primer puente estaban los *cardaces* y una fuerza relativamente pequeña de caballería, y por delante de ellos, en una estribación de la montaña, una fuerza mixta que Alejandro había logrado aislar durante su avance, como ya hemos mencionado. El plan sólo tendría éxito si la posición defensiva debajo del segundo puente se mantenía firme y la caballería podía desplegarse.

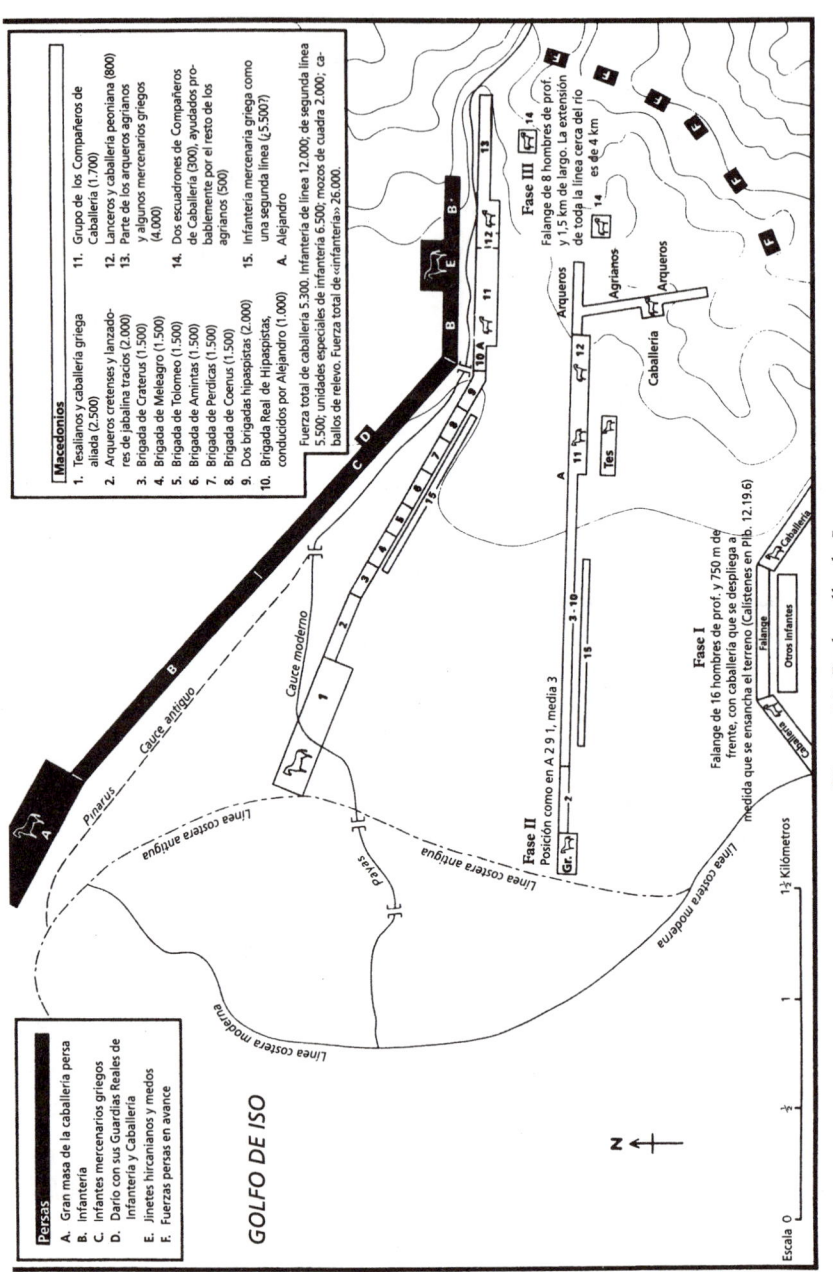

Figura 10. La batalla de Iso

Mientras sus tropas avanzaban desde el terreno más alto, Alejandro pudo ver la disposición del enemigo con mucho más detalle. Cuando la parte derecha de su línea de combate estaba a unos ochenta metros del enemigo, Alejandro condujo a la Guardia de Infantería Real a paso ligero a través del lecho del río justo por encima del primer puente, arremetió contra los *cardaces* y rompió su formación. A su izquierda, los hipaspistas y las brigadas de falangistas cruzaron el canal y atacaron al enemigo. A su derecha los Compañeros de Caballería, y detrás de ellos la infantería, atravesaron el lecho del río, rebasaron los flancos del adversario y penetraron por entre las posiciones enemigas. Entonces Alejandro se unió a la Guardia de la Caballería Real y atacó el flanco y la retaguardia de los *cardaces* y luego de los mercenarios griegos, ya que fue seguido por las tropas victoriosas del ala derecha (*véase* lámina 3b). Mientras tanto, los falangistas que trataban de tomar por asalto la posición defensiva de los mercenarios y los *cardaces* sufrieron considerables bajas, pero mantuvieron la presión con un coraje extraordinario. La caballería persa atacó una y otra vez el ala izquierda. Sin embargo, los tesalios y la caballería griega lograron conservar su posición.

El impetuoso avance de Alejandro hacia el frente de Darío decidió la cuestión (*véase* lámina 12). Mientras la infantería del ala derecha atacaba el flanco de los griegos mercenarios y detrás de ellos Alejandro y la Guardia de Caballería se abrían paso hacia Darío, el rey persa hizo dar la vuelta a su carro y huyó, seguido por su Guardia de Caballería. Alejandro avanzó hacia su ala izquierda, donde la caballería persa se unía a la fuga general. Sólo entonces Alejandro ordenó emprender la persecución a su caballería, que cubrió una distancia de 37 kilómetros hasta el anochecer e infligió numerosas bajas a la caballería persa. Los mercenarios griegos sobrevivientes huyeron hacia las colinas y algunos de ellos más tarde se reunieron con Darío. Las bajas de Alejandro sumaron unos 150 jinetes y 300 infantes, y él fue uno de los 4.500 heridos. La victoria y el pequeño número de bajas se debieron a la estrategia de Alejandro, a sus armas y corazas superiores, y al hecho de combatir en formación. La derrota del ejército imperial fue total. Indudablemente, Calístenes exageró las cifras de los informes oficiales, y también sus bajas (la cifra comúnmente estimada fue de 110.000). Cualesquiera que hayan sido las verdaderas cifras, todo el poderío del Imperio persa se derrumbó completamente sobre las orillas del Payas. Alejandro expresó su agradecimiento a los dioses erigiendo altares a Zeus, Hércules y Atenea en ese mismo lugar.

Hubo muchos desertores entre las fuerzas derrotadas. Un gran grupo, conducido por oficiales persas, escapó hacia el Asia Menor, donde reclutó algunas tropas de Capadocia y Paflagonia y luego invadió Lidia. Alejandro no lo persiguió. Confiaba en el hábil sátrapa de Frigia, Antígono Monoftalmos, y esa confianza estaba justificada, ya que Antígono había derrotado a los persas en tres batallas. Otro grupo, que incluía a 4.000 mercenarios griegos y estaba comandado por el desertor macedonio Amintas, hijo de Antíoco, huyó hacia el sur hasta Trípolis,* desde donde se embarcó hacia Chipre y luego hacia Egipto. Allí Amintas declaró ser el nuevo sátrapa designado por Darío. Sus mercenarios derrotaron a la guarnición persa de Menfis, pero luego fueron aniquilados cuando huían de un saqueo. Un tercer grupo de 8.000 mercenarios griegos se abrió paso hasta llegar finalmente a Tenaro, en el Peloponeso.

3. La conquista de la costa y el sitio de Tiro

Tomar Susa y perseguir a Darío antes de que tuviera una oportunidad de reclutar otro ejército imperial pudo haber sido una perspectiva tentadora después de la victoria total de Iso. Pero Alejandro mantuvo la estrategia de dominar la flota persa desde tierra, y de controlar la costa mediterránea, aunque eso le diera a Darío la oportunidad de reclutar un ejército imperial más numeroso. Su decisión iba a ser trascendental.

Darío huyó tan precipitadamente que olvidó a su madre, mujer e hijos y a algunas damas de honor que estaban en su puesto de avanzada. Cuando Alejandro se enteró de su captura y su aflicción por Darío, a quien suponían muerto, envió a Leonato para que les comunicara que Darío estaba con vida, y que Alejandro respetaría los honores y los títulos de su rango real; ya que «la guerra no era por antagonismo hacia Darío sino que había sido hecha legítimamente por el dominio sobre Asia». Éste fue el relato de Tolomeo y Aristóbulo, según Arriano, y sin duda es correcto. Asimismo, un relato derivado no de estos dos macedonios sino probablemente de Cleitarco, afirma que al día siguiente, cuando Alejandro y Efestión la visitaron, la madre de Darío erróneamente le hizo una reverencia a Efestión y en su desconcierto fue confortada por Alejandro,

---

* En la Antigüedad existían varias ciudades con este nombre, entre ellas la actual capital de Libia. La mencionada en el texto es «Trípoli de Siria», actual «Tarabulus» en el Líbano, situada 64 kilómetros al NNE de Beirut *(N. de la E.)*.

que le dijo: «Efestión también es Alejandro.» Verdadera o no, esta declaración inspiró una espléndida pintura de Paolo Veronese (*véase* lámina 11). Algunas semanas más tarde Darío solicitó la vuelta de la familia real. El contenido de esta carta y la respuesta de Alejandro, que Tolomeo recogió del *Diario* y luego fueron transmitidos por Arriano, nos ayudan a comprender por qué Alejandro trató a la familia de Darío como miembros de la realeza.

Después de acusar a Filipo y Alejandro de una agresión infundada, Darío ofreció «amistad y alianza» en términos que serían acordados por negociación. En respuesta, Alejandro acusó a Persia de agresiones en el pasado «contra Macedonia y el resto de Grecia», citando las Guerras Persas, la intromisión en Perinto, y la invasión de Tracia por Artajerjes Ocos, además de organizar el asesinato de Filipo y de instar a «los griegos» a atacar Macedonia y destruir la Paz (Común) «que yo establecí». Sin duda, Alejandro tenía el argumento de más peso. Evidentemente, consideró importante justificar su acción a los ojos de los hombres y de los dioses. En su carta se presentaba como legítimo rey de Macedonia, soberano de Tracia y *hegemon* de los griegos, mientras que acusaba a Darío de ser responsable del asesinato de su predecesor Arses y de haber usurpado el trono «injustamente y en desacuerdo con la ley de los persas».

«Ahora soy yo quien posee el territorio, ya que los dioses me lo han concedido, y conservo a aquellos de vuestros soldados que se han unido a mí por su propia voluntad. Venid pues a mí como señor de toda Asia... Tendréis a vuestra familia y todo lo que me pidáis como rey de Asia para que os lo conceda.» Aquí repite la declaración que había hecho al desembarcar en Asia: que aceptaba Asia como un don de los dioses, y ahora exigía a Darío que lo reconociera como señor de toda Asia. Lo que sugería implícitamente el hecho de tratar a la familia de Darío como miembros de la realeza y el hecho de ofrecerse a darle a Darío lo que le pidiera, era indudablemente que esta familia continuaría siendo la familia real de los medas y de los persas y que Darío seguiría siendo su rey, siempre que reconocieran a Alejandro como su señor, el rey de toda Asia. «Pero si estáis en desacuerdo con la cuestión del reino, insistid y luchad por él.» En ese momento Darío no dio ninguna respuesta.

Mientras tanto, Alejandro había superado todas las dificultades financieras. Había adquirido 3.000 talentos en el campamento de avanzada de Darío y una cantidad mucho mayor de oro en la base persa en Damasco. Comenzó a emitir abundantes monedas en plata y oro de acuerdo con el patrón ático, para que circularan principalmente en Asia. El tetradracma de plata representaba la cabeza de un joven Hércules y tenía en el reverso la imagen de Zeus sentado sobre un trono, sosteniendo un águila en la mano derecha y un cetro en la mano izquierda. Para los macedonios Hércules era el ancestro de la casa real, y su aspecto juvenil podría estar asociado con la juventud de Alejandro mismo; para los asiáticos Hércules era una deidad familiar bajo otros nombres. Zeus el rey regía en todas partes, y su águila había guiado a Alejandro en su decisión de derrotar a la flota persa desde tierra. Para los asiáticos la figura sentada era la divinidad semítica Baal, aun cuando apareciera sobre las monedas persas acuñadas en Tarso. Ahora Baal estaba representado como el patrocinador de Alejandro. La victoria en Iso fue conmemorada por la moneda de oro en la que el haz representaba la cabeza de Atenea y el envés la imagen de Nike, la diosa alada de la victoria, sosteniendo una corona en un *stylis* (el puesto de observación sobre un navío). Atenea era la diosa de la guerra, tanto para los macedonios como para los asiáticos, y el *stylis* recordaba la bravura de los Compañeros que habían navegado hasta la desembocadura del Pinaro a fin de obedecer las disposiciones de Alejandro.

El éxito de la propaganda de Alejandro se hizo evidente a medida que avanzaba a lo largo de la costa. Aquellos que gobernaban en Arado, Biblos y Sidón aceptaron la autoridad de Alejandro para sí mismos y sobre sus dominios. De allí en adelante, ellos y sus sucesores emitirían solamente la moneda del rey de Asia con un monograma del soberano o de la ciudad en idioma arameo. Los enviados de Tiro se encontraron con Alejandro en su marcha y le comunicaron la decisión de los tirios de «hacer lo que Alejandro pueda ordenar». Alejandro expresó su aprobación y dijo que deseaba entrar a Tiro y ofrecer sacrificios a Hércules (reverenciado como «Melkart» por los tirios). Los tirios respondieron que obedecerían otras órdenes de Alejandro pero que no admitirían a ningún persa ni macedonio en su ciudad. La petición de Alejandro había sido la prueba de fuego que certificaría la sumisión de Tiro, deliberadamente calculada porque Tiro era la principal potencia marítima en Fenicia y su flotilla era la más poderosa de la armada de Farnabaces. Los tirios pensaban que su ciudad sólidamente fortificada sobre una isla era inexpugnable; su flota podría traer provisiones y esperaban una ayuda de Cartago. Alejandro convocó una reunión de Compañeros y Comandantes e hizo una declaración de la cual Arriano dio su propia versión, derivada de Tolomeo, quien había leído un informe de la misma en el *Diario*.

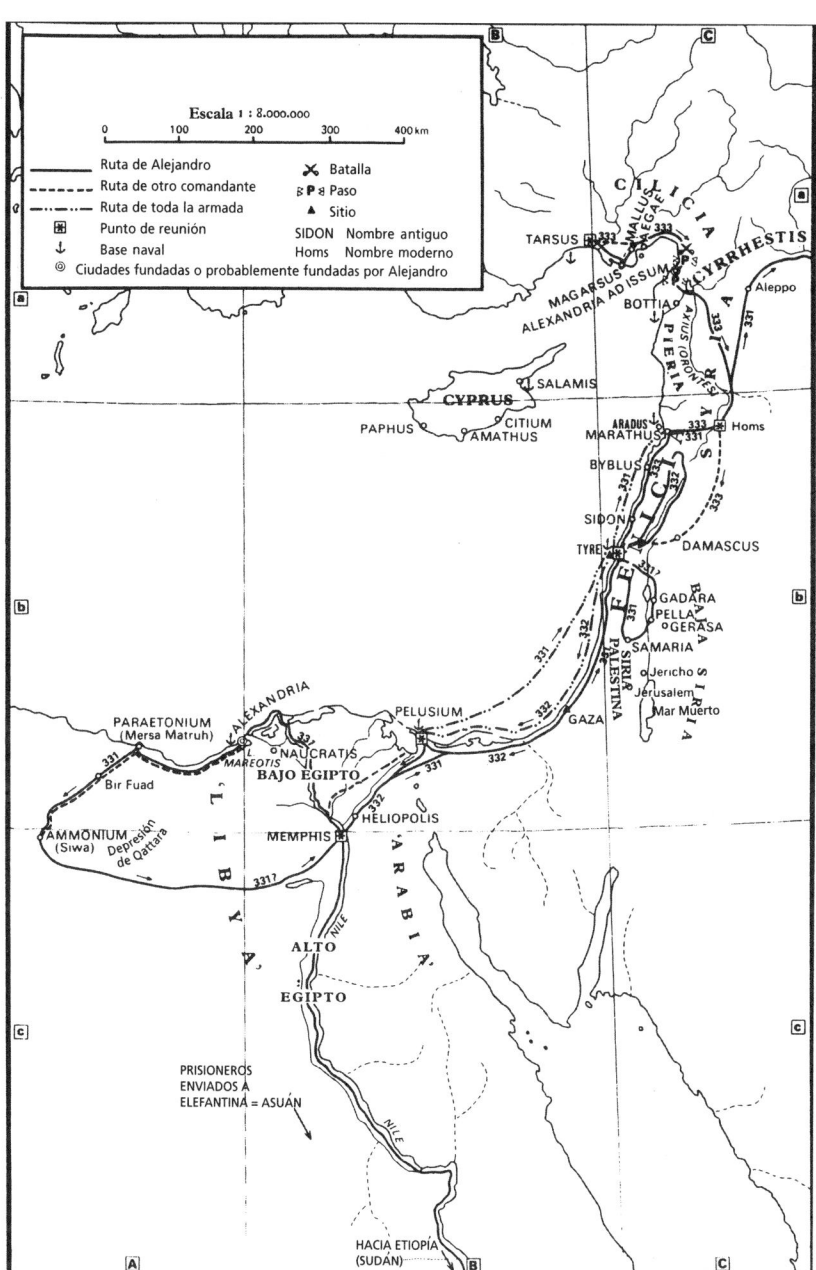

Figura 11. Desplazamientos de las fuerzas de Alejandro, en 333-331

Los argumentos de Alejandro estaban relacionados con la estrategia. Avanzar en Mesopotamia en persecución de Darío y dejar que la flota persa conservara Tiro, Chipre y Egipto como sus bases sería una empresa alocada, ya que esa flota con sus refuerzos, con la colaboración de Esparta y con la inconstancia de Atenas, «transferiría la guerra a Grecia», aparte de recuperar los puertos sobre la costa mediterránea. Tampoco sería razonable avanzar hacia Egipto con la flota mientras Tiro amenazaba las líneas de comunicación. Por lo tanto, era esencial tomar Tiro en primer lugar. En ese caso el resultado sería la desintegración de la flota persa a causa de la deserción fenicia y el cambio de bando de Chipre, ya fuera voluntario o por la fuerza; una invasión relativamente fácil de Egipto y el completo dominio del Mediterráneo occidental, con la flota macedonia apoyando a los navíos fenicios, chipriotas y egipcios.

Los Compañeros y Comandantes quedaron convencidos. Pero Alejandro era el más convencido de todos, porque esa noche soñó que Hércules lo conducía a Tiro. La interpretación que Aristandro hizo del sueño era que Alejandro tendría éxito, pero sólo después de un esfuerzo hercúleo. El sitio comenzó en enero del año 332 y terminó en julio. Ambas partes mostraron un inmenso heroísmo y una gran ingeniosidad. Durante la primera fase, Alejandro trabajó con sus hombres y premió sus mejores esfuerzos con presentes mientras construían una calzada elevada de casi 800 metros de largo desde la rada. Cuando se estaba terminando la calzada en el límite de la muralla de la ciudad que tenía 45 metros de altura, las catapultas y los arqueros tirios, que disparaban desde el parapeto y desde los trirremes, les causaron bajas y el trabajo se detuvo. Entonces Alejandro construyó dos torres rodantes, de 45 metros de alto, las desplazó hasta el fin de la calzada y atacó al enemigo lanzando por encima de la muralla y contra los trirremes disparos de catapultas, mientras continuaban los trabajos de extensión de la calzada. Pero los tirios contraatacaron con un enorme brulote (nave incendiaria), que se remolcó hasta el extremo de la calzada, donde fue encendido con un viento favorable y quemó ambas torres, mientras las tropas de apoyo desembarcaban e incendiaban todo el equipo de asedio. Alejandro ordenó a sus hombres ensanchar toda la calzada y a sus ingenieros, dirigidos por pares tesalios, construir más torres y equipos de asedio. Él se fue a reunir tantos trirremes como fuera posible, «ya que conducir el asedio parecía más imposible con los tirios controlando el mar».

La situación en el mar se fue alterando radicalmente. En otoño de 333 la flota persa dominaba el Egeo y tenía bases en Halicarnaso, Cos

1a. Medallones de oro
de Olimpia y Filipo

1b. Cabezas de marfil de Olimpia *(arriba)* y Alejandro

2. Fresco de una cacería real

3a. Falange de piqueros

3b. Alejandro en combate

4a. Jarra de vino de plata con la cabeza de Sileno

4b. Cabeza de un Hércules joven sobre un ánfora de plata

5a. Urna de oro

5b. Diadema de oro

6a. Mosaico de la caza del león

6b. Mosaico de Dionisio montado sobre una pantera

7. Mitad derecha del fresco Boscoreale

8a. Fotografía por satélite del área de Pelion

8b. La llanura junto a Pelion

9. Alejandro en combate

10. Fotografía por satélite de Cilicia

11. La familia de Darío ante Alejandro

12. El mosaico Alejandro

13. El Medallón Poro *(izq.)* y el arquero indio

14. La crátera Derveni

15. El joven Alejandro cabalgando sobre *Bucéfalo*

16. Un maduro Alejandro algo idealizado

y Quíos, conservaba posiciones de avanzada en Sifnos y Andros, e incluso había establecido una base en Calípolis, dentro del Helesponto. Parecía haber llegado el momento para que todos los estados disidentes de la Grecia continental se unieran a Persia. Farnabaces envió su mejor flotilla de un centenar de trirremes hacia Sifnos. Pero sólo se le unió Agis, rey de Esparta, con un solo trirreme, que pedía hombres, dinero y naves para promover una insurrección en el Peloponeso. Durante esta discusión, llegaron noticias de que Darío había sido completamente derrotado en Iso (en noviembre). Farnabaces volvió a negociar un posible levantamiento en Quíos. Agis recibió treinta talentos de plata y diez trirremes, pero eligió operar no en el Peloponeso sino en Creta. En el Helesponto, una flota macedonia y una flotilla de la armada griega tomaron Calípolis y derrotaron a las tropas persas allí instaladas, probablemente en diciembre. Las operaciones se interrumpieron durante el resto del invierno, pero las tripulaciones chipriotas y fenicias se enteraron de que sus ciudades —aparte de Tiro— estaban en manos de Alejandro y que iban a ser tratadas con generosidad. Con el inicio de la temporada de navegación, la flota persa comenzó a desintegrarse. Mediado el verano del año 332, unos ochenta navíos fenicios y ciento veinte navíos chipriotas se habían sometido a Alejandro, quien «deja lo pasado olvidado».

De resultas de esto Alejandro estaba en condiciones de reunir una gran flota en Sidón, que además incluía diez trirremes de Rodas y Licia. Si bien estaba preparado para la acción, emprendió una campaña tierra adentro hacia el Antilíbano, a fin de salvaguardar la provisión de madera del monte Líbano. Luego inició la segunda fase del sitio de Tiro trayendo su flota y confinando las naves tirias a sus puertos, ya que los chipriotas y los fenicios, que habían sufrido bajo el poder de Tiro, estaban ansiosos de venganza. Las tropas de Alejandro hicieron grandes esfuerzos para abrir una brecha en la muralla frente a la nueva calzada, pero los tirios habían arrojado rocas en el mar al pie del muro y los navíos de Alejandro no podían alcanzarlo. Finalmente lograron quitar esas rocas y las naves que transportaban las máquinas de asedio atacaron la muralla. Los tirios hicieron una exitosa excursión contra la flota chipriota que estaba zarpando de uno de los puertos, pero Alejandro interceptó las naves tirias y destruyó la mayoría de ellas. Después de hacerse con el control completo del mar, Alejandro examinó varias secciones de la muralla y planeó el asalto para un día de tiempo apacible.

Se ejecutaron tres ataques simultáneos. Los fenicios construyeron una barrera flotante para bloquear uno de los puertos y destruyeron las naves tirias. Los chipriotas tomaron otro puerto y se abrieron paso hacia la ciudad. Los macedonios acercaron los navíos que transportaban las torres y máquinas de asedio y abrieron una brecha en la muralla. Luego arribaron las naves que trasladaban a los hipaspistas y una brigada de falangistas, éstos apoyaron escaleras sobre el muro derribado y comenzó el asalto. El primer hombre en desembarcar, Admeto, encontró la muerte. Después de esto Alejandro y sus Compañeros hicieron retroceder al enemigo y se aseguraron un lugar de desembarco, desde el cual emprendieron el camino hacia la ciudad misma. Allí los tirios que se habían replegado ante el ataque de los chipriotas se habían unido a las demás tropas y se enfrentaron con los macedonios, pero fue en vano, ya que estaban rodeados por todos lados. «Los macedonios en su ira llegaban a todo; ya que estaban furiosos a causa de la duración del asedio, la masacre de los macedonios tomados prisioneros, y los cadáveres que los tirios arrojaban al mar frente al campamento macedonio.» Se calculó que unos 8.000 tirios cayeron durante el sitio, y los 30.000 sobrevivientes fueron vendidos como esclavos, mientras que otros fueron sacados de contrabando por los fenicios. El rey tirio, sus nobles y algunos enviados de Cartago en misión sagrada fueron perdonados como suplicantes en el altar de Hércules. Arriano informó de unas 400 bajas macedonias, y los heridos probablemente superaron los 3.000 (*véase* la pág. 131, para la proporción de muertos y heridos).

Entonces Alejandro rindió honores a Hércules. El ejército desfiló en armas, se reunió la flota para pasar revista, y seguidamente se realizaron juegos atléticos y carreras de antorchas dentro del recinto de Hércules. Alejandro dedicó a éste el eficaz dispositivo de asedio y las naves sagradas tirias. De esta manera quedó confirmada la interpretación que hizo Aristandro del sueño de Alejandro. Y se vio justificada la fe del joven rey en esa interpretación y en el favor de Hércules.

4. El avance hacia Egipto y el establecimiento de la talasocracia

El camino hacia Egipto estaba bloqueado por Gaza. Los ingenieros de Alejandro sostenían que era imposible tomar por asalto la ciudad fortificada, ya que se levantaba sobre un montículo de 75 metros de altura y tenía una sólida muralla circundante. Pero Alejandro no se iba a desviar. Hizo que todo el ejército y la población local levantaran un montículo de la misma altura alrededor de la ciudad, y cuando éste alcanzó la altura necesaria en el punto de la muralla que parecía más débil, Alejandro trajo sus máquinas de asedio y ofrendó un sacrificio. Mientras lo hacía, «un ave de rapiña que volaba sobre el altar arrojó una piedra sobre su cabeza». Aristandro dio su interpretación: «Oh, rey, tomarás la ciudad pero hoy debes cuidar de ti mismo.» Al principio Alejandro estuvo fuera del alcance del enemigo. Pero cuando falló la primera oleada de asalto, él mismo condujo a los hipaspistas a la acción y fue herido por la saeta de una catapulta que atravesó su escudo y coraza y se hincó en su hombro. Perdió mucha sangre y no fue fácil curarlo, pero Alejandro se regocijó al ver que la primera parte de la interpretación había probado ser cierta.

El soberano de Gaza, llamado Batis, había contratado una fuerza de mercenarios árabes que luchaban con fanático coraje. Las máquinas de asedio de Alejandro habían sido traídas por mar desde Tiro, desplazadas con dificultad a través de la arena y erigidas sobre el montículo. El muro fue atacado con catapultas que lanzaban piedras y con arietes, y fue socavado por artefactos de zapa hasta que se derrumbó en varios sitios. Fracasaron tres asaltos, pero luego, cuando cayó un gran tramo del muro, las tropas falangistas lo atravesaron dando muestra de un gran coraje. El premio al valor lo recibió Neoptólemo, un miembro de la casa real molosia. «Todos los hombres de Gaza murieron, cada uno luchando en su puesto.» Las mujeres y los niños se vendieron como esclavos y la ciudad se repobló con gente de la región. Éste es el relato de Arriano, basado en los informes de Tolomeo y Aristóbulo. Por otro lado, Curtio había tomado prisionero a Batis, que en medio de burlas fue arrastrado alrededor de la muralla por Alejandro en su carro, emulando así a Aquiles que arrastró a Héctor alrededor de los muros de Troya. Este final probablemente está basado en el relato de Cleitarco, pero se debería descartar, ya que Alejandro siempre honraba al valiente.

En diciembre del año 332, la flota y el ejército avanzaron juntos desde Gaza hasta Egipto en siete días, cubriendo aproximadamente unos 32 kilómetros diarios, un buen ejemplo del planeamiento logístico. La flota entró en Pelusio (Port Said) sin encontrar resistencia, el ejército fue acogido con beneplácito por los sacerdotes, y la población y el comandante persa se rindieron a Alejandro en Menfis. La flota navegó sobre las aguas del Nilo, y enseguida se estableció una base naval en Alejandría. De hecho, la escuadra persa ya había sido «derrotada en tierra». Alejandro recibió algunos mensajes donde le informaban que la flota macedonia y la griega, ayudadas por varios alzamientos en las islas, habían hecho retroceder en el mar a los remanentes de las fuerzas persas y sus partidarios, «los piratas» de las islas egeas, y que la lucha continuaba sólo dentro de Creta.

En Tiro, Alejandro había imaginado implantar una talasocracia macedonia. Y la logró rápidamente. Las ciudades fenicias y los reyes chipriotas pusieron sus navíos bajo el mando de Alejandro, y éste los trató con el debido honor. En el verano del año 331, cuando surgieron problemas en el Peloponeso, la escuadra macedonia contó con el apoyo de 100 navíos fenicios y chipriotas. La flota de «los griegos», que sumaba 160 trirremes, operaba principalmente en el Egeo. Las partes integrantes de la escuadra multirracial, bajo la autoridad de Alejandro como rey de Macedonia, *hegemon* de «los griegos» y rey de Asia, estaban comandadas por oficiales macedonios, y las órdenes que éstos habían recibido para el año 331 eran liberar Creta y «sobre todo limpiar los mares de las flotas piratas». Ese mismo año se estableció, por primera vez en la historia, una talasocracia que se extendía desde el mar Negro hasta las costas de Egipto. Alejandro pretendía que esa talasocracia fuera la base de un comercio intercontinental marítimo que traería una prosperidad sin parangón a todos los pueblos costeros del área. El anhelo indudablemente se cumplió, a pesar de la división posterior del mundo macedonio en reinos combatientes. Este logro fue tan importante como su organización del reino de Asia en Oriente. Sus efectos serían aún más duraderos, ya que permitieron la prosperidad del Imperio romano y de su sucesor, el Imperio bizantino.

CAPÍTULO NUEVE

El avance hacia el Oriente y la batalla de Gaugamela

1. Acontecimientos en Egipto a comienzos del año 331

Con la apertura de la comunicación por mar entre Grecia y el sudeste del Mediterráneo, quince enviados del Consejo de los Griegos fueron a dar la bienvenida a Alejandro. Mientras remontaban el Nilo, algunos quizá recordaran el malogrado intento de Atenas y sus aliados de controlar Egipto, que terminó en el desastre de 454. Los griegos obsequiaron a Alejandro con una corona de oro en reconocimiento de sus servicios como *hegemon* «por la seguridad y la libertad de Grecia». A la sazón, los griegos y los partidarios de Alejandro en las islas egeas tenían el poder. Arrestaron a algunos líderes afines a los persas y los enviaron a Egipto para que comparecieran ante Alejandro. Pero éste los envió de vuelta para que fueran sometidos a juicio por sus conciudadanos, excepto los de Quíos, Estado miembro de los griegos, que serían juzgados por el Consejo de dicho cuerpo. Premió a Mitilene por su valiente oposición a Persia con una adjudicación de territorio sobre la costa asiática, que él había «ganado con la espada». Aprobó las solicitudes de embajadas de la Grecia continental y la liberación de los atenienses capturados en la batalla del Gránico. Su propósito era alentar la lealtad a la Paz Común y la resistencia a Esparta, que estaba en guerra del lado de Persia.

Para los egipcios, Alejandro era el «Faraón». Las inscripciones jeroglíficas revelan que ellos le daban los títulos tradicionales: «hijo de Ra» (el dios supremo), «rey del Alto Egipto y rey del Bajo Egipto, amado por Amón y escogido por Ra». Como faraón, Alejandro ofrecía sacrificios «a los dioses (de Egipto) y especialmente a Apis», ya que Apis era el dios contra el cual Cambises y Artajerjes Ocos habían cometido un gran sacrilegio. Con esto Alejandro mostraba su respeto por los egipcios y la aceptación de sus creencias religiosas. Al mismo tiempo ofrecía sacrificios y celebraba competiciones atléticas y musicales de acuerdo con la costumbre macedonia, para lo cual los artistas y atletas venían desde la Grecia continental. No había incoherencia entre estas dos clases de ceremonias, ya que los politeístas creían en innumerables dioses. Desde Menfis, Alejandro y una fuerza selecta navegaron por un ramal occidental del Nilo. Allí decidieron levantar una ciudad sobre un istmo entre el mar y el lago Mareotis, que se podía conectar por medio de un canal con el río Nilo, de modo que la ciudad tendría dos puertos. Alejandro sintió un fuerte anhelo *(pothos)* de comenzar a trabajar de inmediato. Por consiguiente, trazó en el terreno la línea que marcaba la muralla circundante de quince kilómetros de largo, el centro de la ciudad, y la ubicación de los templos a Isis (semejante a Deméter) y a los dioses griegos. Las deidades aprobaron la empresa, ya que un sacrificio resultó favorable, y los granos de cebada con los cuales Alejandro señaló el terreno fueron devorados por una bandada de pájaros. Aristandro dijo que esto presagiaba «prosperidad, especialmente en los frutos de la tierra». La fecha fue probablemente el 20 de enero del año 331, y la ciudad fue llamada Alejandría.

Desde el inicio de su campaña Alejandro había previsto la importancia de las ciudades en su reino de Asia, ya fuera su población nativa, griega o mixta. Después de la primera batalla declaró a Troya, entonces una localidad nativa, una «ciudad libre y exenta del pago de tributos», y dejó instrucciones para que se levantaran allí edificios. Confirió los mismos privilegios a las ciudades griegas liberadas, y promovió la construcción de Priene cerca de la desembocadura del Meandro. Las ciudades griegas que estaban más al sur eran Magarso, donde ofrendó sacrificios a su diosa Atenea, y Mallo, fundada por Anfíloco, a quien Alejandro dedicó sacrificios como héroe. Puso fin a una lucha interna *(stasis)* en Mallo, como había hecho en Éfeso *(véase* pág. 103). De allí en adelante fundó ciudades de poblaciones mixtas: Egea y Alejandría sobre la costa del golfo de Iso, Botia junto al río Orontes, Aretusa en Siria, y Gadara, Pella y Gerasa en el este de Palestina y en Jordania. Pobló estas ciudades con macedonios que ya no cumplían un servicio verdaderamente activo, con griegos y con ciudadanos nativos; los primeros pusieron nombres macedonios a las ciudades y barrios. Alejandría fue la única que estableció en Egipto.

Estas ciudades tenían gran importancia económica: las de la costa como terminales del comercio desde tierra adentro y como exportadoras de bienes en el Mediterráneo oriental, y las de tierra adentro como puntos clave en las rutas de las caravanas que venían del interior. Por ejemplo, Alejandría iba a ser el puerto de salida de los productos de Egipto, de las costas del mar Rojo y de Etiopía (Sudán), y un centro de intercambio con Cirene (Libia) y las naciones del Mediterráneo oriental; y Gerasa iba a ser un mercado para las especias y ungüentos provenientes de Arabia. Si Alejandro se hubiera detenido al oeste del Éufrates como le había aconsejado Parmenio, en el año 331 ya habría asegurado una creciente prosperidad dentro del área de sus conquistas en Asia, la península balcánica, el mar Negro y el Egeo. Éste fue el resultado de tres años de un planeamiento previsor que ahora se veía garantizado por el establecimiento de la talasocracia que Alejandro había previsto en Mileto en 334. Las ciudades difundieron las técnicas griegas en la agricultura y el registro de las tierras, así como el capitalismo y el conocimiento del griego que era el idioma oficial en todas las ciudades. Ese idioma, conocido como *koiné*, se basaba en el dialecto ático que había sido modificado por Alejandro y sus asistentes.

Las ciudades eran centros de cultura y educación. Cada una tenía su teatro y su odeón para la producción de obras y música de tipo tradicional, ya que Alejandro estudiaba las obras de Homero, Píndaro y los trágicos, y estaba profundamente interesado en la «filosofía», que abarcaba las artes y las ciencias. En las ciudades de población mixta el sistema de educación era macedonio. El programa de estudios parece haber sido semejante al de la Escuela de Pajes Reales (*véase* pág. 22), duraba desde los catorce años de edad hasta los dieciocho. Era una forma precursora de la educación estatal, organizada y financiada por Alejandro como rey de Asia. Las lecciones de griego y el entrenamiento militar se impartían en un edificio normativo, conocido como *gymnasion* (como el instaurado por ejemplo en Priene). En Egipto se encontraron manuales para la enseñanza del griego y la filosofía. Con esto, Alejandro estaba sentando las bases de lo que más tarde se llamaría «helenización». Pero sería en el estilo macedonio, ya que incluía el entrenamiento para la caza, la equitación y la falange de piqueros, y los graduados estaban suficientemente capacitados para ingresar en las fuerzas del rey. Tenemos alguna idea a través de un informe de la época, donde se estima que unos «6.000 Jóvenes del Rey, de la Orden de Alejandro el Macedonio practicaban activamente las artes de la guerra en Egipto». Cada año se admitía un cupo mínimo de 1.500 jóvenes. «La Orden de Alejandro» sin duda la instauró él mismo en Egipto a comienzos del año 331, y Alejandría era el lugar indicado para impartir esa educación.

Desde el punto de vista político, las ciudades en Asia seguían el modelo de la ciudad macedonia, no el de la ciudad-estado griega. Si bien las ciudades griegas liberadas aprobaban decretos, como si fueran democracias libres con sus propios magistrados, concejos y asambleas, y trataban directamente con el rey y no con su sátrapa, tenían que aceptar la política exterior y las órdenes del rey de Asia. Esta pérdida de soberanía quedaba compensada por ciertas ventajas: estaban exentas del pago de tributos, no tenían gastos de defensa, no proporcionaban tropas a las fuerzas del rey, y no consagraban sus energías al progreso económico. Estaban prohibidas las luchas partidarias violentas *(stasis)*. Debían mostrar respeto por la ley, así como por las normas que regían la Paz Común. Las ciudades meridionales de Magarso y Mallo eran como las que había fundado Filipo en Tracia, ya que tenían una población mixta y estaban bajo el mando directo del rey.

Conocemos las características de una ciudad mixta a través de la organización en Alejandría. La ciudad estaba dividida en barrios o distritos, llamados *demos*. Los ciudadanos grecoparlantes eran de dos orígenes: los soldados reclutados por Alejandro y los pobladores griegos. Solamente los primeros llevaban armas, mantenían la ley y el orden, y tenían una participación en el *demo*. Los ciudadanos de ambas categorías conducían la administración a través de una Asamblea, un Consejo y unos magistrados. Los egipcios estaban sometidos a las leyes de la ciudad, pero conservaban sus propias costumbres, practicaban su propia religión y debían acatar la ley egipcia, administrada por jueces egipcios. No tenían voz en la administración de la ciudad. Pero si aprendían el griego y se «helenizaban», como ocurrió con los 6.000 Jóvenes del Rey, podían ser admitidos en la categoría de ciudadanos. Por lo tanto, los límites entre la ciudadanía y la no ciudadanía no eran tan rígidos como en una ciudad-estado griega.

Las disposiciones de Alejandro para la administración de Egipto eran las siguientes. Las personas directamente responsables ante Alejandro eran un almirante macedonio con una flota de treinta trirremes, dos generales macedonios al mando de 4.000 efectivos, y los comandantes de las guarniciones en Pelusio y Menfis. Sus soldados, principalmente los mercenarios griegos, estaban sometidos a un control estricto y una inspección regular. Alejandro designó a dos egipcios para desempeñar la administración y recaudar los tributos del Alto y Bajo Egipto según el sistema tradicional. Todos los ingresos se remitían al funcionario de finanzas de Alejandro, un griego llamado Cleómenes. Cada una de las zonas de frontera —«Arabia» (Suez) y «Libia» (lindante con el desierto occidental)— era administrada por un griego con autoridad civil. Estos administradores dependían directamente de Alejandro. En toda la nación, la vida diaria de los egipcios estaba regulada solamente por sus propios gobernadores civiles, y eran libres de vivir de acuerdo con sus propias tradiciones.

Si bien la religión egipcia no influyó sobre Alejandro, éste condujo a su fuerza selecta desde Alejandría a través de Mersa Matruh hasta el templo de Zeus Amón en el oasis de Siwa. Los dioses propiciaron el viaje enviándole lluvias y luego dos cuervos para que lo guiaran cuando perdió la pista en la tolvanera. Alejandro deseaba emular a sus ancestros Perseo y Hércules que habían visitado el santuario. Fue recibido por el sacerdote como «hijo de Ra», es decir como el faraón reinante (esto se podría traducir como el «hijo de Zeus»). Alejandro entró solo al templo. Los pronunciamientos del dios no se divulgaron. Éste fue el contenido del relato oficial, escrito por Calístenes y aprobado por Alejandro. Por otro lado, en una *Carta* a Olimpia, Alejandro escribió que había escuchado las profecías secretas del dios, y que él se las transmitiría, a ella solamente, a su retorno a Macedonia. Desde luego, otros hicieron conjeturas. Tolomeo y Aristóbulo pensaron que «en cierto grado él estaba intentando remontar su linaje hasta Amón», e informaron que Alejandro dijo haber escuchado «lo que era de su agrado». Otros escritores, liderados por Cleitarco, inventaron preguntas y respuestas para complacer a sus lectores.

Para Alejandro, Zeus Amón era un dios griego, que tenía un templo en Afitis y Calcídice, y era reverenciado en Dodona. La fe de Alejandro era tal que creía que esas «profecías secretas» se harían realidad. Una de ellas demostró ser cierta en una ocasión, cuando comenzó su viaje hacia el Hidaspes, y ofrendó un sacrificio a Amón. Más tarde, en el estuario del Indo, Alejandro dedicó a los dioses sacrificios que habían sido ordenados por Amón. Parece probable que una de las profecías de Amón hubiera influido en el interés de Alejandro por llegar hasta los límites de Asia. Sea lo que fuere lo que el sacerdote de Amón realmente dijera, la creencia que se difundió entre las filas macedonias era que Alejandro había sido alentado a considerar a Amón como su padre, algo que a la postre también Alejandro llegó a creer. Mientras todavía estaba en Egipto, se informó que Apolo de Dídima, cuyos oráculos se habían silencia-

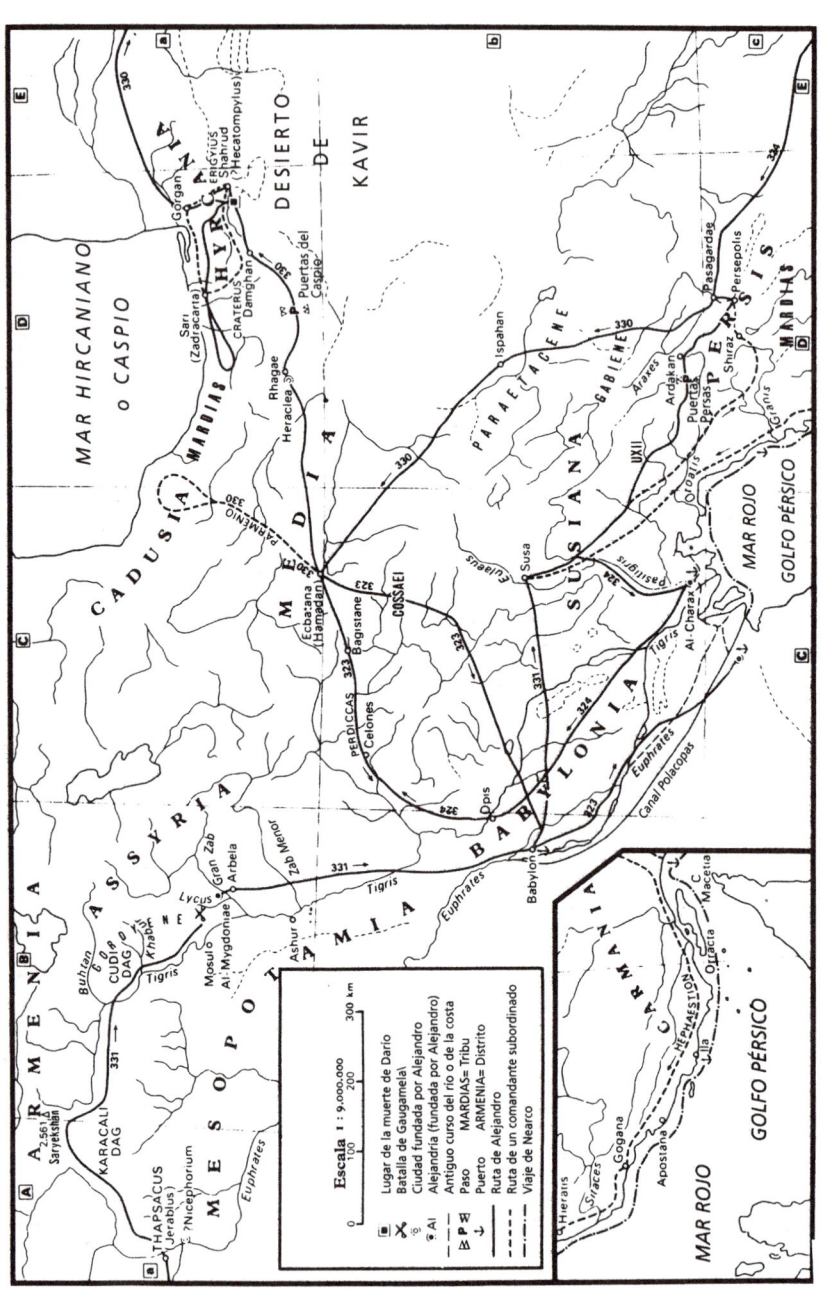

do desde la conquista de Persia, había declarado que Alejandro había «nacido de Zeus», y que la Sibila de Eritrea había hablado de «su eminente nacimiento» *(eugeneia)*. Estos informes fueron publicados por Calístenes con la aprobación de Alejandro. Sin embargo, de ello no se puede inferir que Alejandro se considerase a sí mismo «nacido de Zeus», y que alentase esa idea con propósitos de propaganda.

Durante unos cuatro meses, el ejército disfrutó en Egipto de una pausa en la guerra. No estuvo ocioso sino trabajando en la construcción de la ciudad de Alejandría, emprendiendo expediciones y entrenándose con regularidad. Una expedición remontó el Nilo. El propio Alejandro tenía un vehemente deseo *(cupido)* de entrar en Etiopía, «casi más allá de los límites del sol», pero fue informado por Calístenes de que las inundaciones del Nilo se debían a las grandes lluvias. Esto satisfizo a Aristóteles. La expedición tuvo que detenerse debido a «la deslumbrante zona de clima abrasador». La resistencia de las fuerzas del rey se había mantenido gracias al refuerzo de 300 jinetes y 3.000 infantes de Macedonia que habían llegado en 333. Desde Gaza, Alejandro envió a un oficial a Macedonia a fines del año 332 «con el fin de alistar jóvenes aptos para servir en campaña». Pasó un año antes de que esos jóvenes se reunieran con Alejandro cerca de Susa. Había recibido 350 jinetes griegos en el año 333, pero dependía principalmente del reclutamiento de unos 3.300 griegos mercenarios que habían estado al servicio de Persia y de unos 4.400 de Grecia. En Menfis se le unieron 500 jinetes de la caballería tracia.

Al comenzar la primavera, Alejandro organizó un festival en honor de Zeus el Rey, que correspondía al Jándica macedonio. El ejército armado desfiló en la procesión, se efectuaron certámenes atléticos y artísticos y se ofrecieron sacrificios en gran escala. En Menfis, se habían tendido puentes sobre el Nilo y los canales para la partida del ejército. La flota y el ejército partieron al comienzo de la primavera y se encontraron nuevamente en Tiro.

2. La campaña y la batalla de Gaugamela

Tiro había sido repoblada con habitantes fenicios, y seguramente un comandante macedonio estaba al mando de la región. Alejandro había planeado anticipadamente un espléndido festival con sacrificios a Hércules, certámenes atléticos y competiciones artísticas. Era una ocasión para celebrar la victoria en el mar por parte de Alejandro y de los griegos. El rey de Chipre equipó y entrenó los coros para las obras, los actores vinieron desde Atenas, y los jueces de la competición dramática fueron los altos oficiales macedonios. Cuando un actor por el cual Alejandro sentía una gran admiración no ganó el primer premio, el joven rey dijo que renunciaría a una parte de su reino para que fuera de otra manera, pero a pesar de eso aceptó el veredicto. Se conmovía profundamente con la música de la lira; cuando uno de sus ejecutantes favoritos fue abatido en combate detrás de él, Alejandro levantó en Delfos una estatua de bronce del intérprete llevando una lira y una espada en las manos.

Los estadistas de Atenas y probablemente los de otros estados continentales acudieron al festival, tanto para congratular al *hegemon* como para presentar sus solicitudes.

Alejandro permaneció en Fenicia y Siria durante al menos tres meses. En ese tiempo se habían almacenado las cosechas, y las provisiones abundaban a lo largo de la ruta hacia los dos puentes que Alejandro había tenido que construir en el Éufrates. Introdujo algunos cambios en su servicio administrativo. Por ejemplo, el sátrapa de Siria fue reemplazado porque no había logrado reunir las provisiones necesarias. Los judíos de Samaria se habían rebelado y habían quemado vivo al sátrapa macedonio de esa área. Alejandro ejecutó a los responsables, expulsó a la población e hizo de Samaria una ciudad mixta, como Gerasa. El joven rey tal vez previó que Darío traería su ejército hasta la orilla opuesta del Éufrates para librar una batalla decisiva, en cuyo caso las provisiones de Alejandro estarían a mano. Cuando resultó evidente que Darío combatiría en Mesopotamia, Alejandro decidió avanzar a fines de julio de 331. Aproximadamente por esa época, Antípater envió desde Macedonia los refuerzos que se habían pedido, y Alejandro ordenó que una flota de naves macedonias, griegas, chipriotas y fenicias navegara hacia el Peloponeso, donde, según se le había informado, existía el riesgo de alzamientos en apoyo de Esparta.

Sobre la orilla opuesta del Éufrates el comandante persa Mazeo instaló una posición defensiva, con 3.000 jinetes, 2.000 griegos mercenarios y otros infantes. Pero ante el avance de Alejandro se replegó hacia la principal ruta persa a lo largo del Éufrates, probablemente con la esperanza de que Alejandro lo perseguiría y estaría escaso de provisiones. Alejandro completó sus dos puentes, hizo cruzar a sus tropas y el convoy de provisiones, y aguardó durante algunos días, quizá desorientando a

Mazeo acerca de sus intenciones. Luego marchó hacia el noreste a lo largo de las colinas armenias para conseguir pasto para sus caballos, utilizó las provisiones locales y evitó el calor intenso, ya que tenía que alimentar a unos 47.000 hombres y quizás unos 20.000 caballos y mulas. En el transcurso de algunas semanas durante las cuales los macedonios hicieron algunas incursiones en Armenia, los dos ejércitos se mantuvieron completamente ajenos el uno del otro. Alejandro fue el primero en capturar a varios enemigos, quienes revelaron que el plan de Darío era apoderarse del Tigris. «Alejandro avanzó deprisa hacia el Tigris» y cruzó sus aguas caudalosas con dificultad en un sitio desprotegido, pero que estaba más arriba de lo que Darío había presumido. Mientras el ejército aguardaba el convoy de provisiones, se produjo un eclipse de Luna en la noche del 20 de septiembre del año 331. Alejandro recuperó la confianza ofreciendo sacrificios a las deidades que habían causado el eclipse —Luna, Sol y Tierra—, y Aristandro anunció que el eclipse presagiaba la victoria sobre Persia en el mes en curso. Al desplazarse hacia el sur a través de la campiña fértil, Alejandro capturó a algunos jinetes persas y se enteró de que Darío estaba en posición de ataque no lejos de allí. Mandó hacer un alto durante cuatro días «para que sus hombres descansaran», fortificó el campamento base con un foso y una empalizada, y ubicó allí a los enfermos y el convoy de provisiones.

Los exploradores de Alejandro le informaron que el ejército de Darío estaba a unos once kilómetros de distancia, sobre el flanco opuesto de las colinas bajas. A fin de evitar el calor intenso, Alejandro salió durante la noche con su ejército dispuesto para la acción, atravesó las colinas y al amanecer se detuvo al ver al enemigo formado para la batalla, a unos cinco kilómetros sobre la planicie. Él ya había comentado este avance con sus comandantes. La mayoría le había aconsejado atacar de inmediato, pero «el consejo de Parmenio prevaleció»: llevar a cabo un reconocimiento minucioso. Cuando esto se hizo, Alejandro reunió a sus comandantes, los exhortó a luchar «por el dominio de toda Asia», e insistió en la importancia de obedecer las órdenes con inmediatez, precisión y en silencio. Se levantó un campamento para las bestias de carga que transportaban provisiones tan esenciales como la cebada para los caballos. El ejército comió su ración de la tarde, y las unidades durmieron en los puestos que ocuparían durante la batalla. Hacia el mediodía Alejandro comenzó la marcha hacia la llanura.

Darío había reunido en sus unidades étnicas la mejor caballería del Imperio desde Capadocia hasta Paquistán y los sacas de más allá de sus

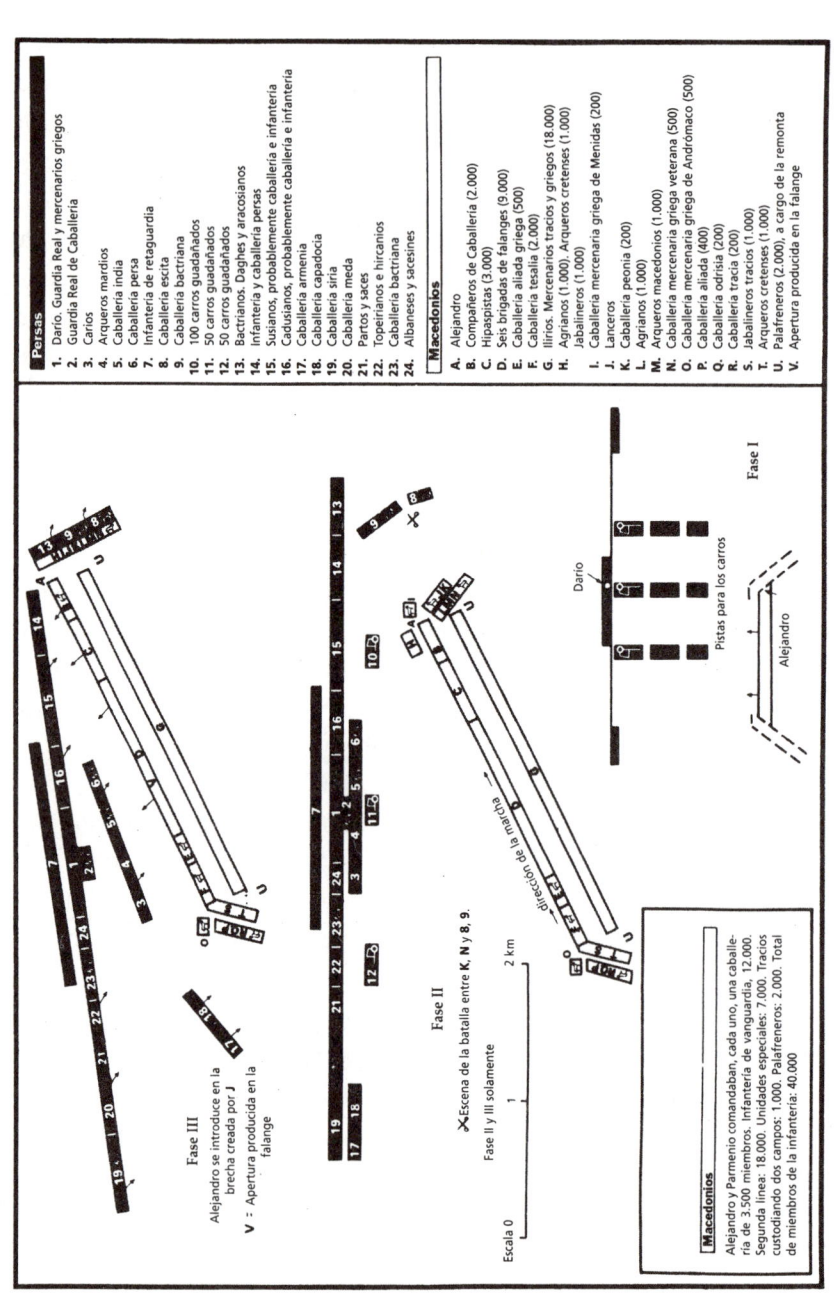

fronteras. Había armado algunas unidades con lanzas y espadas, pero la mayoría iba a luchar a su manera tradicional, con arcos, jabalinas y cimitarras. «Se dijo», escribió Arriano, que sumaban un total de 40.000 efectivos. Darío contaba con quince elefantes de la India, pero los había dejado en su campamento, probablemente porque sólo los caballos indios estaban entrenados para actuar con elefantes. Su infantería de elite consistía en unos 6.000 griegos mercenarios y 1.000 Guardias persas. Otros infantes apoyaban a sus unidades de caballería o formaban una reserva general. La más baja estimación de la infantería era de 400.000 efectivos, sin duda una cifra exagerada. Darío también poseía un arma nueva, el carro de guerra provisto de guadañas, con hojas de acero cortantes adosadas a las ruedas, el armazón y la lanza del yugo. Contaba con que una carga de 200 de estos carros de dos y cuatro caballos rompería la formación de la falange y expondría a los piqueros a un combate cuerpo a cuerpo, en el cual la pica sería más un estorbo que una ayuda.

Darío fue el primero en llegar al terreno de batalla deseado, un trecho llano de pastos y tierra arable. Abrió tres pistas para los carros armados de guadañas y dejó escarpias o piezas cortantes en algunos sitios para herir a los caballos del enemigo. Al enterarse de que Alejandro había salido de su campamento por la noche (del 29 de septiembre), Darío desplegó su ejército y lo mantuvo alerta para el caso de que Alejandro atacara al amanecer o poco después de despuntar el día. El enorme ejército permaneció en los puestos de combate durante todo el 30 de septiembre y la noche siguiente, hasta el 1 de octubre al mediodía, mientras que el ejército macedonio había descansado un día y dormido una noche en el campamento.

El 1 de octubre Darío se apostó en su terreno. El centro de su ejército consistía —desde la avanzada a la retaguardia— en 50 carros con guadañas, cuatro unidades étnicas (dos de caballería y probablemente dos de infantería); la Guardia Real de Caballería, toda la infantería de elite, que rodeaba a Darío montado en su carro y, finalmente, una segunda línea de infantería. El ala derecha guardaba el mismo orden, pues iba encabezada por 50 carros erizados de guadañas seguidos de nueve unidades étnicas de caballería, algunas apoyadas por infantes de su raza, y en la retaguardia una parte de la segunda línea de infantería. En el extremo derecho había un grupo de avanzada de dos unidades étnicas de caballería. El ala izquierda de las fuerzas contaba con 100 carros armados de guadañas, cinco unidades étnicas de caballería con infantería de apoyo de su misma raza y, sobre el extremo izquierdo, un grupo de avanzada de dos unidades étnicas de caballería (integradas por bactrianos y escitas). La segunda línea de infantería de la retaguardia servía de apoyo a sólo una unidad étnica de caballería. Darío esperaba que Alejandro realizaría un ataque frontal con una formación paralela a la suya, como en Iso; que los carros de guerra dispersarían a la falange de infantería; y que la superioridad numérica de su caballería no sólo rebasaría el flanco del ejército, más reducido, de Alejandro, sino que avanzaría a través de las brechas creadas por los carros con guadañas. Era un buen plan, pero sólo si Alejandro efectuaba su ataque de acuerdo con las expectativas de Darío.

El ejército de Alejandro avanzó en la llanura con una precisión perfecta, como en una formación de desfile. Al principio su línea de ataque era paralela a la de Darío y avanzaba de frente a la parte derecha y central de los persas, pero en un momento determinado se desvió hacia la derecha y avanzó hacia el enemigo en una formación oblicua, con el ala derecha adelantada y el ala izquierda retrasada (*véase* figura 13). Darío vio entonces que el ejército de Alejandro se desviaba de las pistas preparadas para los carros. En consecuencia, ordenó a los bactrianos y escitas que atacaran el flanco derecho de Alejandro y detuvieran su desplazamiento. Pero Alejandro contraatacó con un escuadrón tras otro, cada uno en formación de cuña, y mientras tanto siguió avanzando hacia el frente derecho de Darío, que envió sus carros armados de guadañas antes de que fuera demasiado tarde. Pero éstos demostraron ser ineficaces, ya que de acuerdo con las órdenes recibidas, los macedonios abrieron filas para dejarlos pasar, los lanzadores de jabalinas tracios y agrianos derribaron aurigas y cabalgaduras con sus jabalinas, y las tropas hicieron una batahola ensordecedora que espantó a los caballos de las cuadrigas y los desvió de su curso.

A estas alturas del combate la disposición de las fuerzas de Alejandro llegó a ser sumamente importante. En el frente y en el flanco de su línea derecha de avanzada tenía a los lanzadores de jabalinas agrianos y tracios, a los arqueros macedonios «infantes mercenarios griegos veteranos», —algunos de los cuales se enfrentaron con los carros «guadañados»—, y a los escuadrones de caballería, entre ellos los jinetes griegos mercenarios, los peonios y los lanceros; éstos emprendieron el contraataque como hemos visto. La línea continua estaba formada, a la derecha y la izquierda de Alejandro —que iba al frente de los escuadrones de los Compañeros de Caballería— por la Guardia Hipaspista, los otros hipaspistas, las seis brigadas de falangistas, y la caballería griega. Sobre la izquierda había en el frente una unidad integrada por jinetes mercenarios griegos; luego algunos jinetes griegos, la caballería de Odrisia y la caballería tracia; y en apoyo de ellos los lanzadores de jabalina tracios y los arqueros cretenses. Detrás de la falange principal marchaba una segunda falange de la misma longitud, formada por infantes mercenarios griegos, infantes ilirios y tracios. Esta segunda falange debía dar media vuelta si la caballería persa atacaba desde la retaguardia.

Mientras los carros «guadañados» emprendían su ataque, Darío ordenó un avance general y al mismo tiempo envió algunos jinetes persas para apoyar a los bactrianos y escitas vencidos. Alejandro ordenó a la última unidad que le protegía el flanco, los 600 lanceros, que cargaran contra la caballería enemiga en el punto donde estaba la fuerza principal persa. Cuando los lanceros se abrieron paso y crearon una brecha, Alejandro hizo girar su vanguardia noventa grados a la izquierda, formó una «cuña de infantes (hipaspistas) y Compañeros de Caballería», cargó con un resonante grito de batalla a través de la brecha, y marchó hacia la izquierda «en dirección al mismo Darío». En una lucha encarnizada, las largas lanzas de los Compañeros de Caballería y las picas erizadas de los hipaspistas se impusieron y, al verlos aproximarse, Darío, presa de pánico, huyó. El impetuoso ataque de la cuña de Alejandro se llevó a cabo en el momento preciso en que la caballería atacante del ala derecha persa estaba deteniendo el ala izquierda de la falange macedonia. Inevitablemente se produjo una brecha entre esa parte de la falange y las brigadas que estaban avanzando en línea con la cuña de Alejandro.

La brecha fue aprovechada por la caballería persa e india. Pero en lugar de girar sobre un flanco y atacar, cabalgaron hacia el campamento que sólo estaba custodiado por una pequeña fuerza de tracios. Una parte de la segunda línea de la falange inmovilizada dio la vuelta «como se le había ordenado hacer» y derrotó al enemigo en el campamento. Pero toda el ala izquierda, que estaba bajo el mando de Parmenio, se encontró en serias dificultades al ser atacada por todos los flancos, y tuvo que pedir ayuda a Alejandro. Si bien éste debió de haber tenido la tentación de perseguir a Darío, que huía, en lugar de eso hizo avanzar a sus escuadrones de Compañeros de Caballería hacia su izquierda para abrirse paso a través de la caballería persa del centro, que lo aguardaba en formación. Sesenta Compañeros cayeron. «Pero Alejandro también venció a estos enemigos.» Estaba a punto de atacar a la caballería del extremo derecho, cuando ésta se dispersó y huyó ante la carga impetuosa de los escuadrones tesalios. El grueso del enorme ejército imperial ahora estaba en fuga.

Alejandro y los Compañeros encabezaron la persecución, seguidos por las tropas de Parmenio. El objetivo era desmoralizar a la caballería enemiga. Cuando oscureció, Alejandro acampó hasta la medianoche. Mientras tanto Parmenio había tomado el campamento persa. De allí en adelante Alejandro condujo la persecución hasta Arbela, donde se incautó del tesoro y las posesiones de Darío. La persecución a lo largo de 110 kilómetros costó la vida de 100 hombres y 1.000 caballos, pero las bajas del enemigo garantizaban que Darío jamás volvería a formar un ejército imperial. En Arbela, Alejandro ofreció sacrificios en acción de gracias a los dioses y distribuyó recompensas. Fue aclamado como «rey de Asia» por los macedonios, que en el ardor de la victoria pretendían ganar toda el Asia para su rey. Él mismo proclamó su triunfo en una dedicatoria a Atenea de Lindo en Rodas, con sus propias palabras: «El rey Alejandro, después de haber vencido a Darío en batalla y de haberse convertido en Señor de Asia, ofrece un sacrificio a Atenea de Lindo de acuerdo con un oráculo.» Alejandro consideraba la derrota de Persia como un antecedente de la conquista de toda el Asia.

CAPÍTULO DIEZ

El avance hacia Persépolis y la situación en Grecia

1. Babilonia, Susa y la reorganización militar

Es importante comprender que la victoria de Gaugamela se debió tanto a los griegos como a los macedonios. Durante el lento avance hacia la llanura Alejandro dirigió a los griegos en su ala izquierda. Alzando la mano derecha en un gesto de súplica a los dioses, según Calístenes dijo: «Si en verdad desciendo de Zeus *(Diothen gegonos)*, proteged y dad fuerza a los griegos.» Se refería a los oráculos de dos ciudades griegas, que Calístenes dio a conocer, y que proclamaban a Alejandro «hijo de Zeus» y de «nacimiento eminente» (*véase* pág. 137). Él se dirigía a los griegos, no a los macedonios, y también apelaba a su propia fe, que parece haber estado justificada después por la victoria. Deseaba comunicar a «los griegos» (de la Paz Común) que la liberación (de Persia) era total y que las ciudades liberadas serían autónomas; y que él rendiría homenajes especiales a Platea y Crotona por su participación en las Grandes Guerras persas. Esa atención hacia los griegos era oportuna, porque sabía que existía un riesgo de alzamiento en el Peloponeso (*véase* pág. 140). Pero la comunicación de su anuncio fue lenta. Tardó quizá dos meses en llegar a través de un mensajero, y tres meses o más a través de las tropas que iban de Pella a Susa. Por eso las primeras noticias de la doble insurrección, en Tracia y el Peloponeso, no llegaron a Alejandro hasta fines de noviembre o comienzos de diciembre del año 331.

El primer fruto de la victoria fue Babilonia, la satrapía más rica del Imperio persa. El sátrapa Mazeo, que había comandado el ala derecha persa en la batalla de Gaugamela y había luchado con distinción, acudió a saludar a Alejandro y entregarle la ciudad de Babilonia. Mientras Alejandro, a la cabeza del ejército, se iba aproximando, los sacerdotes y el pueblo le daban la bienvenida, ofreciéndole presentes y cubriendo su camino con flores. Para los babilonios significaba el fin de doscientos años de ocupación persa, durante los cuales sus templos habían sido violados, por ejemplo, por Jerjes. Alejandro procedió como lo había hecho en Egipto. Ofreció sacrificios bajo la dirección de los sacerdotes de Baal, el dios supremo de los babilonios, siguió sus recomendaciones con respecto a los templos y ordenó a la población reparar los daños causados por Jerjes. Fue aceptado por los babilonios como un libertador y como un rey aprobado por Baal.

En sus disposiciones para la administración de Babilonia, Alejandro adjudicó las funciones militares, financieras y civiles a diferentes oficiales. Al principio, Apolodoro comandó a 700 macedonios y quizás a 1.300 mercenarios griegos, y Asclepiodoro estuvo a cargo de la recaudación tributaria. Como gobernador civil, «sátrapa», Alejandro confirmó en el cargo al persa Mazeo. Esto debió de haber sorprendido a los macedonios, ya que estaban en guerra con Persia. Era como si el rey Jorge IV, después de la batalla de El Alamein, hubiera designado a Rommel virrey de la India. ¿Cuál fue el motivo de Alejandro? Él siempre había honrado a los persas que por su voluntad se habían incorporado a su servicio —y había insistido en esto en su correspondencia con Darío— y los había tratado de «una manera digna de su rango», lo cual significaba que eran persas de cierta categoría. Un ejemplo que viene al caso es el de Mitrenes, que se había rendido junto con la ciudad de Sardes (*véase* pág. 102). Alejandro lo designó sátrapa de Armenia, indicando con eso que Mazeo no era una excepción. Esta política condujo a la toma pacífica de Susa, ya que en su marcha hacia ella, Alejandro se encontró con un hijo del sátrapa persa de Susiana, Abulites, quien le ofreció la rendición. Eso trajo buenos frutos: en Susa, Alejandro se apoderó de un tesoro que llegaba a los 50.000 talentos de plata. Alejandro confirmó a Abulites en su cargo como sátrapa. Por su parte, Mazeo, Mitrenes y Abulites debieron de haber aceptado el control de Alejandro como rey de Asia. En esa época tenía cautiva a la familia real persa, que también fue tratada como realeza. Consideraremos el significado de esto más adelante (*véase* pág. 153).

Mientras el ejército se recuperaba durante un mes en los cuarteles de invierno cerca de Babilonia, Alejandro distribuyó una gratificación de 600 dracmas *per cápita* a los jinetes macedonios, de 500 a los jinetes griegos, de 200 a los infantes macedonios, dos pagas mensuales a los mercenarios griegos y pagos similares a los jinetes balcánicos y a los infantes griegos y balcánicos. Cuando condujo el ejército en la prolongada marcha hacia Susa, se encontró con Amintas y con los refuerzos que esperaba (*véase* pág. 140). Estos refuerzos sumaban 500 jinetes y 6.000 infantes macedonios, 600 jinetes y 3.500 infantes tracios y, «del Peloponeso», 380 jinetes y 4.000 infantes, todos mercenarios griegos. El total de unos 15.000 hombres se puede comparar con los 37.000 hombres que cruzaron el Helesponto en 334.

El número de infantes macedonios es de particular interés. La vanguardia de Filipo en Asia incluía a lo sumo 3.000 infantes en dos brigadas; Alejandro entró en Asia con 12.000 y recibió 3.000 más en Gordio. Con los 6.000 nuevos macedonios estaba en condiciones de completar su dotación de 12.000 (en tres brigadas de hipaspistas y seis brigadas de falangistas) y agregar una nueva brigada de 1.500 falangistas. Por eso dejaron de servir en la línea del frente 4.500 hombres. Los caídos en combate se contaron por cientos en lugar de por miles. Una gran parte de los 4.500 hombres estaban apostados en las nuevas ciudades desde Egea hasta Alejandría. Ocasionalmente se asignaban guerreros macedonios a una guarnición, pero cuando el peligro pasaba eran convocados nuevamente al servicio activo. Al recibir su último refuerzo, Alejandro estuvo en condiciones de asignar 1.000 macedonios que rebasaban la edad requerida *(aetate graves)* como guarnición de la ciudadela de Susa. Las cifras correspondientes para los Compañeros de Caballería, si suponemos que había un escuadrón en la vanguardia de Filipo, eran de 200, 1.800, 300 y 500, lo cual da un total de 2.800 hombres. De este cuerpo dejaron de servir en la línea del frente 1.000 hombres, poco más o menos.

¿Acaso Alejandro había llevado demasiados hombres desde Macedonia? Se debió de hacer esta pregunta cuando en Susa recibió la noticia de que Agis, rey de Esparta, con su propio ejército y unos 10.000 mercenarios contratados con el oro persa, había derrotado a una fuerza macedonia en el Peloponeso y luego había obtenido el apoyo de Elis y de la mayor parte de Arcadia y Acaya. También había habido un alzamiento en Tracia, del cual se había hecho responsable al general que mandaba en Tracia, Memnon, pero Antípater, reuniendo todas sus fuerzas, lo había intimidado y había conseguido un acuerdo. Todo lo que Alejandro pudo hacer en Susa, en diciembre del año 331, fue enviar 3.000 talentos que no llegarían a manos de Antípater por lo menos hasta finales de febrero; y comunicar a los atenienses que les enviaría las estatuas de Harmodio y Aristogeiton que Jerjes había trasladado. Probablemente, Antípater fue capaz de mantener el ejército de 12.000 falangistas y 1.500 jinetes que Alejandro le había dejado en 334, ya que éste no había recibido refuerzos de ninguna tropa de Antípater sino específicamente jóvenes, es decir de la milicia.

En Susa, Alejandro presidió un festival tradicional con un sacrificio, una carrera de antorchas y certámenes atléticos para sus macedonios. Dejó a la madre de Darío, a sus hijas y a su heredero en Susa y designó maestros para que les enseñaran el idioma griego. Todavía eran tratados como miembros de la realeza. Las luchas que se avecinaban en Persis y Media tomarían la forma de una guerra de montaña en lugar de un choque de dos grupos. Teniendo esto en cuenta y después de haber transferido a los 1.000 macedonios veteranos a las guarniciones, Alejandro promovió a los hombres que se habían distinguido en las pruebas de coraje, y formó nuevas unidades, que no venían, empero, a sustituir las unidades tradicionales: concretamente compañías de Compañeros de Caballería de 75 a 100 jinetes, y ocho comandos de infantería de 1.000 hombres cada uno (pero no escogidos de la Guardia Real ni de los hipaspistas). Estos efectivos fueron entrenados en el uso apropiado de las armas y tácticas para la guerra de montaña. Los comandos se desplegaron primero contra los ucsos, en el sudeste de Susa, con un efecto tan devastador que el comandante persa, Medates, capituló y fue perdonado, y los ucsos sometidos de allí en adelante tuvieron que pagar como tributo 600 caballos y mulas, y 30.000 vacas, cabras y ovejas por año. Según parece, en la reorganización de la caballería los escuadrones peonios y tracios, originalmente de 150 hombres cada uno, fueron desintegrados, y los soldados fueron asignados a los lanceros, ya que estas unidades ligeras debieron de haber sufrido numerosas bajas en la batalla de Gaugamela.

Junto con los refuerzos, Antípater envió a Alejandro «cincuenta hijos adultos de los Amigos de Alejandro para que actuaran como sus escoltas». Se trataba de un grupo admitido en los Pajes Reales (*véase* pág. 22). Ahora iban a pasar su último año recibiendo las enseñanzas de Calístenes y otros filósofos de la corte y servirían como asistentes del rey. Alejandro probablemente les hiciera saber que sus sucesores cada año servirían del mismo modo en su corte. Para los macedonios éste era un asunto de capital importancia. ¿Dónde debía estar el centro de su sociedad? ¿En Pella o en una corte móvil en Asia? Ya existía una dicotomía en el hecho de que Alejandro fuera «rey de los macedonios» y «rey de Asia»; y además su posición como rey de los macedonios estaba fragmentada porque su delegado actuaba en Macedonia como jefe de estado y él actuaba como jefe de estado dondequiera que estuviera en Asia. El traslado de los Pajes Reales a Asia debió de haber inclinado la balanza, ya que después de su graduación estos ex Pajes y sus sucesores cada año iban a iniciar su carrera no en Macedonia sino en Asia. ¿Por qué Alejandro decidió el traslado? Presumiblemente sintió la necesidad de consolidar su posición constitucional en Asia como rey de los macedonios, y ejercer su influencia sobre aquellos que más tarde serían hombres prominentes en su reino. Pero ponía en peligro las estrechas relaciones que en ese tiempo mantenía con los macedonios en Asia y especialmente con los Amigos y Compañeros.

2. Persépolis y el futuro de Persia

La ruta directa a Persépolis estaba bloqueada por una gran fuerza persa, que controlaba las «Puertas de Persia», un estrecho desfiladero de diez kilómetros de largo entre altas montañas. Un ataque frontal había fracasado con algunas bajas. Alejandro replegó sus fuerzas que consistían en los Compañeros de Caballería, los lanceros, la mayoría de la infantería macedonia, los agrianos y los arqueros —en realidad, lo más selecto del ejército— y montó una operación nocturna más osada. Cratero instaló el campamento con una pequeña fuerza y engañó al enemigo manteniendo muchas hogueras encendidas. Alejandro llevó consigo al cuerpo principal por una ruta sinuosa a través de un campo arbolado. Alrededor de la medianoche lo dividió en dos partes: una, formada por la mayoría de la caballería y parte de la infantería, iba a cruzar el río Araxes (Pulvar) entre la posición persa y Persépolis, y el resto, bajo el mando de Alejandro, alcanzaría la posición persa antes del amanecer. Todo dependía de la sorpresa. Alejandro capturó o dispersó tres puestos de guardia, rebasó sin ser advertido el campamento persa, y con un toque de corneta convocó a las tropas bajo el mando de Cratero que, como habían convenido, libró un ataque frontal. La fuerza persa en completo desorden fue aniquilada, por así decirlo, entre el martillo y el yunque. Los Compañeros de Caballería y los sobrevivientes de la fuerza persa emprendieron una carrera hacia Persépolis, de la cual Alejandro salió triunfante. Entró en la ciudad al frente de sus hombres y se apoderó de la ciudadela y del tesoro intacto. La maniobra en su totalidad fue brillante, y el premio fue el corazón del Imperio persa: la capital de Darío I y de Jerjes.

Al llegar a Persépolis en enero de 331 con sus macedonios (ya que el grueso del ejército y el convoy de provisiones, que seguían una ruta más lenta, todavía estaban en camino), Alejandro envió un comando para apoderarse del tesoro en Pasargada, la antigua capital; designó a un persa como sátrapa de Persis y convocó a un grupo de Amigos y Comandantes para discutir qué procedimientos debía seguir en Persépolis. Arriano, siguiendo los relatos de Tolomeo y Aristóbulo, informa sobre una diferencia de opinión entre Alejandro y su Amigo de más rango, Parmenio. Alejandro propuso incendiar el palacio de Darío y Jerjes en represalia por sus actos de sacrilegio contra los dioses griegos (Estrabón mencionó el mismo motivo). Es obvio que este incendio sería una impresionante demostración de que los griegos habían triunfado. La llegada de las noticias a Grecia, en marzo de 330, alentaría a los estados griegos a mantenerse firmes frente a Esparta y los rebeldes del Peloponeso. Pero Parmenio se opuso a la propuesta. Pensaba que eso los enemistaría con los persas, quienes verían a los macedonios meramente como conquistadores y devastadores.

Pero Alejandro llevó a cabo su propuesta. Después de haber retirado el tesoro, premió a los macedonios por su dura lucha dejándolos saquear el palacio, la sala del trono y las arcas reales, y luego incendió el palacio, que quedó reducido a una pila de ladrillos y escombros quemados. Las excavaciones han revelado dos hechos: el saqueo fue tan precipitado que muchos pequeños objetos de oro y piedras preciosas fueron dejados en el suelo, y el incendio fue tan inmediato que esos objetos no se pudieron recuperar y quedaron sepultados bajo los escombros chamuscados. Cuando llegaron las tropas griegas, la acción se había llevado a cabo. Pero Cleitarco, para complacer a los griegos, inventó la historia sensacionalista de que en una reunión de borrachos una prostituta ateniense llamada Tais había propuesto el incendio y empuñado la antorcha, secundada por el ebrio Alejandro. Pero las excavaciones han demostrado más allá de toda duda que el incendio no fue un acto impremeditado o casual.

El grueso del ejército permaneció durante unos cuatro meses en Persépolis (la ciudad no había sido afectada por el incendio del palacio), pero en marzo Alejandro condujo una fuerza selecta hacia las montañas al sur de Persépolis, donde bajo un frío extremo, tomó Mardia y sometió a sus habitantes y otras tribus. La campaña duró un mes, con Alejandro al mando casi todo el tiempo. Confirmó en el puesto al sátrapa persa de Carmania, quien aceptó su autoridad después de la expedición contra Mardia.

En mayo, cuando conducía su ejército hacia el norte, dejó una guarnición de sólo 3.000 macedonios en Persépolis. Evidentemente, estaba seguro de que los persas no se alzarían y crearían un segundo frente mientras Darío tenía un ejército en Media, adonde ahora iba a entrar Alejandro. Los motivos de esa seguridad merecen consideración. Desde la caída de Sardes en adelante, Alejandro había acogido en su entorno a todos los sátrapas y gobernadores persas que se habían rendido y aceptado su régimen. Les había otorgado a ellos y a sus séquitos los mismos privilegios que tenían bajo el régimen persa, ya fueran caballeros, cortesanos o administradores. En el año 332, cuando murió la esposa de Darío, Alejandro le dedicó un funeral según el rito persa, que fue conducido por los principales integrantes de su corte. Las relaciones de Alejandro con la madre de Darío, Sisigambis, eran particularmente respetuosas; de hecho, se dijo que por petición de ella había tratado indulgentemente a los ucsos. Cuando durante la campaña en Susa le asignó un rango real a la familia de Darío, le estaba dando el tratamiento de casa real de Persia; lo mismo que cuando dispuso la educación del hijo de ocho años de Darío, Ocos, en Susa, lo estaba considerando el probable heredero al trono de Persia. Y la tumba del héroe nacional de Persia, Ciro el Grande, en Pasargada fue restaurada por orden de Alejandro.

Estas medidas demostraban que Alejandro no pretendía privar de su posición a la familia real ni a los principales estadistas de Persia. Al designar a individuos persas como sátrapas de las zonas derrotadas, Susiana y Persis, mostraba que éstas iban a ser estados autónomos dentro del reino asiático de Alejandro, no menos que Egipto y Babilonia. Aún más notable fue el nombramiento de persas como sátrapas de Babilonia, Armenia y Carmania, después de que fueran liberadas del régimen persa. Esto sólo podía significar que él pretendía que los persas participaran en la administración de su reino. Además, decidió llevar a cabo esta política cuando Darío todavía estaba en guerra al frente de un ejército en Media.

La política de Alejandro contrasta con la de Roma después de la derrota de Macedonia en la batalla de Pidna, que se puede resumir como un saqueo, una repartición y un empobrecimiento despiadado, la exhibición pública de la familia real encadenada en Roma y la prolongada agonía de Perseo en prisión. El único antecedente en la historia pasada de una política indulgente hacia un estado o estados derrotados fue la de Filipo después de la batalla de Queronea. La historia posterior, ya sea en Europa o en Asia, no registra nada semejante.

3. La situación en Grecia

Mientras Alejandro pasaba el invierno en Persépolis, se enteró de que sólo Arcadia y Elis habían desertado de la Comunidad Griega, y que sus fuerzas bajo el mando de Esparta no habían avanzado hacia la Grecia central sino que habían puesto sitio a Megalópolis en Arcadia. Para la Comunidad Griega, la decisión de Atenas era de importancia crucial. Si ésta permanecía leal a la Paz Común, debía estar dispuesta a reforzar con su flota la talasocracia de Macedonia en el mar Egeo, y a enfrentarse con su ejército a toda fuerza armada que avanzara desde el istmo hacia la Grecia central, donde Esparta podía contar con el apoyo de otros estados. Por otro lado, si Atenas se unía a Esparta, tripulando 200 naves de guerra y suministrando embarcaciones para todos los aliados navales, podría desafiar a la flota macedonia, como iba a hacer después de la muerte de Alejandro, y su ejército podría unirse a la coalición espartana e invadir Macedonia. En la Asamblea, Esquines y Demades abogaron por la lealtad, en cambio Demóstenes pretendía unirse a Esparta y enviar la flota. De haberse dado el último caso, Alejandro quizá se habría visto obligado a detener su avance en Persia y enviar refuerzos de su ejército a Macedonia. Sin embargo, la Asamblea decidió no emprender ninguna acción, como Alejandro había previsto, ya que él «había favorecido a Atenas más que a ningún otro estado griego». Una vez que Antípater se enteró de la decisión de Atenas, pudo asegurarle a Alejandro que, en vista del enorme subsidio que había obtenido, sólo era cuestión de reunir suficientes fuerzas para aplastar a Esparta y sus aliados. Esta confirmación pudo haber llegado a Alejandro cuando estaba en Persépolis y lo alentó a avanzar hacia Media, en el mes de mayo.

Si bien Alejandro en ese momento lo ignoraba, Antípater marchó sin oposición sobre el Peloponeso a finales de abril o mayo. Su ejército, que se calculó en 40.000 efectivos, consistía al menos en 1.500 jinetes y 12.000 infantes macedonios, contingentes de aquellos estados que respaldaban activamente la Paz Común (pero ninguno de Atenas), tropas balcánicas y quizás algunos mercenarios. Agis, el rey de Esparta, comandaba 2.000 jinetes, 20.000 ciudadanos hoplitas y 10.000 mercenarios griegos, contratados con el oro persa. La batalla decisiva se libró cerca de Megalópolis. Según un relato, las bajas de Esparta y sus aliados fueron de 5.300, y las de Antípater más de 1.000 con muchos heridos. Se dijo que las bajas de Macedonia habían suscitado el comentario de Alejandro de que había sido una «guerra de cobardes», ya que las batallas que él dirigía habían costado pocas vidas macedonias. Pero Antípater había hecho bien los cálculos. Sus enemigos capitularon sin condiciones. ¿Serían esclavizados como lo había sido Tebas en 335? Después de haber comandado las fuerzas conjuntas como *hegemon* delegado de los griegos, Antípater le pidió «al Consejo Común de los Griegos» que decidiera sobre los términos. Estaba actuando como Alejandro lo había hecho en 335. El Consejo impuso a Arcadia y Elis una indemnización de 120 talentos, que debería ser pagada a Megalópolis, y arrestó a sus líderes por haber violado la carta de la Paz Común. Sin duda, más tarde fueron sometidos a juicio. El hecho de que hubieran concedido términos tan moderados sin esperar la opinión del *hegemon* es un indicio de la independencia del Consejo.

Esparta no había sido miembro de la Paz Común. Se había opuesto permanentemente a Macedonia, y en esta ocasión había intentado crear una coalición bajo su propio liderazgo sobre lo que hoy llamamos la Liga del Peloponeso. En consecuencia, el Consejo de la Paz Común procedió correctamente al someter la decisión acerca del destino de Esparta a Macedonia. Antípater ya había tomado cincuenta espartanos prominentes como rehenes, y en el verano de 330 los envió junto con una delegación espartana a Alejandro. Pasarían cuatro meses antes de que la decisión de Alejandro se conociera en Grecia. Mientras tanto, en Atenas, la Asamblea eligió al general Foción y aprobó las propuestas de Demades, que significaban la aceptación de la Paz Común y la alianza con Macedonia. Pero dos veredictos en los Tribunales de Justicia mostraron que el pueblo anhelaba los días de soberanía ilimitada, lo cual implicaba el retiro de la Comunidad Griega. Cuando Licurgo enjuició a Leócrates por haber abandonado Atenas después de la derrota de Queronea y pidió la sentencia de muerte, los votos del jurado estuvieron divididos en partes iguales. Probablemente en agosto Esquines promovió el enjuiciamiento de Ctesifonte, quien a comienzos del año 336 había propuesto coronar a Demóstenes por sus servicios a Atenas pero había sido acusado de emplear un procedimiento ilegal. Ahora Esquines trataba de sacar ventaja de la situación vigente. «En unos pocos días —dijo—, el Consejo de los Griegos se reunirá... y si coronáis a Demóstenes, será visto como si fuerais de la misma opinión de aquellos que han violado la Paz Común.» Pero Demóstenes en su discurso «Sobre la Corona» defendió toda su carrera política. Esquines no logró obtener ni siquiera un quinto de los votos del jurado y dejó Atenas para nunca más volver.

Fue probablemente poco después del juicio cuando las fuerzas de la Comunidad Griega que habían derrotado a Persia regresaron a casa y se jactaron de sus victorias y de la generosa paga y gratificación que habían recibido de Alejandro. También comentaron que esto proporcionaría a los griegos buenas oportunidades de desarrollar el comercio y poblar las ciudades fundadas por Alejandro. El abismo que había existido entre el suelo patrio y «los confines del mundo» se había cerrado. Es probable que los guerreros recién llegados hubieran fomentado el respaldo a la Comunidad Griega en sus estados respectivos. Alejandro podía estar seguro de que el Consejo de la Comunidad Griega controlaría la situación de la Grecia continental en los años venideros.

CAPÍTULO ONCE

La muerte de Darío y la decisión de avanzar hacia el este

1. La marcha hacia Ecbatana y la persecución de Darío

Darío había pasado siete meses sin contratiempos en Media, que constituía una parte importante de la nación persa, y había estado en contacto con sus súbditos del este, de Armenia a Bactria. Pero no había logrado reunir un ejército comparable al que había combatido en Gaugamela, en parte porque la derrota había socavado su autoridad y en parte porque la política liberal de Alejandro, por ejemplo en Babilonia y Persis, ofrecía una alternativa aceptable al dominio persa. Sin embargo, Alejandro no estaba al tanto de este fracaso cuando en mayo avanzó desde Persis con todo su ejército. Pudo superar la resistencia en Paretacene y designó a un persa como sátrapa. Cuando estaba a doce días de marcha de Media desde la frontera, recibió un informe de que Darío había decidido quedarse y combatir; su ejército sería reforzado por los aliados escitas y cadusianos. Alejandro avanzó, preparado para la batalla, mientras los convoyes de pertrechos y provisiones iban a seguir con sus guardias. Pero el informe resultó ser falso. Los aliados de Darío no habían llegado, y él se estaba retirando de Media. «Alejandro avanzó lo más rápido posible» hacia la ciudad capital, Ecbatana (Hamadán). En el camino se encontró con Bistanes, un hijo de Artajerjes Ocos (el predecesor de Darío en el trono persa). Su sumisión fue un indicio de que los aristócratas persas estaban aceptando el régimen de Alejandro como rey de Asia. Además, Bistanes le informó que Darío había huido con 7.000 talentos y un ejército de sólo 3.000 jinetes y 6.000 infantes.

Ahora, Alejandro sabía que no necesitaba de todo su ejército para librar una batalla en el futuro cercano. Al entrar en Ecbatana, la última de las tres capitales persas, Alejandro, como *hegemon*, puso fin a la guerra de la Comunidad Griega contra Persia; ya que las fuerzas griegas habían alcanzado sus objetivos —la liberación de las ciudades griegas en Asia y la revancha sobre Persia (*véase* pág. 92)— y no tenían interés en ganar el reino de Asia para Alejandro. Además de la paga total a su llegada a Eubea en Grecia, y de ser transportados desde Cilicia en trirremes, cada jinete recibió una gratificación de un talento y cada infante de un sexto de un talento. Alejandro les obsequió con presentes a todos ellos, y fueron escoltados en su ruta hacia la costa. Los caballeros que voluntariamente habían servido en las fuerzas macedonias recibieron un donativo. Se dijo que el desembolso total fue de 12.000 talentos. La merma de sus fuerzas se pudo salvar parcialmente mediante la contratación de 6.000 mercenarios, que provenían del Egeo por vía de Cilicia, bajo el comando de un general mercenario ateniense.

Alejandro trasladó su base de operaciones de Persépolis a Ecbatana. El palacio no fue destruido, pero gran parte de sus tejas de plata y el enmaderado dorado y plateado fue saqueado por «Alejandro y sus macedonios». Harpalo fue el funcionario de finanzas encargado de guardar el tesoro acumulado, que se calculó en unos 180.000 talentos y sería conservado en la ciudadela. La guarnición era de unos 6.000 macedonios (de ellos, 3.000 habían venido de Persépolis), y al principio Parmenio estuvo al mando de los mismos. Alejandro planeó tres operaciones bélicas. Una fuerza de tracios, mercenarios y caballería ligera bajo el mando de Parmenio haría una campaña en Cadusia e Hircania. En una fecha posterior, los 6.000 macedonios iban a seguir la ruta persa hacia Partia, donde se reunirían con Alejandro. Esta fuerza iba a estar bajo el mando de Cleitus, quien había caído enfermo en Susa, e iba a trasladarse a Ecbatana. Alejandro emprendió la persecución inmediata de Darío. Llevó con él a los Compañeros de Caballería, los exploradores y la caballería mercenaria, los hipaspistas, el resto de los falangistas, los arqueros y los agrianos.

Alejandro avanzaba a un ritmo tal que, durante los primeros diez días, los infantes se desvanecían y los caballos caían exhaustos. Esperaba capturar a Darío al oeste de las Abras del Caspio (los desfiladeros de Sialek y Sardar), pero Darío se adelantó y atravesó las Abras. Alejandro se detuvo junto a Rhaga (cerca de Teherán), donde sus tropas descansaron durante cinco días. Designó como sátrapa de Media al persa Oxidates, que había sido apresado por Darío en Susa y liberado por los macedonios. Desde Rhaga pasó a través de las Abras del Caspio e hizo un alto en

Coarene al borde del desierto. Allí Bagistanes, un babilonio distinguido, y Antibelo, un hijo de Mazeo, llegaron desde el campamento de Darío para informar que éste había sido arrestado —en otras palabras, depuesto— por tres persas prominentes (Nabarzanes, Beso y Barsentes). Podría pensarse que Darío ya no tenía ninguna importancia y que los tres persas eran los enemigos que había que perseguir (como ocurrió algunos meses más tarde). Pero Alejandro hizo un esfuerzo sobrehumano para apoderarse de Darío.

Llevando consigo a los Compañeros de Caballería, los exploradores y los infantes más aptos con raciones para dos días, marchó velozmente toda la noche y la mañana siguiente hasta el mediodía, reanudando la marcha esa tarde hasta el día siguiente, en que llegó a un campamento abandonado y se enteró de que el enemigo se había dividido en dos grupos: Artabaces con sus hijos y los mercenarios griegos se habían dirigido hacia las colinas, y Beso había quedado al mando del resto, incluyendo a Darío, que estaba bajo arresto. «Ya sus hombres y sus cabalgaduras estaban exhaustos por las privaciones continuas, pero él los condujo cubriendo una gran distancia esa noche y el día siguiente hasta el mediodía.» Ahora estaba en el campamento que Beso había ocupado la noche anterior, y se enteró por los aldeanos de que en adelante les esperaba una gran escasez de agua a través de un territorio árido. Seleccionó a los 500 hombres más aptos, los hizo montar y cargar sus armas de infantería. El resto iba a seguir la ruta tomada por Beso. A la cabeza de su fuerza selecta, esa noche Alejandro cubrió unos 74 kilómetros, y al amanecer cargó sobre el enemigo que marchaba sin armas. Sólo unos pocos resistieron su ataque. Beso y sus partidarios intentaron escapar con Darío en un carretón cerrado, pero cuando Alejandro perseguía a Satibarzanes y Barsentes, éstos atravesaron con sus lanzas a Darío y huyeron con 600 jinetes. Darío estaba muerto cuando Alejandro llegó hasta el carretón en un día de julio de 330.

Este relato de Arriano, que sigue las referencias proporcionadas por Tolomeo y Aristóbulo, es más creíble que el de otros escritores, ya que Tolomeo basó sus datos en el registro cotidiano de las acciones de Alejandro en el *Diario*. ¿Por qué Alejandro haría este esfuerzo supremo para capturar vivo a Darío? La respuesta probable es que deseaba que Darío y su familia continuaran reinando como la casa real sobre los medas y persas, pero bajo la autoridad de Alejandro como rey de Asia. Se decía que Darío tenía un gran encanto personal, y que podría haber sido aceptado por los nobles persas del entorno de Alejandro. No se ha ofrecido ninguna otra explicación. Como consta, Alejandro hizo todo lo posible para conciliar los puntos de vista persas. Por orden de Alejandro, Darío tuvo un funeral real en Persépolis. Sisigambis condujo las honras fúnebres, y Alejandro lamentó su muerte. Por otro lado, siguió tratando a Sisigambis y su familia como la casa real de los medas y los persas. Alejandro jamás reclamó su trono: «Él no se proclamó Rey de Reyes.» Su reino era «la totalidad de Asia».

2. El concepto de Alejandro sobre Asia
y los preparativos para el avance hacia el este

Alejandro había derivado su concepto de «Asia» de las enseñanzas de Aristóteles, para quien la «tierra habitada» estaba rodeada por el Gran Mar, el Océano, y estaba dividida en tres áreas: Europa, Libia y Asia. De manera que la Tierra no era redonda sino plana, y Asia estaba limitada hacia el oeste por el Tanais (río Don), el mar interior y el Nilo, y hacia el este por la India y el Gran Mar (*véase* figura 15). La base del conocimiento de Aristóteles y su idea de la escala resultan evidentes en el siguiente párrafo:

> A juzgar por lo que se conoce de los viajes por mar y tierra, la longitud (de la tierra habitada) es mucho mayor que la anchura; en efecto, la distancia desde las columnas de Hércules (en Cádiz) hasta la India excede a la de Etiopía (Sudán) hasta el lago Meotis (mar de Azov) y la parte más alejada de Escitia en una proporción de más de cinco a tres. (Aristóteles, *Meteorologica*, 362b 19-23.)

Cuando Aristóteles escribió este párrafo, podría haberse beneficiado de los primeros viajes de Alejandro por tierra, especialmente de la expedición a Etiopía (*véase* pág. 139); ya que los agrimensores *(bematistai)* y científicos que Alejandro llevó consigo a Asia enviaron informes sobre la distancia, clima, flora, fauna y ecología humana y animal a la Escuela de Aristóteles en Atenas. Sin embargo, Aristóteles todavía no sabía que cometía un error al suponer que desde la cima del Parapamiso (Hindukush) se vería el «mar exterior» y que la «India» era una pequeña península que se extendía hacia el este de ese mar. Por lo tanto, podemos atribuir el párrafo citado a un período anterior a la invasión de Alejandro del valle del Indo. Esto da un panorama claro de las creencias de

Alejandro en julio del año 330, cuando tuvo que decidir si aceptar a Partia como su frontera oriental o conquistar el resto de Asia.

Hacia julio del año 330 Alejandro sabía que Antípater había derrotado a Esparta y confirmado la autoridad del Consejo de la Comunidad Griega sobre la Grecia continental, y que la talasocracia macedonia en el Mediterráneo oriental y en el mar Negro era indisputable. Su autoridad como rey de Asia había sido aceptada en Egipto y Asia occidental, y su política de cooperación con la clase gobernante en Persis y Media parecía haber tenido éxito. Sus fuerzas macedonias estaban disponibles para una nueva conquista, ya que no se les exigía servir como «ejércitos de ocupación» ni como guarniciones de apoyo de los gobiernos impuestos, ni en Europa ni en Asia. Por lo tanto, si Alejandro recapacitaba sobre lo que había logrado en cuatro años en Asia, no había nada que le impidiera pensar que tenía las manos libres para una nueva aventura.

Las consideraciones prácticas no eran los únicos factores que Alejandro tenía en cuenta. Al principio había aceptado que Asia, el don de los dioses, debía ganarse por la espada (*véase* pág. 112), y su avance había estado marcado por expresiones favorables de los dioses en Sardes, Gordio, Eritrea, Dídima, Siwa y Gaugamela. Por eso su fe le exigía convertirse en «Señor de Asia» como había predicho en la dedicatoria que había hecho a Atenea de Lindo en Rodas (*véase* pág. 146), y no tenía dudas de que con el favor constante de los dioses tendría éxito en cualquier cosa que emprendiera en Asia. Fue esta convicción lo que le hizo superar varias crisis en los años siguientes.

La cooperación voluntaria de los macedonios era el primer requisito para el éxito de sus planes. En el clamor de la victoria en Gaugamela, ellos lo habían elegido «rey de Asia» y él pretendía que mantuvieran su palabra. Cuando las tropas griegas regresaron a su patria desde Ecbatana, los macedonios quizás albergaran la esperanza de volver a su vez. Sin duda esta esperanza se acrecentó cuando finalizó la persecución de Darío, y los macedonios —2.000 Compañeros de Caballería, 3.000 hipaspistas y 2.000 falangistas— descansaron con Alejandro cerca de Hecatompilos, en Partia. Pero Alejandro les habló en una Asamblea. Un resumen de sus argumentos fue entregado en una *Carta* a Antípater que más tarde leyó Plutarco (*Alejandro* 47.1-3). Regresar a la patria sería dejar a Asia en la confusión, y exponerse a un contraataque de los asiáticos. Manifestó que quien quisiera abandonar a su rey lo hiciera ahora, cuando estaba ganando el mundo habitado para su nación, y que él continuaría con sus Amigos y una fuerza de voluntarios. La respuesta

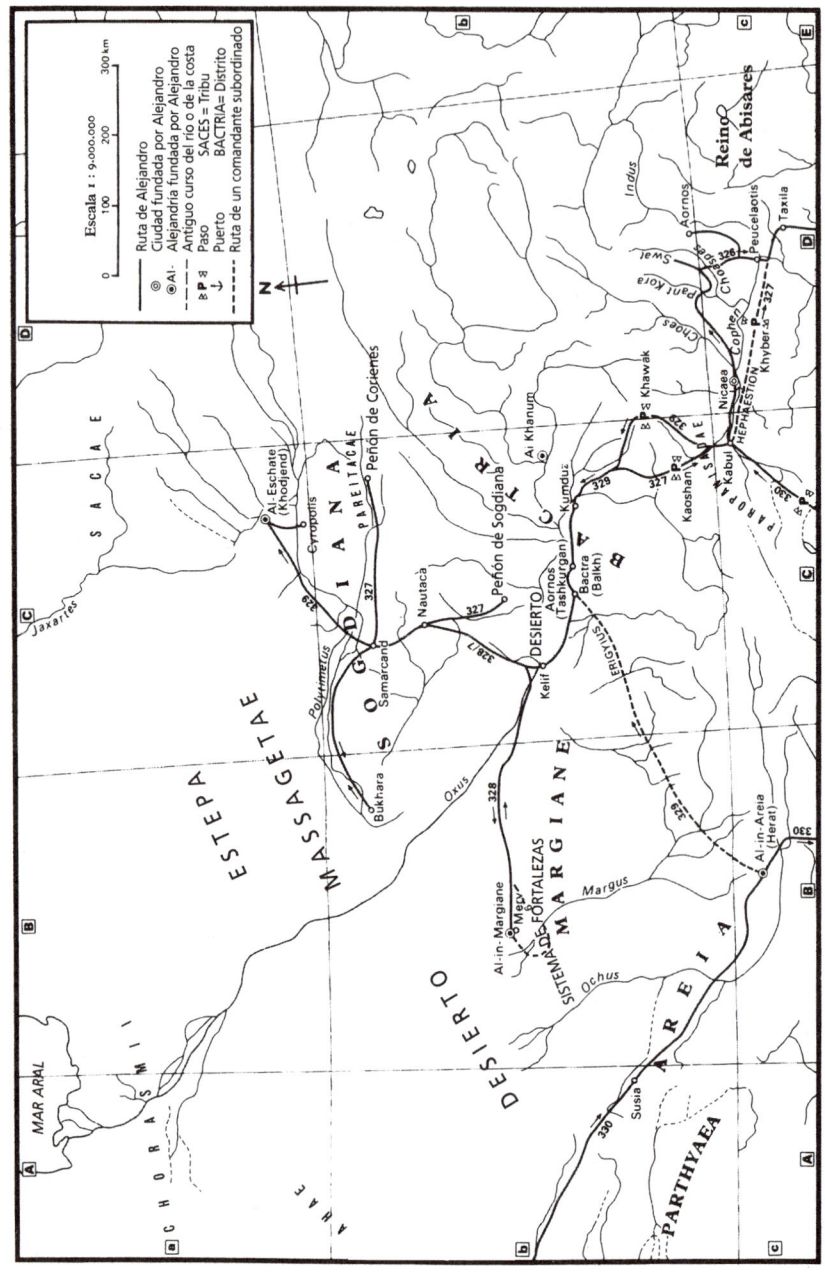

fue inmediata: se dejaron conducir a todas partes en la tierra habitada que él anhelaba.

El reemplazo de las tropas de la Comunidad Griega era otro requisito. Los 2.000 o más jinetes, y en particular los tesalios, habían tenido una excelente actuación. Alejandro no podría haber ganado sus tres series de batallas sin ellos. Los 7.000 infantes, junto con la caballería, habían llevado a cabo acciones importantes bajo el mando de Parmenio, por ejemplo en la llanura de Anatolia y en la costa, desde Tarso hasta el Pilar de Jonás. Dado que ya habían servido como tropas de guarnición y tropas de apoyo, todos los macedonios habían estado en condiciones de combatir en la primera línea. Como era habitual, Alejandro había previsto la necesidad de proporcionar reemplazos para esas tropas griegas entrenando a jóvenes asiáticos en Lidia, Licia, Siria y Egipto. En otoño de 330 se le unieron unos 300 jinetes y 2.600 infantes de Lidia, y en el invierno de 329-328 unos 1.000 jinetes y 8.000 infantes de Licia y Siria, todos bien entrenados en el uso de las armas macedonias. La caballería carecía de experiencia en batalla, pero Alejandro había estado incorporando a su entorno, y por ende a su caballería, a un buen número de aristócratas asiáticos, principalmente persas, que habían servido en la caballería de elite del ejército persa. Fue probablemente entonces, o poco después, cuando formó una Guardia de Caballería Persa, denominada los *Euaces*, que era de la más alta calidad.

El avance hacia el este sólo era posible si los medas y persas aceptaban su régimen y cooperaban en materia de provisiones y comunicaciones. Como no habían sido desarmados después de la victoria y habían conservado su administración interna, podrían organizar un alzamiento concertado sin dificultad y aislar a Alejandro de Occidente. Éste prosiguió con su política de nombrar a ciudadanos nativos para el más alto nivel de la administración civil, ya que designó a persas como sátrapas de Partia y de Mardia-Tapuria, y a un parto como sátrapa de Hircania. En su corte tenía entonces a una gran cantidad de asiáticos distinguidos a quienes por orden de Alejandro se les rendían los honores que habían disfrutado en el pasado. Entre ellos figuraban un hermano de Darío, un hijo de Artajerjes Ocos, segundo en la línea de mando después de Darío, un estadista importante (Artabaces) y un comandante (Mazeo). Alejandro decidió adoptar una versión del ceremonial persa en sus audiencias con los cortesanos asiáticos. Así como llamaba «Amigos» a sus macedonios prominentes, llamó «Parientes» a los asiáticos y les permitió que lo besaran a la manera de los persas, y ellos le debían obediencia *(proskyne-*

sis). En esas audiencias acostumbraba llevar un atuendo que combinaba prendas persas y medas, y no incluía los atributos de rey persa. Además era asistido por maceros al estilo asiático. Instituyó por primera vez esta forma de ceremonial en Partia, a mediados de agosto del año 330. En esta etapa preliminar sin duda consultó a sus Amigos y tuvo en cuenta a la oposición.

Después de la muerte de Darío, Alejandro se preparó para avanzar hacia el este. Dividió sus fuerzas en tres secciones que siguieron la ruta más peligrosa y sometió a los tapurios en la alta región del monte Elburz (5.650 m). En ocasiones bélicas subsiguientes redujo a los mardias. Alejandro estableció su base en Zadracarta (probablemente Sari), sobre el borde de la fértil llanura entre el monte Elburz y «el Gran Mar» (Arriano 3.23.1), ya que en ese tiempo había aceptado la opinión de Aristóteles de que el mar Hircanio (Caspio) era una ensenada del Océano. Los 1.500 mercenarios griegos que habían servido a Darío se pusieron en manos de Alejandro. Dejó libres a los que habían ingresado al servicio de Darío antes de «la paz y alianza (de los griegos) con Macedonia» en 337. A los otros se les exigió servir a las órdenes de Alejandro. Algunos enviados griegos también se entregaron. Los de Esparta y Atenas fueron arrestados, pero dejó libres a los enviados de Sinope (en la costa sur del mar Negro) porque ésta no era miembro de «la Comunidad de los Griegos» (Arriano 3.24.4). En Zadracarta celebró el festival tradicional macedonio con los acostumbrados sacrificios y con unas competiciones atléticas durante quince días. Luego regresó a Partia a mediados de agosto. Alejandro ejercía entonces el absoluto control del corredor entre el mar Caspio y el desierto de Kasht-i-Kavir.

Fue en ese momento cuando tuvo que hacer la crucial elección entre dos políticas. Una consistía en adoptar una frontera defensiva, que iría desde el extremo sudeste del mar Caspio a través de las montañas Elburz, a lo largo del costado occidental de los dos grandes desiertos de Kavir y Lut, y a través del Kerman hasta la desembocadura del golfo Pérsico. Dado que Alejandro podía contar con el apoyo de Egipto y Babilonia, y con la cooperación de los medas y los persas, ejercería el control de una enorme y próspera área de la cual el centro sería Cilicia con sus puertos que daban acceso al mar Egeo y a Macedonia. Estaría en condiciones de extender ese control si emprendía campañas en Arabia por un lado, y en el área entre el mar Caspio y el mar Negro por el otro. En una etapa preliminar, Parmenio le había aconsejado a Alejandro que aceptara el alto Éufrates como su frontera oriental, y luego en Persépolis le había adver-

La muerte de Darío y la decisión de avanzar hacia el este 165

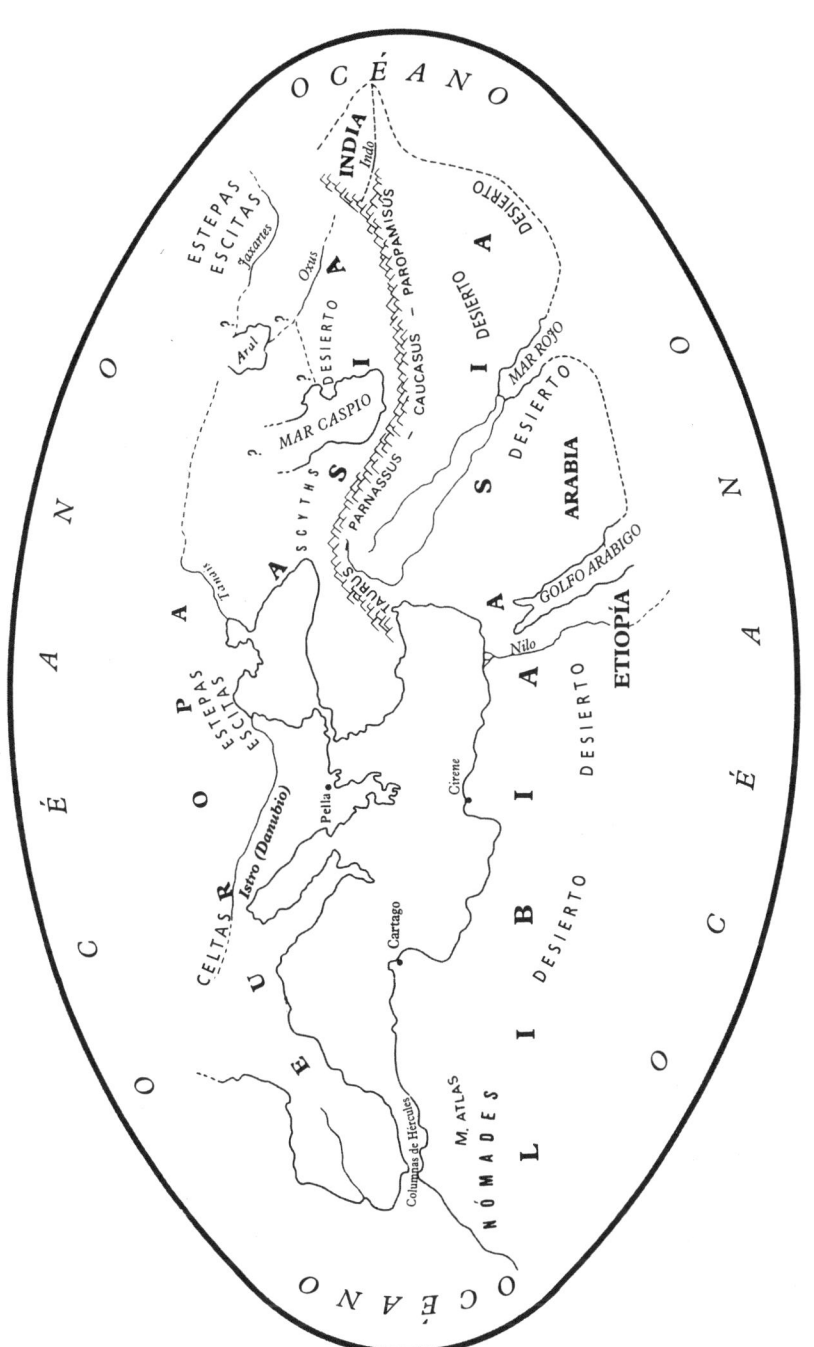

Figura 15. El mundo de Alejandro en 327

tido que era peligroso dar a los asiáticos la impresión de que «simplemente iba a proseguir la conquista». A mediados de agosto de 335, Parmenio tenía a Ecbatana bajo su control, pero seguramente hubo Amigos y Compañeros en Partia que habrían preferido detenerse allí y consolidar un reino claramente defendible en Asia.

La otra política era avanzar hacia el este en zonas que estaban más allá del alcance de los griegos mercenarios y eran poco conocidas para los pensadores griegos. Pero sí las conocían muchos de los cortesanos asiáticos de Alejandro, quienes indudablemente debieron de advertirle de que era una vasta región de terreno difícil con altas montañas y desiertos extensos, y que sus pueblos guerreros estarían dispuestos a combatir en defensa de su territorio. Y Alejandro había visto en Gaugamela lo formidable que era su caballería cuando estuvieron bajo el servicio de Darío como súbditos o aliados: partos, bactrianos, aracosianos, saces, daghes, masagetas, escitas e indios. ¿Hasta dónde pretendía llegar Alejandro hacia el este? La respuesta se relaciona con el concepto de Aristóteles de la tierra habitada (*véase* figura 15). Hasta la fecha, Aristóteles había demostrado estar en lo cierto, ya que en los límites de la tierra había áreas de estepas y desiertos frente al Océano, en el norte, entre el mar Negro y el Caspio y más allá del Caspio hasta el río Jaxartes, conocido de oídas, y en el sur estaban Libia, Arabia, Carmania y Gedrosia; y era evidente que una gran cadena de montañas que Aristóteles denominó «Tauro-Parnaso-Cáucaso-Parapamiso» dividía el norte del sur de Asia. Lo que había hacia el este del Parapamiso no lo sabían ni siquiera los cortesanos asiáticos de Alejandro; ya que parece que la caballería y los elefantes indios con sus cornacas habían ido a Gaugamela desde la región más occidental de la nación india. Por lo tanto, Alejandro y sus seguidores creían que Aristóteles también estaba en lo cierto en su descripción de la «India», porque desde la cordillera del Parapamiso se veía como un pequeño promontorio triangular que se proyectaba hacia el este en el Océano. Por eso era razonable que Alejandro imaginara la conquista de «toda el Asia» como factible en dos etapas, primero hasta la cordillera del Parapamiso (nuestro Hindukush) y luego más allá de la misma hasta el Océano. Una vez que esto se lograra, el reino de Asia estaría limitado por las estepas y el desierto y por las aguas del Gran Mar, y sería fácilmente defendido contra cualquier enemigo.

Hacía tiempo que Alejandro había optado por la segunda política, y había persuadido a sus macedonios en una Asamblea celebrada en Hecatompilos de que la aceptaran (*véase* pág. 167). Era una política que podría haber abandonado a mediados de agosto, cuando vio cuánto podía alargarse una frontera dotada de un corredor como característica central. En lugar de eso, insistió en realizar la gesta que él consideraba que los dioses habían previsto para él: la conquista de toda el Asia.

La exploración científica también formó parte de los planes de Alejandro. Ya estaba en una parte del mundo que era casi desconocida para los científicos griegos. Por eso había estado dispuesto a investigar el extraño comportamiento del río Estibetes (ahora Chesmeh-i-Ali) que fluía y refluía de los canales subterráneos en Hircania, y enviar un informe a Grecia, del cual se conservó un resumen en los relatos de Diodoro y Curcio. No cabe duda de que él y sus científicos y agrimensores mantenían una correspondencia regular con Aristóteles. Probablemente fue en 330 cuando Alejandro le envió la enorme suma de 800 talentos, con la cual Aristóteles pudo fundar en Atenas por primera vez en la historia una gran biblioteca con textos literarios sobre papiro y reunir la primera colección de especímenes para la enseñanza (especialmente en el campo de la zoología). El avance hacia el este iba a proporcionar una gran cantidad de nuevos descubrimientos.

CAPÍTULO DOCE

De Partia a Kabul en Afganistán

1. Planes de Alejandro para el futuro

Durante el verano de 330, Alejandro mostró su habitual previsión. Como los pueblos entre Partia y el Parapamiso se destacaban en el combate de caballería, Alejandro entrenó a dos nuevos grupos de caballería ligera: hizo montar a los infantes y a los lanzadores de jabalinas. Los miembros del primer grupo eran medas y persas, y los del segundo grupo europeos. Estas unidades, junto con los Exploradores, que estaban armados con lanzas, se iban a desplegar frente a la caballería ligera del enemigo y también mantendrían el orden en los distritos parcialmente sometidos. Además, Alejandro contaba con una considerable cantidad de tracios y jinetes mercenarios griegos provistos de armas ligeras, que habían sido entrenados para actuar como unidades independientes. La caballería pesada consistía en los Compañeros de Caballería y los «euaces» persas (*véase* pág. 170), que combatirían en formación contra la caballería adversaria y atacarían las líneas de infantería por el flanco o las perseguirían. En esta oportunidad, su tarea consistía en actuar en pequeños grupos en apoyo de la caballería ligera. Alejandro esperaba los refuerzos —que llegaron a Artacoana, en la frontera de Afganistán, en el otoño— de 130 jinetes tesalios como aliados, 500 jinetes mercenarios griegos y 300 jinetes lidios entrenados a la manera macedonia.

En cuanto a las operaciones en el Parapamiso, Alejandro parece haber considerado que sus fuerzas de infantería, junto con los refuerzos que esperaba, o sea 3.000 ilirios y 2.600 lidios, serían suficientes. Confiaba en la excelente calidad de sus propios macedonios experimentados, agrianos y arqueros, en su artillería y en su convoy de máquinas de asedio para atacar a los ejércitos y fortalezas enemigas, y tenía una cantidad adecuada de mercenarios griegos e infantes balcánicos para apoyarlos. Sabía que no se enfrentaría a los mercenarios griegos, ya que ahora preferían ser contratados por él. A finales de la primavera del año 329 mandó pedir refuerzos y éstos fueron proporcionados por los oficiales que estaban acantonados en las zonas costeras del Asia occidental hasta Zariaspa (Balj), en Bactriana, desde comienzos del invierno de ese año. Los refuerzos estaban formados como sigue: 1.600 jinetes y 11.400 infantes mercenarios griegos, 500 jinetes y 4.000 infantes licios, 500 jinetes y 4.000 infantes sirios.

Las mencionadas tropas lidia, licia y siria eran la primera promoción de unos cursos de entrenamiento que Alejandro había instituido para jóvenes seleccionados en esas naciones, como también en Egipto (*véanse* págs. 102, 109 y 134). Ahora podía prever el momento en que el reino de Asia estaría constituido y tendría necesidad de un ejército de infantes asiáticos. Fue con ese objetivo que a finales del año 330 y comienzos de 329 estableció un sistema de entrenamiento completo «en sus ciudades recién fundadas y en el resto del territorio ganado por la espada». Al respecto, escribió Plutarco: «Él seleccionó 30.000 jóvenes *(paides)* y les ordenó aprender el alfabeto griego y entrenarse en el uso de las armas macedonias, y designó a muchos supervisores.» Otros relatos informan que los individuos seleccionados eran «en su totalidad jóvenes» y que cuando la primera promoción de «la nueva generación *(epigonoi)*» de 30.000 soldados desfiló ante Alejandro en 324 ya eran hombres, es decir que habían alcanzado la madurez a los veinte. Esto ocurría porque los cursos duraban cuatro años, y si los adolescentes los comenzaban a los catorce, al terminar habían cumplido los dieciocho. Alejandro designó maestros y entrenadores, así como supervisores, cuyos sueldos él costeaba, de modo que estaba proporcionando lo que podríamos llamar un sistema de educación estatal para los jóvenes asiáticos más brillantes de su reino. Al completar la enseñanza estaban en condiciones de servir como soldados bajo las órdenes del sátrapa de su región.

2. LA CAMPAÑA DE AFGANISTÁN

La marcha de Alejandro desde Partia hacia Areia ocurrió sin contratiempos. El sátrapa persa, Satibarzanes, acudió a recibirlo en Susia (cerca de Meshed) y en su nombre y el de los areianos aceptó su régimen.

Alejandro confirmó a Satibarzanes en su puesto de sátrapa, y le envió una compañía con cuarenta hombres armados de jabalinas, cuya tarea era impedir cualquier saqueo del ejército macedonio. Ésta es la primera mención, en los relatos supervivientes, de que la consigna de Alejandro al atravesar el Asia era que no admitiría ningún saqueo. Mientras marchaba hacia Bactriana (en el extremo norte de Afganistán) se encontró con algunos persas quienes le informaron que Beso, un pariente de Darío, estaba haciendo uso de las prerrogativas reales como rey de los medas y los persas, haciéndose llamar «Artajerjes», y proclamando ser rey de Asia, como un directo desafío a Alejandro; también le dijeron que tenía un séquito de persas y bactrianos, y que estaba esperando el arribo de los escitas como sus aliados. Poco después, Alejandro se reunió con algunas de las tropas que le había enviado Parmenio desde Ecbatana (*véase* pág. 158). El ejército, entonces integrado por unos 45.000 hombres, estaba avanzando por la ruta real persa, que iba a ser utilizada por los convoyes de máquinas de asedio, de pertrechos y de provisiones. La gran ventaja de esta ruta era que atravesaba áreas fértiles en las cuales se podían adquirir o requisar provisiones.

Alejandro todavía estaba en camino hacia Bactriana, cuando le informaron que Satibarzanes había asesinado a los lanzadores de jabalinas y a su comandante, que estaba llamando a las armas a los areianos en apoyo de Beso, y que se disponía a concentrar las fuerzas rebeldes en Artacoana (cerca de Herat), la capital de la satrapía. Éste fue el primer caso de rebelión después del sometimiento y aceptación del dominio de Alejandro como rey de Asia. ¿Cómo se había ratificado esa aceptación en su momento? En Egipto Alejandro había sido recibido con beneplácito en «las ciudades y en la campiña» y a medida que avanzaba «los habitantes ponían las ciudades en sus manos»; también en Babilonia fue bien acogido por los habitantes *en masse*, sus sacerdotes y sus magistrados, «y cada población ofreció sus presentes y entregó la ciudad, la ciudadela y el tesoro». Se supone que cada sector de la sociedad dentro de la satrapía no sólo presentaba su rendición formal, como indican los detalles del relato de Arriano, sino que también hacía un juramento formal de lealtad a Alejandro como su rey y aceptaba pagar una suma anual como tributo, además de prestar servicios. En consecuencia, la rebelión significaba la violación de los juramentos formales y se podía castigar con una severidad justificada.

La rebelión era en cierta manera más peligrosa para las fuerzas de Alejandro que la guerra declarada. Una vez que una satrapía había sido sometida, las tropas operaban en los alrededores o actuaban como guarniciones relativamente pequeñas en dichas satrapías. Dichas tropas podían ser fácilmente tomadas por sorpresa y eliminadas, como posiblemente fue el caso de los cuarenta hombres armados de jabalinas. También existía el riesgo de que la rebelión se extendiera rápidamente si el primer estallido no era sofocado, y si el alzamiento cobraba fuerza podría cortar las comunicaciones entre los ejércitos de Parmenio y Alejandro.

Por estos motivos Alejandro actuó con una extraordinaria rapidez. Llevando consigo a los Compañeros de Caballería, los hombres armados de jabalinas, las dos brigadas de falangistas, los agrianos y los arqueros, cubrió los 110 kilómetros hasta Artacoana en dos días. Satibarzanes huyó, ya que todavía no había concentrado las tropas de Areia. Escapó con 2.000 jinetes para unirse a Beso en Bactriana. Durante un mes, Alejandro utilizó la ruta persa para enviar desde ella varios destacamentos que atacaron a los insurgentes, y él en persona comandó uno de esos destacamentos. Los cabecillas de los areianos fueron ejecutados, y muchos de sus seguidores fueron vendidos como esclavos. La última ciudad a la que se puso sitio fue Artacoana. Cuando los defensores vieron acercarse las torres de asedio a los muros, se rindieron y pidieron misericordia. Alejandro los perdonó y los dejó en posesión de sus propiedades. También hizo planes para el futuro. No lejos de Artacoana fundó una nueva ciudad, Alejandría-en-Areia, con una población mixta de macedonios, griegos y areianos, y dispuso la educación y entrenamiento de los jóvenes areianos seleccionados. La satrapía, que comprendía gran parte de Afganistán, era de gran importancia estratégica, ya que varias rutas partían desde allí hacia Bactriana en el norte, la India en el este, y Drangiana en el sur. A pesar de su experiencia con Satibarzanes, Alejandro designó a un persa como sátrapa de Areia.

3. El juicio de Filotas y otros

Con el ejército reunido, Alejandro siguió la ruta persa hacia el sur durante 295 kilómetros, según sus agrimensores, e instaló su cuartel general en Frada (Farah), la capital de Drangiana. Su sátrapa había huido hacia la India, ya que era Barsentes, uno de los que habían arrestado y herido a Darío y que más tarde, cuando los indios lo enviaron a Alejandro, fue ejecutado por ese acto de traición. Mientras el ejército descansaba en Frada durante unos nueve días, en octubre de 330, se informó de un complot contra la vida de Alejandro.

Uno de los confabulados era un soldado macedonio sin ningún rango particular, llamado Dimno. Se jactó del complot ante su joven enamorado, lo obligó a hacer un juramento de silencio y nombró a algunos de los cabecillas macedonios que estaban planeando con él matar a Alejandro. El muchacho se lo contó a su hermano Cebalino, quien de inmediato acudió al cuartel general de Alejandro. Aguardó fuera, ya que no tenía autoridad para entrar, y abordó a Filotas, un hijo de Parmenio, que había salido solo de una audiencia con el rey. Cebalino puso al tanto a Filotas del complot y le pidió que informara de inmediato a Alejandro. Esa tarde y nuevamente al día siguiente, Cebalino le preguntó a Filotas si había transmitido el informe, y Filotas lo despachó con excusas. Esto hizo sospechar a Cebalino de que Filotas estaba al tanto de la conjura. De modo que se acercó a uno de los Pajes Reales, que lo hizo pasar de contrabando al arsenal del cuartel. Allí Cebalino le dijo a Alejandro lo que sabía del complot y de la renuencia de Filotas a transmitirle su informe.

Como había hecho cuando Alejandro Lincestes era sospechoso de traición (*véase* pág. 111), Alejandro reunió a sus Amigos y les pidió su consejo. Ellos opinaron que los implicados debían ser sometidos a juicio. Alejandro mandó arrestar a los que estaban bajo sospecha. Dimno trató de suicidarse. Filotas no se resistió. Al día siguiente, se convocó a los macedonios a reunirse en asamblea como jueces. Éstos eran los Compañeros de Caballería, los hipaspistas y los falangistas, y de ellos unos 6.000 estuvieron presentes. Tolomeo, que fue testigo de ese acto y lo describió cuando otros participantes todavía estaban vivos, dejó un relato que Arriano resumió de la siguiente manera:

> Filotas compareció ante los macedonios. Fue acusado vigorosamente por Alejandro, e hizo su propia defensa. Aquellos que habían informado sobre el asunto intervinieron y acusaron a Filotas y a los que estaban con él aportando pruebas claras, particularmente el hecho de que el propio Filotas había admitido haber oído que se preparaba un complot contra Alejandro, y de que lo habían persuadido de no comentarle nada, si bien él visitaba el cuartel general de Alejandro dos veces al día. Filotas y todos los que con él habían participado en el complot fueron ejecutados con las jabalinas de los macedonios. [...] Al mismo tiempo, cuatro hijos de Andrómenes

fueron acusados de complicidad en la conjura, pero fueron absueltos por aclamación.

El centro de interés en este relato era Filotas, por ser el comandante de los Compañeros de Caballería e hijo de Parmenio. «Aquellos que estaban con él» eran oficiales de las fuerzas armadas, de modo que no podían ser ejecutados mediante lapidación sino traspasados por jabalinas. Los 6.000 macedonios, por ser ciudadanos plenos del estado macedonio, formaron lo que podría llamarse un «Tribunal del Pueblo»; ellos emitían los veredictos, ya fuera de condena o de absolución. El Tribunal del Pueblo no era habitual en las ciudades-estado griegas. En la Atenas contemporánea los casos de traición eran juzgados por la Asamblea, en la cual para algunas cuestiones administrativas se requería un *quórum* de 6.000, y Atenas estaba orgullosa de su sistema de leyes y justicia.

Otros escritores —Diodoro, Estrabón y Justino— relataron que tanto Filotas como Parmenio *(in absentia)* fueron juzgados, y que Parmenio fue condenado como cómplice. No hay razones para dudar de esto; además, era una costumbre que los parientes varones de un hombre condenado por traición también fueran ejecutados (Curcio 8.6.28 *Macedonum more*). En el resumen que hace Arriano del relato de Tolomeo, las ejecuciones de Filotas y los demás se resolvieron en una sentencia que fue el resultado del juicio. En ese momento, Parmenio estaba en la base de Ecbatana al mando de una fuerza de 6.200 macedonios y 5.600 mercenarios griegos y a cargo de 180.000 talentos. Fue ejecutado sin estar al tanto del juicio y muerte de su hijo. Se leyó una declaración de Alejandro a los macedonios que se disponían a amotinarse. Se dispuso que emprendieran la marcha de 2.000 kilómetros hasta Aracosia y se reunieran allí con sus compatriotas.

Alejandro se había salvado por un pelo. Si Cebalino no hubiera sido tan insistente, Alejandro habría sido asesinado el mismo día que tuvo lugar el juicio, y la conducción de los asuntos de estado habría pasado a manos de Filotas como comandante de los Compañeros de Caballería, y de Parmenio como general veterano. Alejandro conmemoró su salvación fundando una ciudad en Drangiana a la cual llamó «Anticipación» (Proftasia). Investigaciones posteriores condujeron a la ejecución de Demetrio, un Escolta, como conspirador. Toda la experiencia tuvo un efecto perdurable en el ánimo de Alejandro. Ahora sabía que no podía confiar ni siquiera en sus más íntimos amigos macedonios. Jamás volvió a poner un contingente tan numeroso de soldados macedonios bajo un mismo comandante, y dividió el comando de los Compañeros de Caballería entre dos oficiales; uno era su amigo de la infancia, Efestión, y el otro un hombre mayor, Cleito. Alejandro debió de haber comprendido que lo que impulsó a Filotas, Parmenio, Demetrio y los otros oficiales a rebelarse fue la indignación ante su política de colaboración con los asiáticos (ya que todos los sátrapas que había designado desde la batalla de Gaugamela tenían ese origen), su costumbre de usar vestimentas y mantener una corte asiáticas, y de avanzar cada vez más hacia el este.

En su relato, Tolomeo expresó sus propias dudas acerca de cuáles serían los pensamientos más profundos de Alejandro sobre el tema de Parmenio. «Posiblemente consideró increíble que Parmenio no fuera un socio de Filotas en el complot; quizá también, aun en el caso de que Parmenio no hubiera participado, sería demasiado peligroso dejarle sobrevivir después de la ejecución de su hijo, dadas su posición y popularidad.» Esta conjetura no tiene nada que ver con ningún argumento que Alejandro planteara como acusador. Más bien es un indicio de que el propio Tolomeo tenía una posición imparcial sobre la cuestión de la inocencia o culpabilidad de Parmenio, y que podía plantear dos ideas que tal vez hubieran influido sobre Alejandro.

Según Arriano, que cita como sus fuentes a Tolomeo y Aristóbulo, Filotas había sido sospechoso de un complot contra Alejandro en Egipto, es decir en el año 331, pero Alejandro no lo había considerado creíble en ese momento. Plutarco, inspirado probablemente en Aristóbulo, agregó la interesante observación de que Alejandro no había revelado esa sospecha durante «más de siete años». En efecto, cuando Alejandro estaba enjuiciando a Filotas en 330 no mencionó sus sospechas anteriores, si bien debieron de haber contribuido a la condena de Filotas. Plutarco agregó el comentario de que Alejandro debió haber hecho «el uso más justo y generoso de su autoridad» en este juicio.

Mientras la Asamblea estaba en sesión, Atarrias, un comandante, propuso que Alejandro Lincestes fuera sometido a juicio, ya que había estado bajo arresto durante unos cuatro años por orden de Alejandro, pero no había sido enjuiciado (*véase* pág. 111). La Asamblea aprobó la moción. Alejandro Lincestes fue enjuiciado bajo el cargo de traición, atribuido presumiblemente por el rey. No logró pronunciar un alegato en su defensa, y fue ejecutado por las jabalinas de la Asamblea. Es improbable que hubiera recibido algún gesto de simpatía, ya que los Amigos de Alejandro lo habían juzgado culpable de traición en 333, y la prueba de la carta transmitida por Sisines (*véase* pág. 111) todavía estaba disponible.

El conocimiento de que existía una cierta oposición a su política entre sus Amigos y Comandantes parecía haber impulsado a Alejandro a buscar el apoyo de sus cortesanos asiáticos. Fue en esa época cuando resolvió adoptar su vestimenta y ceremonial, designando a los asiáticos más distinguidos como sus guardias personales —correspondientes a los siete Escoltas macedonios—, y obsequiar mantos o capas a algunos de sus Compañeros persas y arneses para sus caballos. Efestión fue uno de los que apoyaron de buena gana esta política de Alejandro. Entonces era frecuente que Alejandro utilizara su «antigua sortija de sello» para la correspondencia enviada a Europa, y la sortija de Darío para la correspondencia dentro de Asia. El empleo de una sortija de sello era una práctica general entre los macedonios de cierta posición, y en el caso de Alejandro, éste utilizaba la sortija tradicional que le había sido transmitida por la dinastía teménida; ya que esta circunstancia le daba el significado de «antiguo» *(veteris anuli)*. Ahora, en el interior de Asia, había comenzado a utilizar el sello tradicional de la dinastía aqueménida para la correspondencia interna (especialmente la correspondencia con sus sátrapas asiáticos), porque ese sello había sido reconocido y aceptado durante largo tiempo. El hecho de que estableciera una distinción oficial entre su posición como rey de Macedonia y su posición como rey de Asia podría haber ofendido a aquellos macedonios a quienes no les agradaba compartir el poder con los asiáticos.

4. Operaciones en Afganistán y Beluchistán

Durante tres o cuatro meses, hasta enero del año 329, Alejandro lideró operativos muy extensos, acerca de los cuales sus historiadores nos han dejado poca información. Sabemos que fundó dos ciudades en este período, Alejandría probablemente en Kandahar y Alejandrópolis en Kalat-i-Ghilzai. Desde Drangiana avanzó hacia el sur en el territorio fértil de los ariaspes (Sistan), famoso por sus lagos y su producción de cereales. Estos pueblos eran llamados «benefactores» porque habían salvado al ejército hambriento de Ciro el Grande al enviarle 30.000 carretones cargados de grano. Ellos aceptaron el régimen de Alejandro, y éste los trató con generosidad, agregando territorios a su nación y ofreciéndoles presentes. Allí estableció su campamento base durante sesenta días, que aprovechó para acumular provisiones para los meses de invierno. La población de Gedrosia (Makran) se sometió, reconoció el dominio de Alejandro y él les ofreció presentes. Alejandro ofrendó sacrificios a Apolo, y designó a un persa como sátrapa de Arimaspia y Gedrosia.

Mientras tanto, otra rebelión en Areia amenazaba su línea de comunicaciones, ya que Satibarzanes con sus 2.000 jinetes había vuelto y reunido un ejército de areianos en nombre de Beso. Alejandro envió una tropa integrada principalmente por jinetes bajo el mando conjunto del persa Artabaces, de Erigio y Carano, y ordenó al sátrapa persa de Partia invadir Areia al mismo tiempo. Fue una batalla cruenta, que llegó a su fin cuando Erigio mató a Satibarzanes en una lucha cuerpo a cuerpo, probablemente en noviembre. Mientras se sofocaba el alzamiento en Areia, Alejandro emprendía la campaña en Aracosia, donde obligó a la población a someterse. Como esta satrapía en el este de Afganistán era de gran importancia estratégica, abandonó su práctica habitual y designó a un macedonio como sátrapa con una fuerza de 600 jinetes y 4.000 infantes. En Aracosia se reunió con el ejército que había marchado desde Ecbatana (*véase* pág. 174). Éste consistía en 200 Compañeros de Caballería, 6.000 macedonios, 600 jinetes y 5.000 infantes griegos mercenarios. Entonces, si no antes, llegaron los enviados y rehenes espartanos desde Grecia y pidieron clemencia después de su derrota (*véase* pág. 154). Alejandro los perdonó pero pidió que Esparta se incorporara como miembro a la Comunidad Griega, y por lo tanto fuera su aliada.

Después avanzó hacia el norte con su ejército unificado siguiendo una ruta a lo largo de una alta ladera de la montaña que los macedonios llamaban el Cáucaso (Hindukush). En ese momento era pleno invierno y, a causa de la nieve abundante y del frío intenso, los hombres sufrían congelación y deslumbramiento debido a la nieve. Las provisiones para las tropas eran escasas, y hubo bajas entre ellas y entre las soldaderas que no dependían de la ración sino que administraban sus propias provisiones. La población nativa vivía en chozas bajo la nieve y guardaba provisiones para los meses de invierno, y los macedonios se salvaron del desastre al identificar los villorrios por el humo y obtener en ellos refugio y alimento. Cuando atravesaron el desfiladero de Sher-Dahan, vieron el peñasco donde había sido encadenado Prometeo y la gruta donde anidaba el águila que se alimentó de su hígado. En el costado norte del desfiladero el clima era menos severo, y el ejército pasó el resto del invierno cerca de Kabul, donde había provisiones disponibles. Alejandro «hizo sacrificios a los dioses a los cuales habitualmente reverenciaba», y fundó Alejandría en el Cáucaso cerca de Begram, y algunas otras ciudades en esta región. Los pobladores de Begram sumaban unos 7.000 asiáticos de la localidad, 3.000 soldaderas y algunas voluntarias que acompañaban a sus mercenarios griegos, de quienes habían sido concubinas y tenían hijos. En estas ciudades se enrolaron jóvenes para el curso de cuatro años. Alejandro designó a un persa como sátrapa de la región, que fue llamada Parapamiso. Las rutas desde allí conducían a Partia, Bactriana y la India.

La magnitud de estos operativos se puede estimar por el hecho de que cubrían un área cuya extensión era comparable a la de Asia Menor y que era de naturaleza montañosa. Los grupos étnicos tenían un fuerte sentimiento nacionalista; luchaban no por la continuación del régimen persa sino por su propia independencia. Alejandro se ganó la voluntad de algunos para su reino de Asia mediante la persuasión y un cortés intercambio de obsequios. Otros tuvieron que ser sometidos por la fuerza, y Alejandro se impuso principalmente mediante el hábil despliegue de su excelente caballería en incursiones rápidas. Ya fuera que prevaleciera la persuasión o la fuerza, Alejandro aplicaba su principio habitual: que la tierra debía ser su posesión y «ganada por la espada». Por lo general, la entregaba a los habitantes corrientes para que la cultivaran pagando un impuesto, que nosotros llamamos «tributo». Donde existían motivos, podía conceder un territorio adicional, como en el caso de los ariaspes, o quitarles territorio, como hizo con los areianos. La paz sobre la cual insistía trajo ventajas económicas. En las seis o más ciudades que fundó hubo propuestas de colaboración entre europeos y asiáticos, y las escuelas para los jóvenes asiáticos seleccionados eran una evidencia del deseo de Alejandro de que los asiáticos compartieran en el futuro la administración del reino. No obstante, existía un peligro de interferencia de los poderes exteriores. Beso podía intentar crear problemas nuevamente, y éste era un motivo por el cual Alejandro había dejado una poderosa fuerza de guarnición en Aracosia. El otro peligro era que los indios trataran de invadir la región. Alejandro había establecido contacto con los indios más occidentales que eran vecinos de los areianos. De acuerdo con una referencia en Estrabón 724, parece que Alejandro se anexó una zona fronteriza entre los dos pueblos y distribuyó en ella asentamientos militares *(katoikiai)*, presumiblemente de mercenarios griegos con sus familias.

CAPÍTULO TRECE

El avance hacia el río Jaxartes

1. El sistema de abastecimiento y el cruce del Hindukush

Los historiadores de Alejandro nos dicen poco de su sistema de abastecimiento. Se puede estimar que constaba de dos departamentos: el encargado de mantener una reserva central y el que proveía raciones y forraje para las incursiones. Los macedonios, como los espartanos, tenían una compañía de abastecimientos o *commissariat* (intendencia). Su comandante o director tenía el título de *skoidos*, según Pólux, un lexicógrafo posterior. Había de adquirir o requisar un enorme surtido de provisiones básicas, que se transportaban en carretones de cuatro ruedas, tirados por caballos, mulas o bueyes. Por consiguiente necesitaba caminos transitables en todas las estaciones. Los macedonios y los tracios tenían una larga tradición en la construcción de carreteras y probablemente hubiera una brigada de zapadores tracios encargados de construirlas y mantenerlas. Fue una suerte para Alejandro que los persas también fueran afamados constructores de caminos. Por eso las columnas de abastecimiento, como los convoyes de pertrechos y de máquinas de asedio, llegaron tan lejos por las rutas persas como Aracosia y Areia. Lo mismo hacían los cantineros que se ganaban la vida vendiendo alimentos y mercancías a los soldados y viajaban con sus familias en sus propios carromatos.

El aprovisionar con raciones y forraje a la reserva central para las expediciones en territorio enemigo era tarea mucho más difícil. Las cantidades tenían que ser calculadas por anticipado, aun cuando la duración de la expedición fuera algo muy incierto. Filipo había dispuesto que sus infantes llevaran la provisión de harina de un mes (el pan era la dieta básica), y Alejandro ordenó que cada hombre transportara una provisión de agua para cuatro días en territorios desérticos, además de las armas y equipos. Estos guerreros eran físicamente más vigorosos que cualquier soldado moderno del hemisferio occidental. Un jinete contaba con un mozo de cuadra, que también tenía que montar en las expediciones de la caballería y presumiblemente transportaba las raciones para los dos hombres y la avena para los dos caballos. El forraje fresco era más deseable para los caballos de guerra y comúnmente se obtenía mediante el saqueo, como cerca de Pelion (*véase* pág. 63). El hecho más destacable fue la alimentación de los hombres y caballos durante la persecución de Darío, cuando las raciones de dos días se tuvieron que distribuir en cuatro jornadas.

Alejandro tuvo que resolver un nuevo problema en el Hindukush, ya que no había una ruta desde Kandahar por el paso de Sher-Dahan hasta Kabul y tampoco de Kabul a Kunduz. En Kandahar, Alejandro seguramente se enteró a través de los intérpretes de las dificultades con las que se encontraría al cruzar el paso del Sher-Dahan en invierno, pero las superó gracias «al usual arrojo y resistencia de los macedonios». La descripción de esta etapa, que ya se hizo antes (*véase* pág. 177), se refería a la vanguardia, que se adelantó y escogió una ruta para el cuerpo principal y los convoyes de pertrechos y asedio, que la seguirían más tarde. Alejandro comandaba esa vanguardia, y son muchas las historias de cómo ayudó a los hombres que caían en el borde del camino. Las provisiones de la vanguardia eran transportadas por los hombres, sus caballos y las bestias de carga. Cuando llegó a Kabul, Alejandro reconoció que el cruce hasta Kunduz sería aún más difícil dadas las condiciones atmosféricas. Sin embargo, emprendió la marcha en 329 a fin de anticiparse a cualquier intento de Beso de defender el paso del Khawak, a una altitud de 3.300 metros. Los relatos de las privaciones sufridas por Alejandro y la vanguardia provienen de Aristóbulo. Durante la marcha, que duró unos dieciséis días a través de la nieve espesa, las provisiones escasearon y se dio la orden de matar a las bestias de carga y curar la carne cruda (ya que allí no había leña) con *silphium* (posiblemente asafétida), que crecía abundantemente en primavera. A esta dieta los soldados agregaron hierbas y truchas a medida que descendían por la ladera norte de la montaña. «Aun así, Alejandro continuó avanzando.»

Beso jamás había pensado que Alejandro cruzaría la montaña e invadiría Bactriana tan pronto, durante los primeros meses del año. Estaba comenzando a asolar la campiña en la ladera bactriana de la montaña con una fuerza de 7.000 jinetes bactrianos y un grupo de caballería de daghes cuando llegaron noticias de la aproximación de Alejandro. Si bien se decía que los bactrianos tenían 30.000 jinetes, Beso no logró reunirlos, y a esto se sumó su incompetencia al fugarse precipitadamente. Atravesó el río Oxus (Amu-Darya) e incendió todos los botes con la esperanza de que Alejandro no pudiera perseguirlo. Mientras Beso abandonaba su nación, la caballería bactriana regresaba a su hogar. Beso dependía ahora de los sogdianos y sus aliados, los daghes.

2. El cruce del Oxus, los branquidas y el fracaso de Beso

Durante unas semanas Alejandro instaló su base en Drapsaca (Kunduz) al pie del Hindukush, y en ese período el cuerpo principal del ejército y los convoyes de pertrechos y armas de asedio hicieron la travesía desde Kabul en unas mejores condiciones climáticas. El territorio al cual se aproximaba Alejandro consistía en dos satrapías que formaban la frontera noreste del Imperio persa, y más allá de ella vivían los numerosos pueblos nómadas de las estepas. Los bactrianos, los sogdianos y los areianos estaban relacionados entre sí y tenían un idioma común con variantes locales, y por ese motivo los bactrianos habían apoyado los alzamientos en Areia. El territorio de los bactrianos y sogdianos consistía en extensas llanuras fértiles y desiertos áridos. Había pocas ciudades, pero muchos villorrios, fortalezas montañosas y tribus nómadas en regiones desiertas. La sociedad estaba organizada sobre una base aristocrática. En esa tierra famosa por la cría de caballos, los barones y sus séquitos eran excelentes jinetes, y éstos organizaban la resistencia frente a los ataques por sorpresa de los jinetes escitas o se aliaban con ellos.

En abril o mayo, cuando tuvo suficientes tropas, Alejandro atacó las dos ciudades más grandes de Bactriana, llamadas Aorno y Bactra, y las tomó al primer asalto. Si realizó otros operativos no lo sabemos. Arriano fue muy conciso al respecto: «Él dejó una guarnición en la ciudadela de Aorno [...] y designó al persa Artabaces como sátrapa del resto de los bactrianos, que le obedecían directamente.» Los términos de la rendición de los bactrianos a buen seguro incluyeron el reconocimiento de Alejandro como rey de Asia, el juramento de lealtad de los barones y los otros magistrados, y el pago preliminar del tributo. Cuando se completaron estos acuerdos, Alejandro, al frente de una fuerza selecta, atravesó un desierto árido hacia el río Oxus. En el calor intenso de comienzos del verano marchó principalmente por la noche, guiado por las estrellas, y los hombres sufrieron grandes penurias por la escasez de agua. Cuando un soldado le ofreció una copa de agua a Alejandro, éste le dijo que se la diera a sus hijos. Al llegar al Oxus, acampó durante algunos días, que aprovechó para escoger a los macedonios más entrados en años, ahora no aptos para el servicio activo, y enviarlos de vuelta a casa junto con los tesalios que habían estado sirviendo como voluntarios. A todos ellos les entregó una generosa gratificación y los instó a engendrar hijos. Antes de su partida, Alejandro convocó una Asamblea de los Macedonios de su ejército, y «les prometió que servirían durante el resto de la guerra».

Como temía un recrudecimiento de los problemas en Areia, envió a Estasanor, un Compañero de origen chipriota, como sátrapa en lugar del persa Arsaces, el cual según Alejandro había sido negligente en el control del alzamiento. El ejército atravesó el Oxus —un enorme río de un kilómetro de ancho— en cinco días sobre balsas confeccionadas con las tiendas de cuero de los soldados, rellenadas con paja para forraje y cosidas para ser impermeables. Poco después del cruce del río, el ejército llegó hasta un pequeño pueblo ocupado por una población bilingüe de origen griego y persa que se llamaba branquida. Los ancestros de los branquidas habían sido los sacerdotes y guardianes del templo oracular de Dídima cerca de Mileto, un templo entonces tan famoso como los de Delfos y Dodona. Pero en 479 «los branquidas habían entregado las monedas y tesoros del dios» a Jerjes, quien había incendiado el templo, y luego lo habían acompañado «voluntariamente» a Persia, donde se les había concedido un nuevo hogar. «Su sacrilegio y su traición» eran horrendos e infames. Además, si bien Alejandro había consultado el oráculo después de su partida, el dios no se pronunció hasta que hubo liberado Mileto y Dídima. Entonces Apolo declaró que Alejandro había «nacido de Zeus» y vaticinó acontecimientos de su carrera futura (*véase* pág. 139).

¿Cómo debía ser tratado el pequeño pueblo de los branquidas? Mientras que Arriano y Plutarco ni siquiera mencionan el lugar, Curcio ofrece un relato sumamente sensacionalista. Según éste, Alejandro consultó el asunto con los milesios de su ejército, ya que Dídima estaba en su territorio; y cuando ellos dudaron, Alejandro mismo decidió destruir el lugar. Como el escritor en el cual se basó Curcio para su relato fue

Cleitarco, y los críticos tachaban a este historiador de «notoriamente fabulador» (*véase* pág. 67), la mayoría de los eruditos han rechazado el relato de Curcio. Sin embargo, Estrabón, al referirse a Bactriana y Sogdiana, hizo las declaraciones que se citaron en el párrafo anterior, y agregó que Alejandro «destruyó la aldea de los branquidas en represalia por el sacrilegio y la traición» de sus ancestros (Estrabón 518; conf. 634 y 814). Las fuentes de Estrabón fueron Calístenes (en 814) y más probablemente Aristóbulo (en 518 y 634), ambos participantes en la campaña que describieron para sus contemporáneos. Como ellos no pueden haberse equivocado, es evidente que Alejandro destruyó la aldea, matando a los varones adultos y probablemente esclavizando al resto, como informó Cleito siguiendo el relato de Cleitarco.

¿Por qué Alejandro habría destruido el lugar? Él asignaba una gran importancia al sacrilegio de los persas en las guerras de 499-479, y a su propio papel como vengador de los dioses y los griegos por las atrocidades persas. Su destrucción del palacio de Jerjes en Persépolis fue un acto de venganza. El pecado cometido por esos griegos que habían tomado el partido de Persia recayó sobre sus descendientes, ya que en la discusión sobre el tratamiento que había que dar a los tebanos en 335, la traición de sus antepasados había prevalecido como una razón para destruir Tebas (*véase* pág. 74). Del mismo modo, los branquidas en 329 todavía llevaban el baldón de la conducta infame de sus predecesores, que tanto disgustaba a Alejandro. Además, en su papel de adalid y vengador de Apolo, él estaba destinado a castigar a esos branquidas estigmatizados. Recordemos que Filipo, como adalid y defensor de Apolo de Delfos, había ahogado a 3.000 prisioneros de guerra que como mercenarios habían aceptado dinero robado del dios (*véase* pág. 38). Alejandro pudo haber tenido presente esta circunstancia cuando mandó matar a los varones adultos branquidas.

El objetivo de Alejandro era encararse con las fuerzas de Beso. Por eso marchó con premura, pero redujo el ritmo cuando se enteró de que el arresto de Beso había sido planeado por sus secuaces, Espitamenes y Datafernes, que lo entregarían a un oficial macedonio al mando de una pequeña tropa. Alejandro eligió a Tolomeo para esta misión, pero lo proveyó de una numerosa fuerza de elite, de caballería e infantería. En este sentido el relato de Arriano concuerda con el de Tolomeo. En cuatro días de marcha muy rápida, Tolomeo y los suyos llegaron hasta el campamento que Espitamenes había ocupado un día antes, y se enteraron de que existían ciertas dudas acerca de las intenciones de Espitamenes y Datafernes. Entonces Tolomeo se adelantó con su caballería y llegó a una aldea donde Beso estaba bajo la custodia de unos pocos soldados. Después de ciertas negociaciones con los aldeanos, Tolomeo tomó posesión del prisionero y, de acuerdo con las instrucciones de Alejandro, lo puso atado, desnudo y con un collar de madera, en el lado derecho del camino que el ejército debía tomar. Cuando Alejandro llegó, interrogó a Beso sobre el asesinato de su rey Darío, y aquél le contestó que era sólo uno de los muchos que habían intentado complacer a Alejandro. Luego Beso fue flagelado, mientras Alejandro hizo que un heraldo pregonara los crímenes que había cometido.

«El rey entregó a Beso al hermano de Darío y a los otros Parientes para el castigo.» Uno de los principios de Alejandro era que los transgresores debían ser enjuiciados por sus compatriotas de acuerdo con sus leyes. Por eso, según Curcio, había entregado los tiranos capturados a los isleños griegos, y los branquidas a los milesios. Los cortesanos persas se reunieron bajo la presidencia de Alejandro como rey de Asia, y decidieron mutilar a Beso a la manera persa, amputándole la nariz y los lóbulos de las orejas. Alejandro lo envió bajo escolta a Ecbatana, donde «el Consejo de los medas y los persas» decidiría la forma de ejecución. Cuando Arriano describió el tratamiento infligido a Beso, censuró a Alejandro como si hubiera sido él, y no los persas prominentes, quien había tomado las decisiones.

La historia de Beso ilustra el éxito de la política que Alejandro practicó en Persia. Hemos visto que Alejandro designaba persas, o al menos asiáticos, como sátrapas en casi toda la zona al este del Éufrates, incluso en Bactriana, y que después de la muerte de Parmenio dejó muy pocas tropas en Persia y Media. Su confianza en que los medas y persas no se alzarían contra él estaba justificada. Pero es muy sorprendente. Nadie estaba mejor calificado para encabezar la resistencia que Beso, un miembro de la casa reinante y sátrapa de Bactriana, que había conducido en Gaugamela las fuerzas de Bactriana y Sogdiana y a los indios vecinos de los bactrianos. En la batalla tenían gran confianza en él, y fue la caballería bactriana la que cubrió la fuga de Darío. Cuando Beso eliminó a Darío y se declaró rey de los medas y los persas, debió de haber albergado la esperanza de una rebelión nacional, pero nada de eso ocurrió. Solamente fueron los areianos quienes, por estar relacionados con los bactrianos y sogdianos, se rebelaron con la ayuda de Beso. Cuando él también fracasó, algunos persas del área nordeste persistieron en la lucha, pero el futuro de Media y Persia residía en el Consejo de los medas y los persas, y en los miembros de la familia real a quienes Alejandro había dejado en Susa. Difícilmente algún pueblo conquistado en la historia medieval o moderna haya mostrado un grado similar no sólo de aceptación sino de colaboración; ya que algunos asiáticos prominentes entraron de inmediato al servicio del conquistador, los persas formaron una Guardia de Caballería para protegerlo, y los lanzadores de jabalina persas jugaron su papel en la expansión del reino de Asia.

3. Alzamientos en Sogdiana y Bactriana en 329

Alejandro calculó bien sus pérdidas en caballos y avanzó sin oposición hasta la capital de la satrapía, Samarcanda, donde estableció una guarnición de 1.000 hombres en la ciudadela, y luego hasta el río Jaxartes, que formaba la frontera del Imperio persa. En la geografía de Aristóteles (*véase* figura 15) este río se consideraba la parte superior del Tanais (Don), que separaba Europa de Asia. Alejandro comprobó que en efecto fluía en dirección oeste, y una teoría era que discurría a través del mar Caspio, salía de él con el nombre Tanais y desembocaba en el lago Meótide (mar de Azov). Cualquiera que fuera la verdad sobre la materia (y Alejandro había planeado explorar el mar Caspio), se había aceptado al Jaxartes como la frontera entre Asia y Europa, y se consideraba que la región de las estepas en el norte era el límite de la «tierra habitada». Alejandro comprendió lo extensa que era esta región cuando estableció relaciones diplomáticas con dos grupos de escitas, los abios al sur del río y los saces en la orilla opuesta. Como una precaución contra los escitas, instaló guarniciones en las ciudades sogdianas al sur del río.

La facilidad con que Alejandro había tomado posesión de Bactriana y Sogdiana iba a resultar engañosa. El espíritu de independencia surgió por primera vez cuando algunos macedonios que estaban merodeando fueron capturados y asesinados por los miembros de una gran tribu que había reunido unos 30.000 hombres y se habían apostado en la cima de una montaña. Alejandro, mientras conducía el ataque contra ellos, fue alcanzado por una flecha que le fracturó parte del peroné, y muchos otros cayeron heridos por los proyectiles antes de que la cima fuera capturada. De los sogdianos escaparon 8.000, los otros perdieron la vida en la cruenta batalla o se suicidaron arrojándose desde los peñascos. Mientras su herida estaba sanando, Alejandro trazó los planos de una nueva ciudad en Khodkend sobre el lado asiático del Jaxartes, que se llamaría

Alejandría Escate, es decir Alejandría de la frontera. Además, intentó establecer su autoridad más firmemente en las dos satrapías, y envió instrucciones para que los individuos prominentes asistieran a una reunión que se celebraría en Bactra (Balj).

«A estas alturas los pueblos indígenas habían capturado y asesinado a los soldados que habían sido asignados a las guarniciones en las ciudades», es decir en aquellas que estaban al sur del río. La mayoría de los sogdianos apoyaron la revuelta; algunos de los bactrianos, instigados por Espitamenes y Datafernes, se unieron a la insurrección; y los escitas de la costa norte del Jaxartes comenzaron a reunir un ejército para una invasión. Si hubieran tenido tiempo para coordinar sus acciones, habrían inmovilizado al ejército de Alejandro y alentado a los pueblos al oeste del Hindukush y de Media a rebelarse contra los macedonios. Alejandro comprendió que la propia existencia de su ejército estaba en juego. Debía dar un ejemplo inmediato con los insurgentes que estaban más a mano. En dos días las tropas de Alejandro tomaron por asalto cinco ciudades, ya que sus muros defensivos de ladrillos de barro fueron derribados por las catapultas, mientras los honderos, arqueros y lanzadores de jabalina abatían a los defensores de la muralla. Por orden de Alejandro todos los varones fueron ejecutados, y las mujeres y los niños fueron entregados a las tropas como parte del botín. La ciudad más grande, llamada Cirópolis, tenía una sólida defensa, pero Alejandro condujo a un grupo selecto a través del lecho de un torrente seco hasta la ciudad y abrió algunas puertas desde el interior. Los defensores concentraron su ataque sobre el grupo de Alejandro. Él mismo fue golpeado en el cuello por una piedra y cayó inconsciente, y muchos oficiales fueron heridos; pero se recobraron y tomaron la plaza del mercado mientras el resto del ejército entraba a través de las puertas de la ciudad. En el combate sucumbieron 8.000 sogdianos, y los 7.000 restantes se rindieron. La séptima ciudad se entregó, según el relato que hizo Arriano citando a Tolomeo, y los hombres fueron deportados a otra parte de Sogdiana.

Estas medidas frenaron cualquier posible insurrección en la vecindad. Pero llegaron informes de que Espitamenes había puesto asedio a la guarnición de Samarcanda. Alejandro envió en su auxilio a una fuerza de 60 Compañeros de Caballería, 800 jinetes y 1.500 infantes mercenarios, y él mismo se aprestó a hacer frente a una amenaza mayor: un gran ejército de escitas sobre la orilla opuesta del río Jaxartes. Durante veinte días sus propias fuerzas construyeron alrededor de Alejandría Escate una muralla de doce kilómetros de longitud, y Alejandro instaló como pobladores a algunos macedonios que no eran aptos para el servicio activo, algunos griegos mercenarios y sogdianos locales voluntarios. Compró la libertad de algunos sogdianos que sus soldados mantenían como esclavos y los hizo ciudadanos libres, un acto de generosidad que se recordaría durante largo tiempo. La fundación de la ciudad fue celebrada con competiciones ecuestres y atléticas, y Alejandro ofrendó sacrificios a los dioses habituales.

Hizo planes para atravesar el río en balsas construidas con tiendas y atacar a los escitas, pero los oráculos que pronunció Aristandro cuando ofrendó los sacrificios fueron adversos. Un segundo sacrificio fue algo más favorable, ya que Aristandro dijo que los oráculos advertían de un peligro para Alejandro y se negó a modificar la interpretación. A pesar de eso, Alejandro emprendió el ataque: sus catapultas hicieron retroceder a los escitas de la orilla opuesta, sus primeras balsas atravesaron el río con él y con los arqueros y honderos, que cubrían el cruce de los falangistas, y luego los siguió la caballería. Alejandro ya se había enfrentado en Europa (*véase* pág. 40) con los temidos jinetes escitas, quienes retrocedían y rodeaban a sus perseguidores mientras disparaban sus flechas. Por consiguiente, hizo una serie de ataques en rápida sucesión. El primer grupo, que sumaba quizás unos 1.500 jinetes, cargó contra el enemigo, que retrocedió y los rodeó formando un amplio círculo. Entonces una segunda fuerza de caballería se entremezcló con los arqueros, los agrianos y los lanzadores de jabalinas, y conducidos por Alejandro atacaron un punto del círculo y rompieron la formación envolvente, después de lo cual dos grupos de su caballería, uno a cada lado de la segunda fuerza, cargaron contra los escitas cuando éstos retrocedían. Los escitas huyeron en medio de la confusión. Perdieron 1.000 hombres en combate, y fueron capturados 150 hombres y 1.800 caballos, mientras las bajas de Alejandro consistieron en 60 jinetes, 100 infantes y 1.000 heridos. Durante la persecución Alejandro bebió agua turbia, tuvo una violenta diarrea y fue llevado de vuelta al campamento. «Con esto la profecía de Aristandro se hizo realidad.»

Esta brillante victoria suscitó los elogios del rey escita, que se ofreció a obrar de acuerdo con los deseos de Alejandro; y éste ganó un poco de crédito al liberar a los prisioneros sin pedir rescate. Los enviados de los saces expresaron su sumisión, y Alejandro inició las negociaciones con ellos. Pero lo distrajeron unas malas noticias provenientes de Samarcanda. La fuerza que había enviado logró levantar el sitio de la ciudadela y luego persiguió a Espitamenes, quien los condujo dentro del territorio escita. Allí Espitamenes se reunió con unos 600 escitas arqueros montados y emprendió el ataque. «Cabalgando alrededor de la falange, los arqueros disparaban una andanada de flechas.» La caballería macedonia intentó esquivarlos, pero como sus caballos estaban agotados y mal alimentados no tuvo mucho éxito. La caballería de Espitamenes volvió para cargar contra la infantería, que había cambiado su formación en un cuadrado hueco y se replegaba hacia el río Politímeto, donde era más posible resguardarse. El deber de la caballería era proteger los flancos y la retaguardia de la infantería, especialmente mientras ésta cruzara el río, pero el comandante de la caballería intentó hacer que sus propios hombres atravesaran el curso del agua en primer lugar. Esto dejó a la retaguardia de la infantería a merced de los arqueros enemigos, y todos los infantes huyeron en desorden hacia el río. Allí fueron rodeados y eliminados. Todos los prisioneros fueron ejecutados. Solamente escaparon 40 jinetes y 300 infantes.

Cuando Alejandro se enteró del desastre, partió de inmediato con la mitad de los Compañeros de Caballería, los arqueros, los agrianos y algunos infantes de comando, y cubrió los 278 kilómetros en poco más de tres días para llegar a Samarcanda al amanecer. Pero Espitamenes, que tenía la ciudadela bajo asedio, huyó a tiempo y no pudo ser capturado. Al llegar al río Politímeto, Alejandro «ordenó que los huesos de los muertos fueran cubiertos con un montículo y ofrendó sacrificios en su honor, de acuerdo con la costumbre ancestral». Luego retrocedió y capturó el fuerte en el cual se habían refugiado los sogdianos que habían atacado a los macedonios. Los que sobrevivieron al ataque fueron condenados a muerte como rebeldes. El grueso del ejército bajo el comando de Cratero se reunió con Alejandro en Samarcanda. Alejandro hizo un despliegue de fuerzas al atravesar toda la región bañada por el Politímeto. Estaba por terminar el año 329, y el ejército iba a asentar sus cuarteles de invierno en Bactra. Allí Alejandro contó con refuerzos más importantes que los recibidos hasta entonces: 2.600 jinetes y 19.400 infantes (*véase* pág. 169). Indudablemente los necesitaría para la doble tarea de sofocar las rebeliones y derrotar a Espitamenes en la siguiente temporada de campañas.

CAPÍTULO CATORCE

El sometimiento del área nordeste en 328-327

1. Operaciones contra los rebeldes y el episodio de Cleito

Durante el invierno el sátrapa persa de Partia, Fratafernes, y el chipriota Estasanor pusieron bajo arresto a Arsaces, a quien Estasanor había sustituido como sátrapa de Areia, y a los líderes de los areianos que habían apoyado a Beso. Ahora podían asegurarle a Alejandro que sus comunicaciones con el oeste estarían libres de peligro. Las negociaciones que había iniciado el rey de los saces después de que Alejandro derrotara a los escitas dieron sus frutos. Llegaron embajadores con presentes para Alejandro y con el ofrecimiento de que se desposara con la hija del rey, como garantía de un tratado de amistad y alianza. Si bien Alejandro no aceptó el ofrecimiento de matrimonio ni otras propuestas de esponsales entre macedonios prominentes y las hijas de los escitas gobernantes, se presume que aceptó el tratado, ya que esto aseguraría que los saces no cruzarían el Jaxartes para ayudar a los rebeldes en Sogdiana. En esa época, otro rey escita acudió en persona acompañado por 1.500 jinetes, para ofrecer a Alejandro su colaboración en una campaña que, según él propuso, podrían emprender desde su propio reino, Corasmia, que se extendía al este del mar Caspio, hacia el mar Negro. Arriano nos dejó un resumen de la respuesta de Alejandro, que Tolomeo consultó probablemente en el *Diario*. «Mi interés en el presente se centra en la India. Si someto a los indios, realmente estaré en posesión de toda el Asia, y con Asia en mi poder retornaré a Grecia y marcharé desde allí, a través del Helesponto y la Propóntide, hacia la región del mar Negro con todas mis fuerzas navales y militares. Debería reservar su propuesta para entonces.» Hizo un tratado de amistad y alianza con el rey (su nombre era

Farasmanes) y lo recomendó a Artabaces, el sátrapa de Bactriana, y a los otros sátrapas cuyas provincias eran vecinas de Corasmia. Por otro lado, no se habían recibido enviados desde las tribus escitas entre el Jaxartes y Corasmia, de las cuales las más peligrosas eran los masagetas.

Al comienzo de la temporada de campañas, Alejandro desplegó sus fuerzas contra los rebeldes en Bactriana y Sogdiana, que dependían de su velocidad como jinetes y de la solidez de las fortalezas que constituían sus bases. Como los rebeldes no estaban congregados sino dispersos, Alejandro tuvo que dividir su ejército en destacamentos separados. Dejó cuatro comandantes de estos destacamentos en Bactriana, marchó hasta Sogdiana, y allí emplazó otros cuatro destacamentos, el primero bajo el mando de Ceno y Artabaces, y los otros tres a cargo de Efestión, Tolomeo y Perdicas, respectivamente. Los destacamentos tuvieron cierto éxito en la toma de fortalezas por asalto y la derrota de los defensores y también estipularon condiciones para los rebeldes que se rendían, pero todavía no habían completado su tarea cuando Alejandro los convocó a una reunión en Samarcanda e hizo nuevos planes. Encargó a Efestión que fundara nuevas ciudades en zonas pobladas de Sogdiana. Él mismo atacó y sometió algunas regiones de Sogdiana que los rebeldes todavía retenían. Y envió a Ceno y Artabaces hasta su frontera norte, porque llegaron informes de que Espitamenes se había refugiado allí con los escitas.

Pero Espitamenes se movilizó antes. Con una compañía de fugitivos de Sogdiana y 600 masagetas, tomó un fuerte en Bactriana por sorpresa, exterminó a la guarnición y se llevó al comandante. Algunos días más tarde, invadió la región en torno de Bactriana y obtuvo un gran botín. La pequeña guarnición de Bactriana hizo una salida audaz, recuperó el botín, pero cayó en una emboscada en su camino de regreso y sufrió bajas. Al enterarse de esto, Cratero, siendo comandante de un destacamento, marchó de inmediato e interceptó a las tropas de Espitamenes, que habían sido reforzadas por 1.000 masagetas más. Cratero los derrotó, pero los escitas escaparon al desierto con una pérdida de sólo 150 hombres.

Era el otoño de 326 cuando Alejandro regresó a Samarcanda para un descanso de la guerra. Los sogdianos, como los macedonios, eran cazadores diestros y tenían un coto de caza lleno de bestias salvajes cerca de Samarcanda. De modo que Alejandro montó una gran cacería, durante la cual personalmente mató a un león, y Curcio refiere que sus soldados dieron muerte a unos 4.000 animales. Otra diversión fue un banquete al cual Alejandro invitó a sus macedonios sobresalientes. Estos banquetes eran una tradición de la corte macedonia, y proporcionaban la ocasión para que el rey y los invitados bebieran vino puro y conversaran con sinceridad. Las mujeres no estaban presentes. El rey y sus invitados no portaban armas, pero el rey estaba bajo la protección de hombres armados, o sea sus siete Escoltas y algunos soldados de la Guardia Macedonia. Los banquetes se celebraron en el palacio, por ejemplo en el de Egea, y en la susodicha ocasión en el palacio dentro de la ciudadela de Samarcanda. Los Hipaspistas Reales estaban alojados fuera del palacio pero dentro de la ciudadela.

Uno de los invitados más distinguidos era Cleito. Él había salvado la vida de Alejandro durante la batalla del Gránico (*véase* pág. 97), y estaba al mando de la mitad de los Compañeros de Caballería desde el año 330. En Samarcanda fue designado sátrapa de Bactriana y Sogdiana como sucesor de Artabaces, que había renunciado a causa de su edad avanzada. Cleito también era de una generación anterior a la de Alejandro, ya que su hermana había servido como nodriza de Alejandro en sus primeros meses de vida, y amaba al joven rey. Por ese motivo existía confianza y afecto entre los dos hombres. Sin embargo, durante una intensa borrachera un cantante se burló de los oficiales macedonios que habían caído en el desastre reciente cerca de Samarcanda (*véase* pág. 188). Esto ofendió a los hombres más maduros, pero Alejandro y aquellos que estaban con él alentaron al cantante para que continuara. Entonces surgió una disputa entre los hombres de más edad, que juzgaban más grandes los logros de Filipo, y los más jóvenes, que lisonjearon a Alejandro y lo pusieron al mismo nivel de Hércules. Esto condujo a ulteriores recriminaciones, en las cuales Cleito, como principal vocero de su generación, denunció la política asiática de Alejandro y se burló de su pretensión de ser el hijo de Amón. Siguieron los insultos personales. Entonces Alejandro le arrojó una manzana a Cleito, intentó alcanzar su daga (que uno de los Escoltas apartó) y en el dialecto macedonio ordenó que los hipaspistas acudieran en su ayuda. También le ordenó a un trompetista que hiciera sonar el toque de alarma, y atacó al hombre cuando éste se negó a obedecer. Cleito todavía estaba encolerizado; pero Tolomeo y otros le empujaron afuera, y, llevándolo a través del foso de la ciudadela, lo dejaron al otro lado.

Al quedarse solo, Cleito apenas podía sostenerse, pero regresó y se enfrentó con Alejandro, precisamente cuando éste estaba llamándolo. Mientras Cleito decía «Aquí estoy», el rey lo atravesó con su pica causándole la muerte. Alejandro sabía que Cleito estaba desarmado, así que de inmediato quedó consternado por lo que había hecho e intentó volver la pica contra sí mismo. Pero los Escoltas lo desarmaron y lo transportaron a la fuerza hasta su habitación, donde yació lamentándose durante el resto de la noche y todo el día siguiente.

El relato de este suceso ha sido recogido principalmente de la narración de Plutarco. En mi opinión su fuente fue Aristóbulo, que estaba particularmente interesado en la personalidad y conducta de Alejandro. No cabe duda de que el temor al asesinato estaba siempre presente en la mente de Alejandro (ya que él mismo había visto a un Escolta asesinar a su padre), y por eso había pedido la ayuda de los hipaspistas y golpeado al trompetista. Cuando mató a Cleito, creyó que había un complot y que tenía que actuar en defensa propia. Fue la evidencia de que Cleito estaba desarmado lo que le hizo recobrar la razón. Según Aristóbulo, como sugiere el relato de Arriano, el error que condujo a la tragedia (la *hamartia*) fue el hecho de que Cleito volviera a la sala del banquete, pero no por eso Alejandro queda exonerado. Plutarco expresó su propia opinión de que el asesinato no fue un acto deliberado *(apo gnomes)* sino que se debió a una desgraciada casualidad *(dystychia)*, cuando la pasión del rey y la borrachera permitieron que se hiciera realidad el destino funesto *(daimon)* de Cleito.

El terrible remordimiento y la desesperación de Alejandro continuaron durante tres días, durante los cuales se encerró y no prestó atención a sus necesidades físicas. Sus Amigos se alarmaron y trajeron filósofos y adivinos para que conversaran con él. El más exitoso fue Aristandro, quien argumentó lo siguiente: casualmente el día del banquete era el día dedicado a Dionisio, y en esa fecha cada año los macedonios ofrendaban un sacrificio a este dios. En cambio Alejandro, por alguna razón desconocida, ofreció sacrificios a los Dióscuros (nombre colectivo de Cástor y Pólux). Cleito inició el sacrificio a Dionisio, pero no pudo completarlo porque Alejandro lo llamó para que se sentara a la mesa del festín. Cuando Cleito acudía al banquete, tres ovejas sobre las cuales se habían derramado libaciones como un preparativo del sacrificio lo siguieron. Este detalle fue comunicado a Aristandro y a otro adivino, que lo interpretaron como un mal augurio. Según ellos, Alejandro había ordenado el sacrificio por la seguridad de Cleito, pero como el banquete había comenzado, Cleito tuvo que dejar a medias el sacrificio a Dionisio para asistir el ágape. Aristandro adujo que lo sucedido se debió a «la ira de Dionisio», que al no haber sido honrado por Alejandro ni por Cleito, había determinado que ocurriese la tragedia *(katheimarmenon)*. Aristandro logró convencer a Alejandro, que después de ofrecer un sacrificio a Dionisio comenzó a ingerir alimentos.

El episodio en su totalidad revela las tensiones entre los Amigos maduros y los Amigos más jóvenes, y sus respectivos sentimientos hacia Alejandro. Los hombres maduros pensaban que habían sido desplazados por los más jóvenes que Alejandro había ascendido. Por ejemplo, de los contemporáneos de Alejandro, Efestión había sido puesto al mando de la mitad de los Compañeros de Caballería a la edad de veintiséis años y se le habían encargado importantes misiones, y Leonato había sido ascendido a Escolta a una edad similar. Los Amigos de Alejandro, a quienes Filipo había exiliado, ocupaban puestos militares y administrativos (Tolomeo, Nearco, Erigio y Harpalo), y la política de Alejandro de designar asiáticos como sátrapas impedía el ascenso de los macedonios de más edad en la carrera administrativa. Además, parece ser que fueron los hombres más viejos los que se ofendieron especialmente cuando Alejandro otorgó el comando militar a un asiático. Por eso se podría deducir que el desastre de Samarcanda se debió al hecho de que Alejandro designara como comandante a un licio en lugar de nombrar comandante del destacamento a un oficial macedonio veterano, como Carano.

Durante el banquete Alejandro fue puesto crudamente al tanto de las disensiones entre sus Amigos y de la hostilidad de los más veteranos hacia su política asiática. Estaba en su mano el apaciguar a sus Amigos más viejos concediéndoles una promoción y modificando o abandonando su política asiática. Sin embargo, Alejandro no era un hombre dado a hacer concesiones. Estaba, por el contrario, determinado a proseguir con su política asiática y, si fuera necesario, a depender menos de sus macedonios y más de los asiáticos. El asesinato de Cleito siempre sería un recuerdo funesto para él, y debió de haberse culpado por su embriaguez y su apasionada ira. Pero probablemente llegó a creer que la muerte de Cleito, como declaró Aristóbulo, se debió a un accidente de las circunstancias humanas, y que había sido predeterminada en el plano divino.

2. Operaciones en el área nordeste

Durante el verano del año 328, Alejandro no tuvo dificultades para reclutar jinetes bactrianos y sogdianos. Esto era un indicio seguro de que muchos líderes preferían la ley y el orden que Alejandro estaba imponiendo, y rechazaban las tácticas de ataques sorpresivos, que Espitamenes efectuaba con sus refugiados bactrianos y sogdianos y sus aliados escitas. Alejandro había sido capaz de poblar el desierto del oeste de Bactriana fundando Alejandría-en-Margiana en el oasis de Merv, una ciudad que formaba parte de una línea de plazas fuertes que había dotado de guarniciones. El resultado fue que Espitamenes sólo podía dirigir sus ataques sobre Sogdiana. Para los cuarteles de invierno, Alejandro se estableció con su cuerpo principal en Nautaca, en la Sogdiana central, y destinó a Ceno con una fuerza selecta cerca de la frontera sogdiana, frente a los masagetas, ordenándole que interceptara a todos los incursores. Al principio del invierno, Espitamenes intentó una invasión con sus seguidores bactrianos y sogdianos y con 3.000 masagetas como aliados. Ceno avanzó para enfrentarse a él con 400 Compañeros de Caballería, lanzadores de jabalina montados, jinetes bactrianos y sogdianos y dos brigadas de falanges. En una cruenta batalla, Espitamenes perdió 800 jinetes, mientras que Ceno sólo registró 25 bajas entre los jinetes y 12 entre los infantes. Los bactrianos y sogdianos de Espitamenes desertaron cuando sus pertrechos fueron saqueados por algunos masagetas. Espitamenes y sus aliados huyeron hacia el desierto. Pero cuando se rumoreó que el propio Alejandro estaba a punto de llegar desde Nautaca, los masagetas asesinaron a Espitamenes y le enviaron su cabeza a Alejandro. Los daghes entregaron a Datafernes, el socio de Espitamenes, y reconocieron el régimen de Alejandro.

Al promediar el invierno, Alejandro concentró todas sus fuerzas en Nautaca e hizo varios nuevos nombramientos. Como Mazeo había fallecido, Stamenes se convirtió en sátrapa de Babilonia; Estasanor fue trasladado como sátrapa desde Areia a Drangiana; y Atropates fue enviado a Media en sustitución del sátrapa Oxidates, que había sido negligente en la administración. Al confiable sátrapa de Partia, Fratafernes, se le ordenó poner bajo arresto a Autofradates, sátrapa de Mardia y Tapuria, que no había respondido a los requerimientos de Alejandro, y esas dos regiones quedaron bajo el control de Fratafernes. Asimismo, se envió a tres oficiales a Macedonia con órdenes de traer refuerzos.

A comienzos del año 327, Alejandro decidió atacar el así llamado «peñón sogdiano», en el cual muchos rebeldes y sus familias se habían refugiado, porque se consideraba inexpugnable. Si Alejandro lograba conquistarlo, ningún refugio sería seguro. El peñón era escarpado por todos sus lados, y una espesa nieve acababa de caer. Los defensores se negaron a negociar y se burlaron de Alejandro diciendo que necesitaba soldados alados para tener éxito. «En su apasionada búsqueda de gloria», Alejandro ofreció inmensas recompensas, que iban de doce talentos hasta trescientos darics de oro, a quien pudiera alcanzar la cima del peñón. Muchos macedonios eran experimentados escaladores, y trescientos hombres se ofrecieron voluntarios para escalar el peñón durante la noche. Escogieron la ladera más escarpada porque no estaba custodiada, clavaron las estacas de hierro de las tiendas en la nieve congelada o en las grietas, y treparon con ayuda de las cuerdas. Treinta hombres sufrieron caídas mortales, pero al amanecer la mayoría de los demás estaban en la cima y desplegaron las banderas que llevaban consigo. El heraldo de Alejandro anunció que éste había encontrado «los soldados alados», y que se podían ver en la cima del peñón. Los enemigos, presa de pánico al creer que los hombres sobre la cima eran muy numerosos y estaban totalmente armados, se rindieron junto con sus familias.

Entre los allegados de uno de los líderes sogdianos llamado Oxiartes, había una joven que, según se decía, sólo era superada en belleza por la esposa de Darío. Su nombre era Roxana. Alejandro se enamoró de ella a primera vista. «A pesar de su pasión, su intención no era raptarla como a una prisionera de guerra; más bien pensó, decorosamente, en casarse con ella» (el matrimonio se celebró más tarde). Éste fue el comentario que hicieron entonces los Amigos de Alejandro. Puede haberles sorprendido su continencia, pero ésta estaba de acuerdo con el respeto que había mostrado por la esposa de Darío. La vida amorosa de Alejandro sin duda era de interés para ellos. En el pasado Alejandro había desoído los consejos de Parmenio de casarse y engendrar un heredero antes de dejar Macedonia. En Asia había establecido una relación —nuevamente por consejo de Parmenio, según Aristóbulo— con Barsina, una hija de Artabaces y viuda de Memnon, un capitán mercenario de Rodas que había estado al servicio de Darío. Esta relación comenzó en el año 332 y culminó con el nacimiento de un hijo, probablemente en 327. Alejandro no consideraba al niño un heredero al trono, ya que había nacido fuera del matrimonio, pero ahora reconocía la necesidad de engendrar un heredero. Su elección de Roxana como su futura esposa no sólo era oportuna. Era políticamente apropiada; ya que estaba en armonía con su política asiática, y su caballerosidad hacia Roxana obtuvo la aprobación de sus súbditos asiáticos. Alejandro incorporó a Oxiartes a su entorno y lo trató con el adecuado respeto.

A continuación, Alejandro se dirigió hacia el vasto y escarpado peñón de Corienes, controlado por este y otros soberanos locales. Como una defensa adicional estaba rodeado de un profundo foso. Parecía imposible tomarlo, pero esto sólo reforzó la decisión de Alejandro. Dirigió las operaciones durante todo el día, y Leonato, Tolomeo y Perdicas lo hicieron durante la noche, ya que todo el ejército trabajaba por turnos a pesar de la espesa nieve y la escasez de provisiones. Después de talar unos pinos, con sus maderos hicieron unas escaleras que bajaron hasta el foso; los soldados descendieron por ellas y clavaron estacas en los costados del barranco a la altura requerida; y sobre esas estacas construyeron un puente de cestería y estiércol destinado a salvar el foso. Cuando se encontraron al alcance de los proyectiles enemigos levantaron tabiques de protección. Pero una vez que el puente se hubo terminado y elevado, los propios soldados estuvieron en condiciones de emplear sus catapultas disparadoras de flechas. Asombrado por el progreso de los macedonios, Corienes le pidió a Alejandro que le enviara a Oxiartes para aconsejarlo. El consejo fue rendirse; ya que Alejandro y su ejército eran irresistibles, y Alejandro era un hombre íntegro y de buena fe. De modo que Corienes se rindió. Alejandro dejó el peñón en sus manos y lo confirmó como soberano local. En señal de agradecimiento Corienes entregó a los vencedores suficiente vino, grano y carne disecada para que se alimentaran «tienda por tienda» durante dos meses.

Cratero, por su parte, llevó a cabo una operación con una gran fuerza en una región montañosa. Abatió o capturó a todos los líderes rebeldes, que perdieron 120 jinetes y 1.500 infantes, y se reunió con Alejandro, que había avanzado hasta Bactra. El área nordeste había quedado pacificada después de dos años de luchas en condiciones muy difíciles. Las ocho ciudades recién fundadas prosperaban y el entrenamiento de los jóvenes seleccionados iba por buen camino. Los pueblos de las llanuras se habían liberado definitivamente de las incursiones de las tribus montañesas y de los nómadas escitas, y la agricultura y el comercio se desarrollaron rápidamente a medida que los pueblos de las montañas adoptaban la vida sedentaria. Para su siguiente campaña Alejandro llevó consigo nutridas tropas de caballería de los bactrianos, sogdianos, masagetas y daghes; y dejó con Amintas, el sátrapa de Bactriana, una fuerza de guarnición inusualmente grande, integrada por 3.500 jinetes y 10.000 infantes.

3. La conspiración de los Pajes

Mientras Alejandro estaba en Bactra, un viejo amigo, Demarato de Corinto, fue a visitarlo y falleció de muerte natural. En su honor Alejandro hizo construir un gran montículo de 40 metros de altura. Era un cenotafio; ya que el cuerpo había sido cremado y las cenizas transportadas en un espléndido carruaje de cuatro caballos hasta su lejano hogar. Desde el punto de vista griego este cenotafio era un ejemplo del afán despilfarrador asiático.

En Bactra también se descubrió un complot contra la vida de Alejandro. Según Arriano se originó como consecuencia del castigo infligido a un Paje Real, Hermolao, por violar una norma de la caza real. Había matado un jabalí que Alejandro estaba a punto de despachar, y por esa ofensa había sido apaleado en presencia de los otros pajes y despojado de su cabalgadura. Profundamente irritado, Hermolao convenció a su amante y a otros cuatro pajes para que se unieran a él con objeto de vengar la afrenta. El plan era que uno de ellos, cuya misión era custodiar al rey una noche determinada, haría entrar a los demás y entre todos lo matarían mientras dormía. La ocasión llegó, pero Alejandro esa noche no regresó. Algunos dicen que pasó toda la noche en una francachela, pero Aristóbulo dejó un relato más exacto, que tiene un tono de verdad. En la corte había una mujer siria, que a veces entraba en éxtasis y entonces se creía que estaba poseída por un dios, ya que hacía profecías que resultaban ciertas. Alejandro tenía fe en ella, y le permitía que se acercara a él en cualquier circunstancia. Esa noche en particular, Alejandro estaba regresando a su dormitorio cuando ella lo interceptó y le rogó que diera media vuelta y pasara toda la noche en una fiesta. Él lo hizo y de esta manera eludió el asesinato.

Al día siguiente uno de los pajes, Epímenes, le comentó a su amante lo del complot, y éste se lo mencionó al hermano de Epímenes, quien de inmediato acudió a Tolomeo y le comunicó el informe. Tolomeo, como Escolta Real, tenía acceso inmediato al rey. Por consiguiente informó a Alejandro, que ordenó el arresto de los pajes que habían sido acusados como conspiradores. Fueron sometidos a tortura, admitieron la conjura, y dieron los nombres de algunos otros. Los macedonios (ya que uno de los pajes era tracio) fueron enjuiciados por el rey ante la Asamblea de los Macedonios, hallados culpables y lapidados hasta morir, de acuerdo con la costumbre macedonia. El relato nos ha llegado de Arriano, quien lo recogió de Tolomeo y Aristóbulo, y está confirmado por las declaraciones de Alejandro en dos *Cartas* donde menciona la confesión de los pajes *(paides)* bajo tortura y su lapidación a manos de los macedonios. Por otra parte, Curcio dejó un relato mucho más extenso que incluye discursos supuestamente pronunciados durante el juicio por Hermolao y el rey. Su versión es evidentemente ficticia; fue escrita para complacer a sus contemporáneos tocando el tema de la libertad y la tiranía.

En esa época ya era evidente, como lo es hoy para un lector, que a los pajes implicados en la conspiración no sólo los movía el deseo de buscar revancha por el castigo de uno de ellos. Ellos sabían que el apaleo era habitual en la Escuela, y que Hermolao se vería privado de su caballo no de un modo permanente sino temporal. Podrían haber expresado su solidaridad con Hermolao, pero no hasta el punto de arriesgar sus vidas; ya que si tenían éxito en el asesinato de Alejandro serían los primeros sospechosos. Por lo tanto, era natural suponer que habían estado inspirados por otros que esperaban beneficiarse con la muerte de Alejandro y habían prometido proteger a sus asesinos. ¿Quiénes podrían haber sido esos otros? Según Arriano algunos denunciaron a Calístenes por haber «participado» *(metesche)* en la conjura, y otros dijeron que éste los había «incitado *(eperen)* a la misma». Para Arriano, la segunda versión era la aceptada por Aristóbulo y Tolomeo: ya que Arriano consideraba que ellos habían admitido que los pajes declararon «haber sido incitados *(eparai)* por Calístenes para cometer la audaz acción». Desde luego, había una gran diferencia entre ser un conspirador y ser una figura persuasiva en un segundo plano. Por eso lo que los pajes dijeron en el momento del juicio no era suficiente a juicio de los macedonios para condenar a Calístenes.

Después del juicio hubo una investigación adicional, como la había habido después del proceso de Filotas (*véase* pág. 215). Esto condujo al arresto de Calístenes, el historiador y filósofo de la corte. En la segunda *Carta* de Alejandro, escrita a Antípater en Macedonia, el rey expresó lo siguiente, según Plutarco: «Castigaré al sofista y a aquellos que lo alabaron, y a aquellos que en las ciudades aceptaron a los hombres que atentaron contra mi vida.» Él mismo estaba persuadido de que Calístenes había estado comprometido como conspirador; pero como Calístenes no era un macedonio, sería enjuiciado no en la Asamblea de los Macedonios sino «en presencia de Aristóteles en el Consejo» (de la Comunidad Griega); la cita es de Cares, un cortesano griego. Este procedimiento era similar al aplicado a algunos rebeldes de Quíos (*véase* pág. 133). En realidad Calístenes murió siete meses más tarde «de una enfermedad», según Cares y Aristóbulo. La versión de Tolomeo, de que Calístenes fue torturado y colgado, se ha rechazado, ya que el proceso de Calístenes todavía estaba *sub judice*. Parece que Tolomeo, como macedonio, se hallaba poco interesado en el destino de un filósofo griego.

No conocemos los cargos bajo los cuales se arrestó a Calístenes. Sin embargo, existen «anécdotas» sobre él que pueden proporcionarnos indicios. Como filósofo que enseñaba a los pajes, se dijo que Calístenes mantenía una relación particularmente estrecha con Hermolao. La anécdota refiere que cuando éste le preguntó a Calístenes cómo podría llegar a ser más célebre, el filósofo contestó: «Matando al hombre más famoso.» El hecho de que Diodoro haya contado exactamente la misma historia con referencia al asesinato de Filipo no le agrega credibilidad. Otras «historias» cuentan que Calístenes había ofendido a Alejandro al ofrecerle débiles consuelos después del asesinato de Cleito, y más tarde lo ofendió en un banquete cuando en respuesta a un desafío citó los errores de los macedonios con demasiada franqueza. Más a propósito fueron las «historias» de Calístenes liderando la oposición a Alejandro en materia de prosternación *(proskynesis)*. Una de ellas, según informó Arriano, atribuyó a Calístenes un discurso claramente ficticio en el cual él describió la prosternación como una característica del despotismo oriental y como un anatema del amor a la libertad de los griegos y macedonios.

Puede haber algo de verdad en la «anécdota» de que Alejandro ofreció un banquete para algunos cortesanos que habían accedido a prosternarse y luego intercambiar besos con Alejandro, y para cierto número de hombres prominentes a quienes sólo se les había pedido seguir ese ejemplo. Calístenes fue uno de los integrantes del primer grupo. Pero como Alejandro estaba conversando con otra persona, Calístenes no se prosternó sino que lo besó directamente. Sin embargo, Alejandro advirtió la descortesía de Calístenes y no le besó. Después de lo cual Calístenes exclamó en voz alta: «Bueno, entonces tendré que acudir al más humilde por un beso.» Al parecer, su burla puso fin al experimento de la prosternación.

Después de su muerte, Calístenes fue retratado por los filósofos de la Escuela peripatética de Alejandro como un mártir que había defendido la libertad contra el despotismo oriental. En esa época, Alejandro consideraba a Calístenes una figura destacada en una red de conspiradores que incluía a «aquellos que lo alababan» (presumiblemente Aristóteles y otros filósofos) y a los descontentos de Asia que más tarde encon-

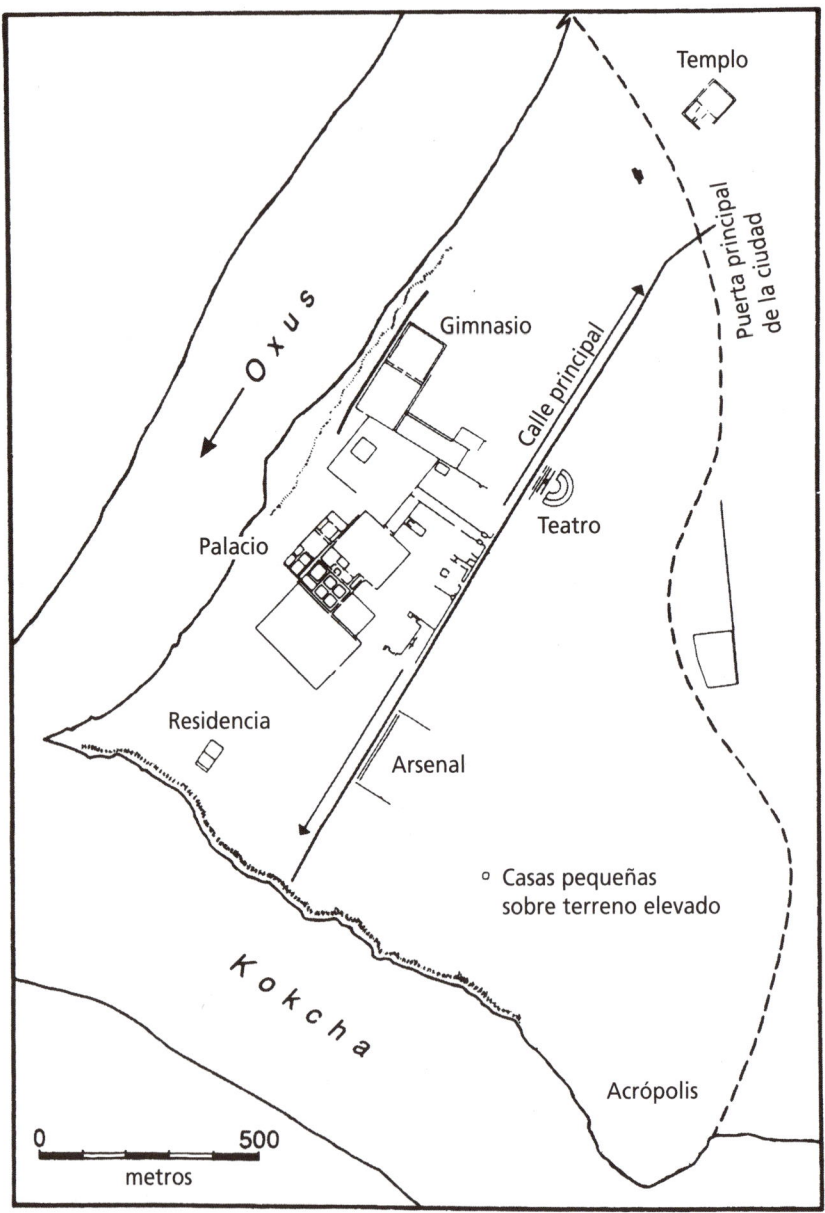

Figura 16. La Alejandría de Ai Khanoum

trarían refugio en las ciudades de la Grecia continental. Esto fue al menos lo que expresó con frecuencia a Antípater. Alejandro debió de haber comprendido que había una creciente oposición a su política asiática entre los representantes de las ciudades-estado griegas, tanto en Grecia como en Asia, y entre los macedonios y pajes.

Una de las causas del descontento era un cambio en la composición de los Compañeros de Caballería. Después de la muerte de Darío, Alejandro había reclutado a muchos miembros de la caballería ligera asiática en la zona que se extendía de Partia a Sogdiana. La mayoría de ellos servían en sus propias unidades étnicas, pero los mejores eran incorporados al grupo de los Compañeros de Caballería, que hasta entonces había sido un reducto exclusivo de los macedonios, aparte de unos pocos asiáticos. Los nuevos Compañeros de Caballería consistían en ocho «hiparquías», cada una de 500 hombres y formada probablemente por un escuadrón casi enteramente macedonio y dos escuadrones de armas ligeras (principalmente de asiáticos, pero que incluía a los Exploradores). De esta manera una hiparquía de Compañeros estaba perfectamente capacitada para actuar contra enemigos de armas ligeras, ya se tratara de bactrianos o de escitas. Sin embargo, esta modificación en gran escala de los Compañeros de Caballería ofendió el sentimiento nacionalista de los macedonios.

Cuando Alejandro decidió cruzar el Hindukush, dejó a Amintas en Bactriana con 10.000 infantes y 3.500 jinetes, los últimos quizás incluían una hiparquía de Compañeros. La distribución de fuerzas de Alejandro —unas consagradas al control de la región nordeste, y otras a la invasión del valle del Indo— quedó justificada por los resultados. En Bactriana y Sogdiana la urbanización y el comercio se habían desarrollado en unas condiciones estables. Dos siglos más tarde, los invasores chinos informaron que habían encontrado allí mil ciudades amuralladas y habitadas. Las excavaciones en Ai Khanoum han sacado a la luz una de ellas.

CAPÍTULO QUINCE

El valle del Indo

1. El avance hacia el río Indo y el cruce del mismo

Durante dos años Alejandro hizo continuas campañas, tanto en invierno como en verano. Ahora, en el año 327, mientras «la primavera estaba llegando a su fin», el ejército iba a efectuar la ardua travesía del Hindukush y regresar a Alejandría en el Cáucaso. El clima era menos severo y Alejandro había descubierto «rutas más cortas» que en marzo de 329, pero aun así el ejército tenía que escalar probablemente hasta los 4.350 metros de altura en el desfiladero de Kaoshan. Por lo tanto, era importante reducir el tamaño del convoy de pertrechos, que se había acrecentado con el botín obtenido durante el saqueo de los centros rebeldes. Alejandro y sus Compañeros dieron ejemplo quemando algunas de sus pertenencias, y los macedonios destruyeron lo que era superfluo para las necesidades propias y de sus familias (ya que la mayoría de ellos estaban acompañados por sus concubinas y sus hijos). Las tropas principales cruzaron el Hindukush en diez días, pero el transporte del material pesado continuó a través de los meses de verano. Mientras tanto, Alejandro entrenaba a su ejército multirracial. Amplió Alejandría al agregar a sus habitantes soldados en malas condiciones físicas y gente de la comarca, y reemplazó a un administrador incompetente por uno de sus Compañeros. Al partir dejó una guarnición, ya que ésta iba a ser su base de avanzada. El sátrapa de la región del Parapamiso era Tiriespis, un persa, y Alejandro adjuntó un territorio a su satrapía en el valle superior del río Kabul.

En el invierno del año 327, Alejandro ofrendó un sacrificio a Atenea y emprendió la conquista de «Indike», la tierra del Indus y sus tributarios, que constituía lo que hoy conocemos como Paquistán y Cachemira. Aristóteles había declarado (*véase* pág. 166) que la India, siendo la región este del Indo (Arriano *Ind.* 2.5), era una península orientada hacia el este sobre el Océano exterior; una región tan pequeña que desde las cumbres del Cáucaso un hombre podía ver el Océano en un día claro. Ahora Alejandro sabía que Indike era mucho más grande, pero su confianza en Aristóteles lo indujo a dirigir su campaña continuamente hacia el este a fin de llegar al Océano. Si él poseyera esta India, tendría en su poder a «toda Asia», como le había dicho Farasmanes (*véase* pág. 189). Los pueblos de la región, llamados colectivamente los «indi», eran conocidos como excelentes guerreros. Su infantería estaba armada con arcos excepcionalmente largos y poderosos, jabalinas o a veces lanzas largas, y todos tenían espadas. La caballería atacaba con jabalinas. Tanto ésta como la infantería llevaban pequeños escudos para su defensa, pero tenían poca o ninguna armadura protectora. Afortunadamente para Alejandro, los indi estaban desunidos, ya que las tribus luchaban entre sí, al igual que los reyes. Donde regía el sistema de castas, los soldados estaban en categorías separadas, el hijo sucedía al padre y no se atacaba a la casta de agricultores. Alejandro todavía no había advertido que la población dentro de Indike era extremadamente numerosa.

Durante el verano, los emisarios de Alejandro se habían adelantado y asegurado de la sumisión de las comunidades tribales al oeste del Indo y de una comunidad al este del río, y sus gobernantes —la mayoría reyes— habían dado garantías de lealtad. Después Alejandro los convocó, y ellos acudieron llevando presentes y prometiendo entregar sus elefantes de guerra. Pero Alejandro no se dejó engañar. Acompañado de una gran fuerza bajo su mando, penetró en el área montañosa que iba a ser la frontera noroccidental de la India británica. El primer grupo de tribus, los aspasianos, lo desafió. Cuando éstos se refugiaron en sus ciudades fortificadas, Alejandro tomó una tras otra por asalto; y cuando concentraron sus fuerzas, Alejandro los derrotó, haciendo 40.000 prisioneros y llevándose 230.000 bueyes, según Tolomeo. El siguiente grupo, los gures, aceptó su régimen. Los asacenios reunieron un ejército de 2.000 jinetes, 30.000 infantes y 30 elefantes, pero al aproximarse Alejandro se dispersaron para defender sus ciudades. Resistieron hasta los primeros meses del año 326. La lucha fue cruenta, como lo había sido en Bactriana y Sogdiana, y Alejandro empleó los mismos métodos, destruyendo los primeros centros y eliminados a sus habitantes como rebeldes. También perdonó a otros, y en las etapas finales fundó nuevas ciudades (por ejemplo, Arigueo y Bazira), dotó de guarniciones a algunas ciudades ya existentes y estableció puestos de guardia en puntos estratégicos.

Alejandro debió su triunfo a la velocidad de desplazamiento de sus fuerzas de caballería (ya que utilizaba arqueros montados, lanzadores de jabalina montados e infantes llamados «dimakes»), a la eficacia de su artillería y sus tropas de asalto en los asedios, y a la habilidad de los comandantes subordinados, como Cratero y Tolomeo. Las batallas campales eran raras, y entonces las falanges en formación resultaban imparables. La cantidad de bajas macedonias fue reducida, pero muchos, incluyendo a Alejandro en dos ocasiones, fueron heridos por las flechas. La resistencia más tenaz tuvo lugar en Massaga, donde los asacenios fueron reforzados por 7.000 mercenarios del este del Indo. Cuando la saeta de una catapulta mató al comandante asacenio, su viuda inició las negociaciones, durante las cuales salieron los 7.000 mercenarios de Massaga y acamparon cerca de los macedonios. Por la noche se produjo una violación del acuerdo —Tolomeo y/o Aristóbulo la atribuyeron a los mercenarios, y otros escritores a Alejandro—, y el resultado fue que los mercenarios fueron rodeados y exterminados. Por último, a fin de demostrar que la resistencia jamás podría tener éxito, Alejandro atacó el peñón de Aorno (Pir-Sar) que, según se decía, Hércules había intentado tomar en vano. Alejandro sintió un deseo vehemente *(pothos)* de superar a Hércules. Al frente de sus respectivas tropas, Alejandro y Tolomeo ocuparon un sendero de ascenso mediante un movimiento de pinzas; luego tendieron un puente sobre el barranco, como en el peñón de Corienes, y desde el puente capturaron una cresta «con increíble audacia»; finalmente, de los dos grupos de escaladores, setecientos alcanzaron la cima (Alejandro llegó primero) y desalojaron al enemigo. Como comentó sir Aurel Stein, el éxito se debió al «genio de Alejandro y al coraje y resistencia de sus valientes macedonios». En todos estos operativos los Hombres del Rey y sus tradicionales tropas de apoyo jugaron un papel preponderante.

Durante todo el curso de su campaña, Alejandro y sus macedonios creyeron que habían sido precedidos no sólo por Hércules sino también por Dionisio. Los indios mismos sostenían esta idea proclamando que Dionisio había fundado una de sus ciudades, llamada Nisa, y que había plantado la hiedra que crecía allí y en ninguna otra región de la India. A los macedonios les complacía ver la hiedra y otros supuestos signos de la presencia de Dionisio, y el propio Alejandro experimentó un «deseo vehemente» de visitar los lugares sagrados. Se hicieron sacrificios a Dionisio; Alejandro declaró a Nisa ciudad libre, y 300 caballeros de ésta sirvieron con los macedonios hasta el otoño del año 326. De esta manera surgió la idea de que Dionisio y Hércules habían combatido en la zona oeste del Indo, pero que jamás habían cruzado el gran río. Alejandro y sus macedonios habían planeado superarlos.

En Aorno, Alejandro estuvo cerca de Cachemira, el reino de Abisares, que había ayudado a los asacenios y ahora ofreció refugio a los sobrevivientes de Aorno. Alejandro no los persiguió. Se dirigió hacia el sur, capturó bastantes elefantes de guerra, encontró árboles apropiados y construyó barcas que surcarían el Indo. Como sátrapa de toda el área, Alejandro designó a un macedonio, Filipo, y como guardián del peñón de Aorno a un indio leal, Sisicoto. Ambos demostraron ser confiables; ya que cuando más tarde ocurrieron alzamientos en Asacenia, Alejandro fue informado por Sisicoto, y Filipo y Tiriespis restauraron el orden. Como en otras partes, Alejandro impuso la paz y ofreció promesas de progreso en sus nuevas ciudades.

Al partir de Nicea cerca de Alejandría en el Cáucaso, Alejandro había enviado al grueso del ejército, comandado por Efestión y Perdicas, por una ruta directa hacia el Indo a través del paso de Jaybar. Estas tropas tomaron por asalto u obtuvieron la rendición de todos los centros habitados (ya que iban a estar en la principal línea de comunicación de Alejandro); y fortificaron y dotaron de guarnición a uno de ellos, Orobatis. Cuando el gobernador indio del distrito de Peucelotis se rebeló, su ciudad cayó después de un sitio de treinta días. Se designó a un indio como gobernador de la ciudad. Efestión había recibido órdenes de tender un puente sobre el Indo, y con ese fin construyó barcas que podrían servir como pontones. Éstas fueron construidas con madera de árboles de la localidad, cortadas en secciones que se podían transportar por tierra y ensamblar. Las embarcaciones más grandes eran un par de triacontes. Cuando Alejandro llegó en la primavera de 326, las fuerzas unificadas asistían a un gran festival con competiciones atléticas y ecuestres. Alejandro ofrendó sacrificios a los dioses habituales y un monarca indio, Taxiles, ofreció a los soldados 3.000 vacas y más de 10.000 ovejas para el sacrificio. Los oráculos en los sacrificios fueron favorables. Al amanecer Alejandro fue el primero en cruzar hasta la India, una tierra totalmente desconocida para el mundo griego.

El ejército que cruzó el Indo sumaba unos 75.000 combatientes, cuyo cuerpo principal era la infantería de Macedonia, de los Balcanes y

El valle del Indo 207

de Asia occidental. La estructura de los Compañeros de Caballería había sido tan alterada que las cuatro hiparquías que acompañaban a Alejandro consistían predominantemente en macedonios, ya que necesitaría atacar como una caballería pesada en cualquier batalla campal. Los grupos étnicos de la caballería ligera estaban perfectamente entrenados. Nuestras fuentes mencionan a los lanzadores de jabalina montados, que eran persas, a los arqueros montados daghes, a los bactrianos y a los sogdianos, y seguramente había otras unidades, por ejemplo los tracios.

2. La batalla del Hidaspes

El régimen de Alejandro había sido aceptado de antemano, y se habían intercambiado muchos y valiosos presentes entre Alejandro y Taxiles, a cuya muerte su hijo había tomado el mismo nombre dinástico. Este Taxiles más joven había puesto su capital, Taxila (Bhir), a disposición de Alejandro y le había proporcionado 5.000 soldados para que sirvieran con él. En Taxila, el rey de Macedonia recibió enviados y regalos de soberanos menores de la vecindad y de Abisares, el soberano de Cachemira. Alejandro ofrendó sacrificios a los dioses habituales, celebró un festival con competiciones atléticas y ecuestres, y tomó medidas administrativas. Filipo, un macedonio, fue designado sátrapa de la región. Taxiles fue recompensado con un territorio adicional. Se emplazó una guarnición macedonia en Taxila, donde quedaron algunos soldados no aptos para el servicio activo; y las barcas que formaban los pontones del Indo fueron transportadas en secciones hasta el próximo objetivo de Alejandro: el Hidaspes. El gobernante del otro lado del río, un enemigo de Taxiles llamado Poro, no había mandado ningún enviado.

El ejército que avanzó hacia el Hidaspes estaba constituido por unos 75.000 soldados, reclutados de muchas partes de los dominios de Alejandro, y estaba encabezado por no más de 15.000 ciudadanos macedonios. El aprovisionamiento no presentó dificultad alguna gracias a la extraordinaria fertilidad de las llanuras aluviales, que producían suficientes reservas de grano. En la orilla opuesta del río, Poro había reunido un ejército de unos 35.000 hombres y 200 elefantes de guerra. Para Alejandro no era posible cruzar el río y realizar un desembarco, como había hecho en el Jaxartes, porque la vista y el olor de los elefantes habría espantado a los caballos de su ejército. Mediante varias estratagemas, Alejandro disimuló sus preparativos para cruzar en un punto situado a

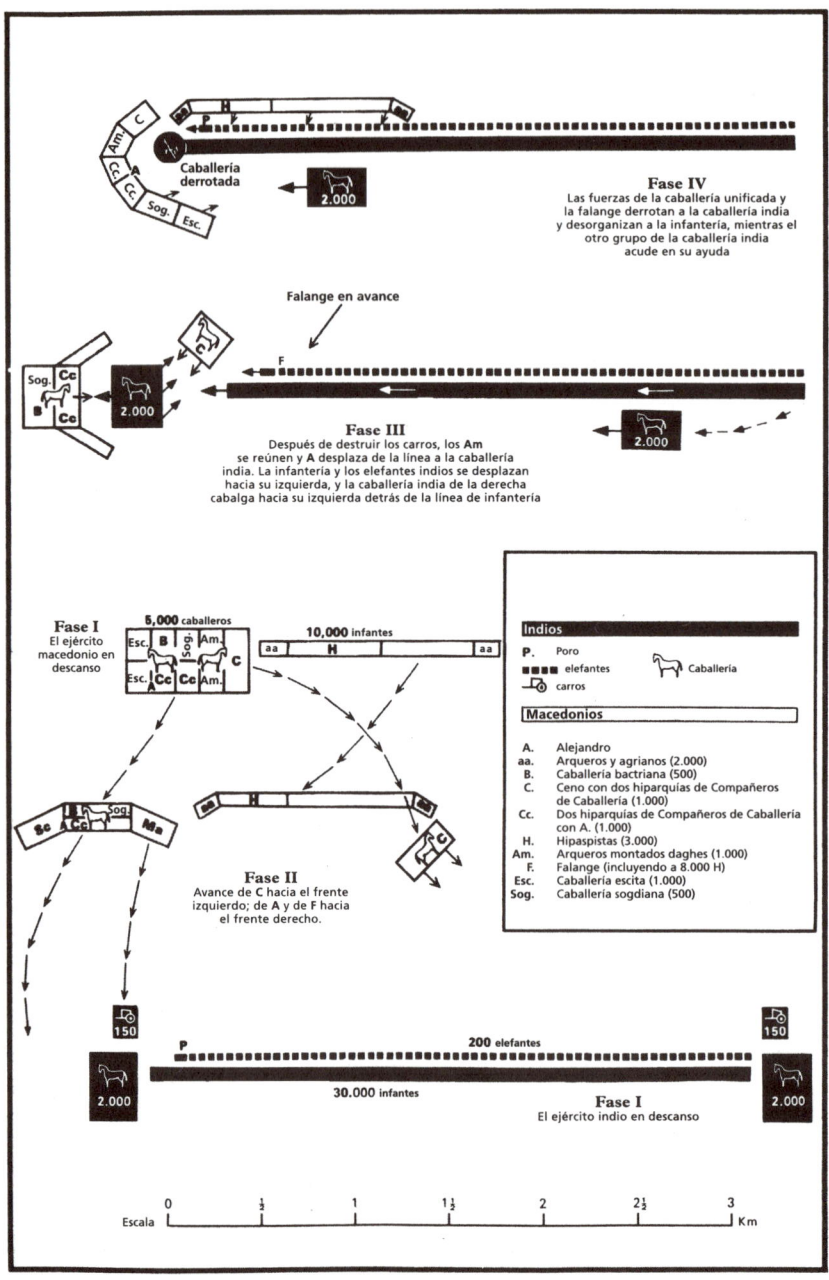

Figura 17. La batalla del río Hidaspes

unos 27 kilómetros aguas arriba de su campamento. Al poco tiempo, y a pesar de las numerosas dificultades que surgieron durante una noche tormentosa de mayo, Alejandro desembarcó sobre la orilla opuesta después del amanecer con 5.000 jinetes y 6.000 infantes. Varios destacamentos habían tomado posiciones entre el campamento y el pontón de lanchas, y tenían órdenes de cruzar el río cuando vieran que los indios presentaban batalla. En el campamento, Cratero estaba listo para atravesar el río con su fuerza, pero sólo si Poro «lanza todos sus elefantes contra mí», según las palabras del mismo Alejandro.

Cuando los exploradores informaron a Poro del desembarco, éste envió a su hijo al mando de 120 carros y 2.000 jinetes para hacer frente al enemigo. Los carros se hundían en el suelo húmedo, y la caballería fue derrotada y sufrió la pérdida de su comandante y 400 hombres. Poro dejó algunos elefantes para disuadir a Cratero de cruzar el río, y desplegó su ejército sobre el suelo arenoso lejos de la orilla. Sus 30.000 infantes formaron una barrera de diez hombres de fondo y unos tres kilómetros de longitud. Delante colocaron 200 elefantes a intervalos de 15 metros, y en cada ala 150 carros en el frente y 2.000 jinetes detrás de ellos formados en columna. Poro esperaba que Alejandro lanzara un ataque frontal con sus fuerzas, sabiendo que serían numéricamente superadas. Mientras Alejandro avanzaba, se le unieron algunos de los destacamentos de la otra orilla y les dio un respiro antes de lanzar su ataque, no frontalmente sino contra un ala.

Alejandro envió 1.000 jinetes al mando de Ceno hacia el ala derecha de la formación de Poro, a fin de engañarlo y hacerle mantener sus 2.000 jinetes allí. Al mismo tiempo, los arqueros montados (1.000 daghes) atacaron los carros del ala izquierda de Poro haciendo que se dispersaran, después de lo cual apareció Alejandro con 1.000 Compañeros de Caballería y arremetió contra el flanco derecho de la columna de la caballería india que giraba hacia la izquierda para oponerse a él. Mediante el ataque y la retirada de sucesivos escuadrones, Alejandro apartó a la caballería india de la línea de infantería. Ése era el momento previsto, de acuerdo con sus órdenes, para que Ceno cambiara de dirección y cargara contra el flanco y la retaguardia de la caballería india. Cuando Ceno acometió, la caballería india huyó para buscar la protección de los elefantes (a los cuales sus caballos estaban acostumbrados). Mientras tanto, Poro había dispuesto que su línea de infantería y sus elefantes se desplazaran hacia su izquierda y apoyaran a la caballería, pero el desplazamiento fue retardado por los elefantes y la confusión que surgió. Tal como Alejandro había ordenado, su infantería avanzó en formación de falange (quizás unos 10.000 hombres entre hipaspistas, falangistas, agrianos, arqueros y otros) y atacó el ala izquierda de la línea de Poro, utilizando picas contra los cornacas y flechas y jabalinas contra los elefantes. Al principio la batalla se mantuvo igualada; mientras los elefantes barritaban y embestían, la caballería de Alejandro, ahora reforzada por los efectivos del ala derecha, atacó, pero los caballos macedonios se espantaron ante los elefantes. Fue la infantería la que se impuso en formación cerrada, avanzando con sus picas puntiagudas y empujando a los elefantes, que se abalanzaron en estampida contra sus propias tropas, mientras la caballería macedonia, que atacaba desde detrás de la línea de Poro, ponía en fuga a la caballería india. Los elefantes y las tropas derrotadas chocaron contra el resto de los hombres de Poro, que rompieron filas y huyeron en masa. Mientras tanto, Cratero había cruzado el río y se unió a la persecución, durante la cual las pérdidas indias entre muertos y prisioneros se estimaron en dos tercios de su fuerza total.

Poro y sus cornacas lucharon a pesar de las heridas hasta que un indio lo persuadió de desmontar y entrevistarse con Alejandro. «Trátame como a un rey», le dijo Poro. Alejandro dejó que éste conservara su reino como soberano vasallo y le otorgó un territorio adicional. Más tarde convenció a Poro y Taxiles de que pusieran fin a su enemistad. De los soldados que habían efectuado el cruce inicial del río habían muerto 80 infantes macedonios y 20 Compañeros de Caballería; y de las otras tropas, 720 infantes y 280 jinetes. Alejandro ofrendó sacrificios a los dioses habituales y al Dios-Sol, que había permitido «la conquista de las tierras hacia el levante». En una Asamblea de los Macedonios expresó que la riqueza de la India les pertenecía y que sólo tenían que avanzar «hacia el lejano Oriente y el Océano». La Asamblea prometió completar la misión, ya que ellos también pensaban que el Océano no quedaba lejos hacia el este.

Alejandro hizo descansar a su ejército durante un mes. En el ínterin, trazó los planos para dos nuevas ciudades, que más tarde llamaría Nicea y Bucéfala, la última en memoria de su caballo de guerra, que murió de viejo poco después de la batalla. Para conmemorar su victoria Alejandro emitió medallones de plata del tamaño de un decadracma. Así, en la lámina 13, Alejandro, revestido de su uniforme de caballería, empuña una lanza en la mano izquierda y un rayo en la mano derecha extendida, y Niké está a punto de coronarlo con la diadema de la victoria. En el reverso, Alejandro montado ataca a Poro y su cornaca, que se retiran sobre su elefante. La diadema consagra a Alejandro como rey de Asia, y el rayo significa que es el vicario de Zeus.

3. Avance y parada en el Hífasis

Para Alejandro y sus expertos había dos rutas hacia el Océano. Una era hacia el sur a lo largo del Indo. Creían que el Indo era el Nilo superior porque la fauna y la flora de ambos ríos eran similares, pero los indios le informaron que el Indo desembocaba en el mar, presumiblemente el Océano. La otra ruta era hacia el este, hasta la punta de la península de Aristóteles. Mientras el ejército descansaba, Alejandro comenzó a construir la flota para el viaje hacia el sur. Pero había decidido avanzar primero hacia el este hasta «los confines de la gran tierra» *(finem terrarum)*.

Al principio, las numerosas tribus se rendían o eran fácilmente sometidas por Alejandro y Efestión al mando de los destacamentos de avanzada, mientras el grueso del ejército los seguía. En el cruce del Acesines (Chenab) se perdieron algunas vidas a causa de las lluvias monzónicas que acababan de comenzar. Fue más allá del próximo río, el Hidraotes, donde Alejandro se encontró con fuerzas bien organizadas en Sangala (cerca de Lahore). El asedio le costó 100 bajas y 1.200 heridos, pero las pérdidas del enemigo, que fueron de 17.000 muertos y 70.000 prisioneros, pronto pusieron fin a la oposición, y Alejandro pudo llegar a la orilla del último río, el Hífasis (Beas). Más allá de éste, Alejandro y sus macedonios pensaban que encontrarían «el fin de Asia y el Océano».

La verdad se conoció a través de los indios locales, quienes le informaron que más hacia el este estaba el populoso valle del Ganges y la mayor cantidad de elefantes «notables por su tamaño y coraje». Entre los macedonios, que estaban exhaustos y padecían los efectos de setenta días de lluvias continuas, hubo una amarga desilusión, ya que habían sido engañados y «el fin de Asia» no estaba próximo. Por medio de su conducta expresaron que no deseaban ir más lejos. Por otra parte, Alejandro estaba decidido a avanzar y, según él creía, llegar hasta el Océano del otro lado del valle del Ganges. Por consiguiente, convocó una reunión de los comandantes de regimientos. Su discurso fue escuchado en silencio. Luego Ceno, un general veterano, habló «en nombre de la mayoría del ejército»: su deseo era regresar a Macedonia. La ira de Alejandro fue evidente. Al día siguiente volvió a reunir a los comandantes y les anunció su intención de seguir adelante con aquellos que estuvieran dispuestos a acompañarlo; los otros podrían volver a casa y decir que habían abandonado a su rey. Permaneció recluido en su tienda durante tres días, con la esperanza de que el ejército cambiara de opinión. Como el silencio persistía, salió de su tienda para ofrendar un sacrificio por el cruce del río. Los presagios fueron desfavorables. A través de sus Amigos anunció que «había resuelto volver». Los soldados gritaron de alegría, y algunos acudieron a su tienda para bendecirlo. Alejandro no había logrado imponer su voluntad. Pero había evitado una confrontación, y se había ganado la benevolencia de los macedonios. La *anabasis*, el avance hacia el este, había llegado a su fin.

En la orilla del Hífasis, Alejandro dividió al ejército, regimiento por regimiento, y ordenó a los hombres levantar doce altares tan altos como las torres más altas... en agradecimiento a los dioses del panteón griego por haber guiado al ejército, y a Zeus por haberle dado la victoria, como proclamaba en el medallón de Poro. La mención de sus campañas incitaba a compararlo con Hércules, que había conmemorado sus victorias erigiendo las «Columnas de Hércules» en el límite occidental del mundo.

CAPÍTULO DIECISÉIS

El sur de Asia

1. Hacia el delta del Indo

Fue muy característico de Alejandro el que mientras avanzaba y regresaba desde el Hífasis hiciera sus planes para la administración del territorio. Después de la victoria del Hidaspes, Alejandro extendió el reino de Poro hasta Cachemira en el norte, donde los glausas le rindieron sus treinta y siete ciudades y sus numerosas aldeas con una población total de aproximadamente medio millón de almas. Del otro lado estaba el reino de Abisares, que después de muchos equívocos finalmente se sometió y envió generosos presentes, además de treinta elefantes. Alejandro lo confirmó en su gobierno y lo convirtió en monarca de la región. La zona entre los ríos Acesines e Hidraotis, y luego la mayor parte del territorio entre este último y el Hífasis se anexaron al reino de Poro, que había servido lealmente con 5.000 indios y muchos elefantes bajo el mando de Alejandro, y había abastecido al ejército. Finalmente, ese reino iba a incluir más de 2.000 ciudades, lo cual representaba una población que superaba los diez millones de habitantes. El área en torno de Sangala fue confiada a algunos indios que se habían trasladado voluntariamente. Las nuevas ciudades fundadas por Alejandro, una sobre el río Hidaspes y la otra sobre el Acesines, estaban situadas en la línea de comunicación. De esta manera Alejandro dependía enteramente de los gobernantes nativos para controlar la grande y populosa región hasta el pie del Himalaya. Su relación con los habitantes era personal y los trataba como «aliados», siempre que aceptaran su régimen general y le pagaran el tributo financiero que él exigía. Alejandro reconocía que no le era posible ejercer un control directo sobre esta

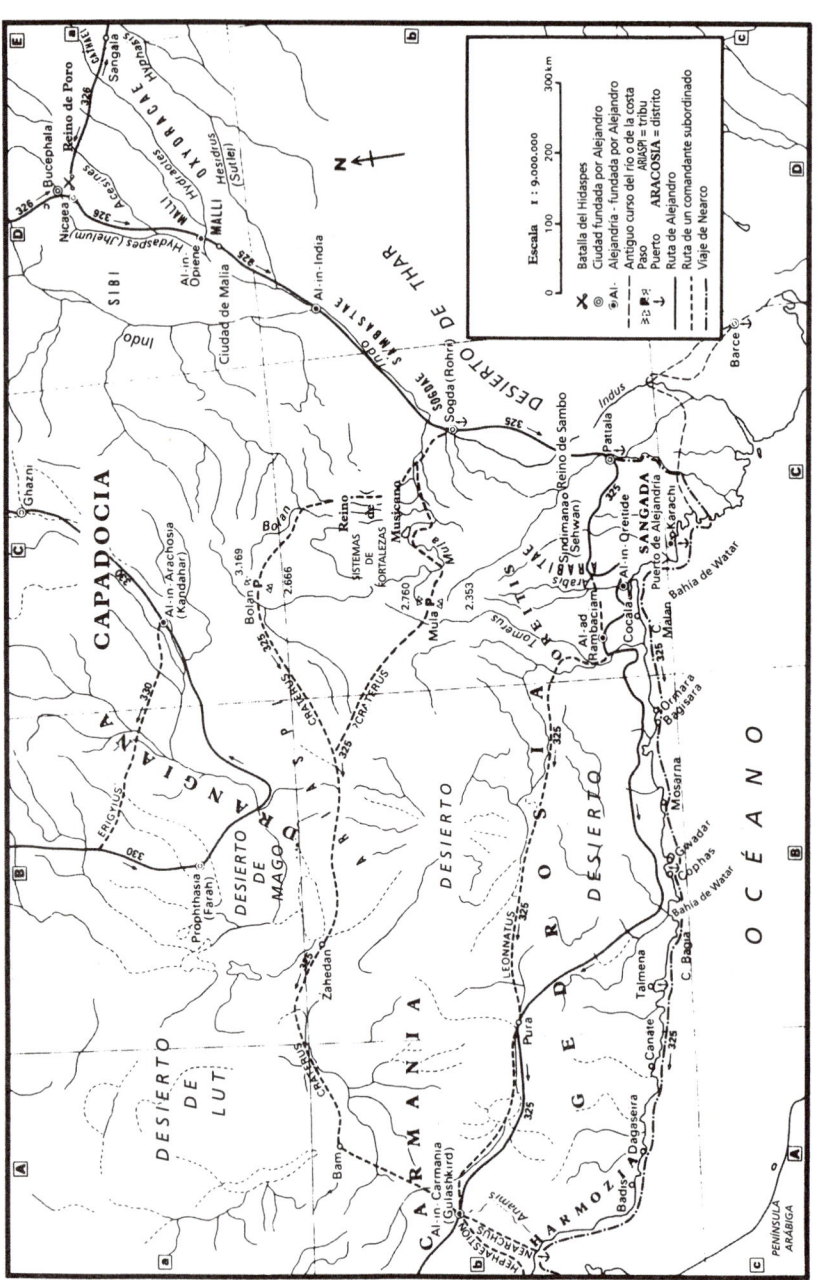

Figura 18. Las satrapías del sudeste

zona nordeste, y su confianza en los gobernantes nativos en ese momento estaba justificada.

El área de mayor importancia estratégica era el reino de Taxiles, que había demostrado una lealtad tan constante como Poro. Alejandro le concedió un territorio adicional, lo trató como «aliado», y esperaba que cooperara con su vecino, Filipo; pero para asegurarse Alejandro mantuvo una guarnición en Taxila (*véase* pág. 207). Filipo, como sátrapa, controlaba las regiones a través de las cuales se establecían las comunicaciones con Macedonia, específicamente la ruta del paso de Jaybar, los valles del Kabul, Cofen y Coaspes (Swat), y un enclave al este del Indo. De esta manera, toda la región interior estaba bajo control, y él podía avanzar hacia el sur con seguridad.

Además, para la nueva campaña había recibido grandes refuerzos: 6.000 jinetes de Grecia y Tracia, 7.000 infantes mercenarios griegos, y 23.000 infantes de sus aliados en Grecia y Asia (es decir, de las ciudades griegas). Junto con ellos llegaron dos toneladas y media de provisiones médicas y 25.000 panoplias (juegos de armaduras) incrustadas de plata y oro, el producto de los talleres macedonios. El total de las tropas de combate disponibles para el avance hacia el sur era de aproximadamente 120.000 hombres, según Nearco. Podemos calcular los efectivos integrantes de la siguiente manera: 13.000 jinetes; 55.000 infantes de primera línea, de los cuales los Hombres del Rey, los agrianos y los arqueros, que sumaban cerca de 15.000; y 50.000 infantes de apoyo, de los cuales 15.000 eran tropas indias. La flota que lo aguardaba sobre el río Hidaspes era muy numerosa (las cantidades varían ampliamente en nuestros textos). Había 80 triacontes y todo tipo de embarcaciones especialmente diseñadas para el transporte del ejército, sus equipos y provisiones.

El plan de Alejandro para la campaña era insólito. Intentaba utilizar el Hidaspes, el Acesines y el Indo no sólo para transportar las provisiones que Taxiles y Poro habían reunido, sino también para instalar la base de las operaciones militares, ya que las tropas podrían ser transportadas más rápidamente aguas abajo que sobre tierra, y de esta manera se podría sortear cualquier oposición. Se necesitaban tripulaciones experimentadas para maniobrar en los rápidos y otras contingencias. Éstas se encontraron entre los soldados de las islas egeas y las ciudades griegas del Asia occidental, y entre los vivanderos procedentes de Fenicia, Chipre y Egipto; ya que los indios navegaban por los ríos solamente para la pesca local. Alejandro tenía su propia nave y timonel, Onesicrito, y como comandantes navales superiores había designado a treinta y cuatro oficiales macedonios, griegos, chipriotas y un persa. El cargo de la mayoría de ellos era honorario, y su título de «trierarca» no significaba que tuvieran realmente el mando.

En vísperas de la partida, en noviembre del año 326, se celebró un festival con competiciones artísticas y atléticas, y los animales sacrificados se entregaron al ejército. Alejandro mismo ofrendó sacrificios a sus dioses ancestrales, los que los adivinos prescribían, los tres dioses de los ríos, Poseidón, Anfítrite, las Nereidas y Océano. Al amanecer del día de la partida ofreció sacrificios en tierra a sus dioses habituales y al Hidaspes y, a bordo, a los tres dioses de las aguas, a Hércules y a sus dioses habituales. Entonces ordenó un toque de corneta y la flota zarpó en formación, mientras los vítores de los remeros resonaban en las riberas. Alejandro navegó al mando de los hipaspistas, los arqueros y el Escuadrón Real de los Compañeros de Caballería. Se habían adelantado dos destacamentos del ejército, el más nutrido con 200 elefantes sobre la ribera izquierda bajo el mando de Efestión, y el otro sobre la orilla derecha bajo el mando de Cratero, y los iba a seguir un tercer destacamento comandado por el sátrapa Filipo. La flota y los destacamentos se encontrarían en puntos predeterminados. La mayor parte de las tribus indias se rindieron y las otras, hasta la confluencia de los ríos Hidaspes y Acesines, fueron sometidas. Allí, en las aguas agitadas, algunos botes a remo zozobraron y se perdieron algunas vidas, pero aquellas embarcaciones que iban con la corriente no sufrieron ningún daño.

Alejandro ya estaba al tanto de que las dos tribus más numerosas y aguerridas de la región central, los malios y los oxidracas, estaban dispuestas a unir sus fuerzas y presentarle batalla. Ésta era una temible perspectiva, ya que su gran superioridad numérica podía ser decisiva, y una sola derrota de los macedonios sería desastrosa. Alejandro tenía que llegar antes de que ambas tribus pudieran unirse. Mientras la flota navegaba aguas abajo hasta la ribera de los malios, Alejandro invadió las tierras de sus vecinos del norte. Al reunirse con la flota impartió sus órdenes. Cratero, actuando sobre la orilla derecha, iba a estar al mando de los elefantes. Efestión, sobre la ribera izquierda, se iba a adelantar cinco días a la fuerza de Alejandro, y Tolomeo iba a seguirla con un intervalo de tres días, para poder hacer frente a cualquier desorden posterior al ataque. El propio Alejandro, al frente de los hipaspistas, una brigada de falange, los agrianos, los arqueros, la mitad de los Compañeros de Caballería y los arqueros montados (que totalizaban 6.500 infantes y

2.000 jinetes), marchó a través del territorio desierto hacia el país de los malios. En un día y una noche cubrieron más de 90 kilómetros.

El ataque de su caballería al amanecer fue una sorpresa total. Muchos malios fueron abatidos indefensos en los campos, y cuando llegó la caballería entró por la fuerza en la ciudad y empujó al enemigo hacia la ciudadela. «Alejandro aparecía por todas partes en la acción.» La ciudadela fue tomada por asalto, y los 2.000 defensores fueron eliminados. Los habitantes de una ciudad vecina huyeron, pero muchos fueron capturados y matados por la caballería. Después de otra noche de marcha, Alejandro atacó a un contingente de malios que estaba cruzando el Hidraotes, mató a muchos y tomó algunos prisioneros, y luego capturó su plaza fuerte. Los supervivientes fueron esclavizados. Quedaba otra ciudad fuertemente defendida por los malios y los brahmanes, miembros de una secta religiosa. Los macedonios dispararon una andanada de flechas con sus catapultas, mientras los zapadores socavaban las murallas (como en otras partes de las planicies, éstas eran de ladrillo), y Alejandro fue el primero en escalar el muro de la ciudadela, en la cual 5.000 malios lucharon hasta morir. «Su coraje fue tal que pocos se pudieron capturar vivos.» Otras ciudades fueron abandonadas. Alejandro mandó a un destacamento para que registrara los bosques y «matara a todo aquel que no se rindiera voluntariamente».

Las numerosas bajas de los malios se debieron en parte a la resistencia fanática de sus soldados y en parte a la matanza de los refugiados por orden de Alejandro (según Arriano 6.8.3, a través de Tolomeo, que recogió la información del *Diario*). Como a la sazón el pánico se había extendido, el único ejército organizado de los malios, integrado por 50.000 efectivos, abandonó su territorio y atravesó el Hidraotes, con la evidente intención de unirse a los oxidracas. Persiguiéndolos a corta distancia, Alejandro vadeó el río solamente con su caballería y los detuvo rodeándolos hasta que apareció su propia infantería. A la vista de la falange, los malios huyeron hacia una ciudad fortificada y al día siguiente, cuando los macedonios la atacaron, se refugiaron en la ciudadela. Alejandro, como era habitual, estaba en la vanguardia. Como no confiaba en la habilidad de sus soldados, él mismo afianzó una escalerilla contra el muro de la ciudadela y encabezó el ascenso, seguido por Peucestes, que portaba el escudo sagrado de Atenea de Troya, y por Leonato, un Escolta. A su lado apoyaron otra escalerilla, y el primer hombre en subir fue Abreas. Detrás de ellos ambas escalerillas se rompieron bajo el peso de las tropas. Los comandantes se quedaron solos. Alejandro desalojó a los defensores de lo alto del estrecho muro y se le unieron Peucestes, Leonato y Abreas. Como allí era un blanco fácil, saltó sobre el terreno interior, mató a algunos malios que lo atacaron y los otros tres lo imitaron. Abreas fue abatido por una flecha disparada a corta distancia. Alejandro fue alcanzado por otra flecha que le perforó el pulmón. Perdió el conocimiento, pero Peucestes y Leonato lo protegieron con sus escudos. En ese momento llegaron los hipaspistas, algunos escalando los muros y otros después de derribar un portal. Creyendo que Alejandro estaba muerto, el ejército mató a todos los ocupantes de la ciudadela.

Alejandro sobrevivió con una gran pérdida de sangre. Cuando se presentó ante los soldados, éstos gritaron de alegría y lo coronaron «con tantas flores como la India estaba produciendo». Ahora, todas las fuerzas estaban reunidas en la confluencia de los ríos Hidraotes y Acesines. Si bien Alejandro estaba convaleciente, las terribles pérdidas que había infligido a los malios tuvieron el efecto que había previsto. Los malios, oxidracas, sogdas y otras tribus y comunidades hasta la confluencia del Acesines y el Indo enviaron delegados y presentes y aceptaron su dominio. La única tribu que se resistió fue sometida por Perdicas. En la confluencia de ambos ríos Alejandro fijó el límite sur de la satrapía de Filipo, a quien le proporcionó una fuerza de guarnición que incluía a todos los tracios. Además, planeó la construcción de una nueva ciudad dotada de arsenales, Alejandría-en-Opiene. Alejandro preveía que los numerosos ríos navegables iban a ser muy útiles para un comercio fluvial que las tribus indias desunidas jamás habían desarrollado. El territorio al oeste del Indo que Cratero había invadido se agregó a la satrapía de Aracosia.

Aguas abajo del Indo Alejandro aceptó la sumisión de las tribus y fundó otra ciudad con arsenales cerca de la capital de los sogdas (en Rohri). El río fluía no muy lejos del desierto de Thar, y el territorio fértil estaba hacia el oeste. Allí reinaba Musícano sobre el reino más próspero del valle del Indo. Como Musícano no había enviado delegados, Alejandro embarcó unas tropas en su ahora ampliada flota, navegó rápidamente río abajo, y llegó hasta ese reino antes de que su gobernante se hubiera enterado de su partida. Asombrado, Musícano acudió a entrevistarse con Alejandro. Traía generosos obsequios y a todos sus elefantes, y ofreció a Alejandro sus servicios personales y los de su pueblo. Se le garantizó el perdón, Musícano fue confirmado como rey vasallo, y la ciudadela de su capital fue dotada de una guarnición integrada por macedonios. Un rey vecino, Oxícano, no había negociado. Navegando con una fuerza selecta hasta su reino, Alejandro capturó a Oxícano y tomó dos de sus ciudades por asalto; regaló todo el botín a sus tropas, pero se quedó con los elefantes. El soberano del siguiente reino hacia el sur, Sambo, huyó pero sus parientes entregaron la capital y los elefantes.

Ahora Alejandro estaba próximo al delta del Indo. Pero detrás de él estalló un motín, inspirado por los brahmanes y conducido por Musícano, y existía el peligro de que la sedición se extendiera. Alejandro actuó con su acostumbrada rapidez. El sátrapa que él había designado para el sur de la India, Peitón, invadió el reino y capturó a Musícano, mientras Alejandro atacaba las ciudades sometidas a éste. «Esclavizó a los habitantes de algunas ciudades y derribó las murallas, y en otras destacó guarniciones y fortificó las ciudadelas.» Musícano y todos los brahmanes capturados fueron llevados a su lugar de residencia y colgados como instigadores de la rebelión. Otro alzamiento ocurrió en el reino de Sambo (mencionado no por Arriano sino por otros escritores). Alejandro trató a las ciudades de la misma manera, pero perdonó a los que se rendían, más singularmente al alcalde de los brahmanes, Harmatelia.

El rey del delta, Soeris, acudió a Alejandro y aceptó su régimen; éste le ordenó que preparara provisiones para el ejército. En vista de que el sometimiento de la India parecía ser completo, Alejandro se preparó para la fase siguiente, enviando a Cratero a lo largo de la ruta de Aracosia y Drangiana hacia Carmania, donde se encontró con Persis. Cratero llevó consigo algunos macedonios que eran inútiles para el servicio activo, tres brigadas de falange, algunos de los arqueros, todos los elefantes, y un convoy de pertrechos junto con las familias de los Hombres del Rey. Su misión era asegurar o extender el control macedonio en las regiones que iba a atravesar. Era evidente que Alejandro pretendía conducir un ejército más ágil hasta un territorio no conquistado, que debía estar al sur de la ruta de Cratero.

Después de la partida de aquél en junio de 325, Alejandro zarpó rápidamente hacia Pattala, en la desembocadura del delta, porque se decía que Soeris había huido con sus hombres. Era cierto, pero la mayoría de los hombres regresaron cuando se les garantizó que podrían trabajar sus propias tierras (*véase* pág. 101 sobre un caso similar). Alejandro amplió el área cultivable cavando pozos en el desierto. Instaló su principal base naval en Pattala, hizo construir una gran dársena para el grueso de la flota y varios arsenales; todo el conjunto y la ciudadela fueron rodeados de un muro fortificado. Desde Pattala Alejandro exploró los afluentes del Indo. Perdió algunas naves a causa de una tormenta en el mar y luego debido a una marea menguante, con la cual no había tenido ninguna experiencia. Encontró un río más navegable hacia el este. En ese lugar, dispuso la construcción de otra dársena, unos arsenales y un fuerte para la guarnición, que marcarían su frontera oriental. Seguramente esperaba desarrollar el comercio marítimo hacia el este. Durante su primer viaje desembarcó en una isla en el río y luego en una isla en el mar, y en cada una de ellas ofrendó sacrificios no a los dioses habituales sino a dioses especiales con ritos particulares, como le habían enseñado los sacerdotes de Amón en el oráculo de Siwa (*véase* pág. 137). Luego se internó en el mar, sacrificó toros a Poseidón, y en acción de gracias arrojó vasijas de oro a las aguas. Estaba seguro de haber llegado al Océano —algo que supuestamente Amón había presagiado— y erigió altares a Océano y a Tetis.

La conquista, en siete meses, de las ciudades del sur de la India junto al Hidaspes fue un ejemplo asombroso de la audacia, la originalidad de los planeamientos de Alejandro, y de su capacidad para liderar un ejército multirracial. Sus macedonios estaban en óptimas condiciones físicas. Como Arriano en sus escritos se centró sobre todo en Alejandro y los Hombres del Rey, sabemos poco o nada de los logros de sus tropas griega y asiática, entre las cuales las caballerías persa, bactriana, sogdiana, escita e india deben de haber jugado un papel preponderante. Nada detuvo a Alejandro, ni la vastedad de las llanuras, ni la enormidad de sus poblaciones, ni los elefantes, ni los carros de guerra; y su utilización de los ríos le permitió una acción tan rápida que impidió que sus enemigos, tradicionalmente desunidos, juntaron sus fuerzas. Tampoco fue simplemente una cuestión de conquista, pues Alejandro consiguió que su régimen fuera aceptado. Polieno, un narrador militar que se basó en el relato de Tolomeo, observó que el hecho de que Alejandro combinara los métodos más crueles, como en Sangala, con el perdón y la clemencia hacia las tribus vecinas (*véase* pág. 211), tenía el efecto de «persuadir a los indios a aceptar voluntariamente su régimen» (4.3.30). Alejandro más tarde declaró que había dejado a los indios «mantener sus propias formas de gobierno de acuerdo con sus propias costumbres» (Arriano 7.20.1). Lo que él trajo a los indios, que habían estado divididos en comunidades hostiles, fue paz y con ella la promesa de desarrollo económico. Hemos visto cómo dio un nuevo uso a los ríos, excavó pozos para sacar agua y construyó puertos. En las ciudades indias de Alejandro existían nuevas oportunidades, y los hijos de sus pobladores podían elegir un sistema griego de educación. Los científicos y aventureros griegos que habían viajado con Alejandro tenían mucho que enseñar a los indios en cuestiones prácticas, como la explotación de la sal y la fundición de metales. Estaban dadas las condiciones para una nueva era.

2. La conquista de las regiones meridionales

Cuando Alejandro ofrendó sacrificios al mar, pidió «que Poseidón protegiera a la fuerza naval que pretendía enviar con Nearco al golfo Pérsico y las desembocaduras del Éufrates y del Tigris». Esta flota navegaría a través de mares inexplorados. En realidad, no se sabía si semejante viaje era posible; poca fe merecía el informe de Herodoto, que Alejandro habría leído, donde se refería que casi dos siglos antes el capitán griego de una nave mercante, que dependía sólo de las velas, había navegado desde el Indo hasta el mar Rojo en treinta meses (4.44). Esto planteaba el interrogante sobre si el mar donde desembocaba el Indo era un mar interno, como el Mediterráneo, o era el Océano que según Aristóteles rodeaba la gran tierra habitada. El viaje de Nearco resolvería esta cuestión.

Para la flota, se seleccionaron los tres tipos de naves de guerra que eran más rápidas con los remos: los triacontes (botes descubiertos con quince remos a cada lado), los *hemiolai* (naves livianas con una fila y media de remeros), y los *kerkouroi* (esquifes). Estas embarcaciones tenían la ventaja sobre las naves mercantes de que eran más rápidas en la mayoría de las condiciones, no se detenían por falta de viento, y podían atracar en playas abiertas. Su desventaja era que podían transportar muy poca agua y alimento. Lo que alarmaba a Alejandro era el peligro de un desastre durante un viaje de una extensión desconocida (de hecho, unas 1.200 millas) si la costa carecía de puertos, era deshabitada o deficiente en alimentos naturales. En realidad, tenía razón en pensar que parte de la costa estaría deshabitada, porque se creía que el Océano estaba rodeado de desiertos y estepas. Nearco hizo el sagaz comentario de que los temores de Alejandro «serían superados por su anhelo de lograr algo nuevo y siempre extraordinario».

El viaje de la flota iba a ser precedido por un ejército que partiría dos meses antes, cavaría pozos de agua, marcaría los puntos estratégicos, dejaría provisiones donde fueran necesarias y sometería a las tribus hostiles. El ejército pronto estaría marchando a través de una nación desconocida. Según la tradición, una reina asiria, Semíramis, y Ciro el Grande habían abandonado esa nación con sólo un puñado de hombres, porque era desierta y difícil de atravesar. Nearco dijo más tarde que Alejandro estaba al tanto de la historia y que intentaba tener éxito donde ellos habían fracasado. La naturaleza y la magnitud de las dificultades se ignoraban. Alejandro partió en agosto con un ejército de quizá 20.000 hombres y una provisión de grano para cuatro meses, ya que había enviado a sus hogares a la mayoría de los numerosos soldados de caballería asiática y a los infantes indios. Las dos primeras tribus costeras que encontró, los arabitas y los oreítas, opusieron resistencia pero luego capitularon. Alejandro fundó dos ciudades, designó a Apolófanes como sátrapa, y dejó a Leonato sofocando un alzamiento con una serie de batallas, en las cuales las pérdidas del enemigo fueron de 6.000 hombres y las suyas insignificantes, pero incluían a Apolófanes. Ya en la costa, Alejandro recibió a la flota de Nearco a su llegada, le proporcionó reemplazos para algunas de las tripulaciones, y le entregó provisiones para diez días.

Alejandro entró en Gedrosia con 12.000 soldados, principalmente macedonios, el convoy de provisiones y los vivanderos; eso ocurría en octubre, el mes durante el cual se había dispuesto que la flota zarpara. El primer déficit fue de agua, y Alejandro se vio obligado a marchar tierra adentro; pero todavía logró enviar algunas provisiones a la costa, por intermedio de Apolófanes, antes de que éste muriera. Entonces Alejandro se enfrentó con una terrible disyuntiva: conducir su ejército tierra adentro directamente hacia la capital, Pura, o marchar bordeando la costa a través de lo que se conocía como un desierto. Escogió la segunda opción, a fin de proporcionar ayuda a la flota donde más la necesitaría.

El ejército padeció terriblemente a causa del intenso calor, la escasez de agua y el agotamiento. Donde la arena era blanda, resultaba imposible para los animales y los hombres arrastrar los carretones cuesta arriba. Para complementar sus raciones las tropas mataban a los animales, desarmaban los carretones y utilizaban la madera para cocinar la carne. Sin medios de transporte, los soldados enfermos y agotados se dejaban morir. Cuando llovía tierra adentro, una inundación repentina arrastraba por la noche a «la mayoría de las mujeres y los niños de los vivanderos, las posesiones del rey y la mayor parte de los animales de carga supervivientes». El liderazgo de Alejandro mantenía la cohesión de las tropas. Él marchaba al frente, y cuando le ofrecían un poco de agua la derramaba sobre el suelo para mostrar que bebería solamente cuando todos pudieran hacerlo. Finalmente, los guías nativos perdieron la huella de la pista en el monótono desierto. Fue Alejandro quien llegó hasta el mar y descubrió agua fresca entre los guijarros. El ejército siguió la costa durante una semana, bebiendo de esta agua. Luego regresó tierra adentro hacia el territorio habitado donde se hallaba Pura, la capital de Gedrosia. Hay que tener en cuenta que durante la travesía del desierto las provisiones de alimentos, si bien escasas, eran suficientes para el ejército. Eran los vivanderos los que más padecían, ya que no recibían la ración general.

Después de descansar en Pura, el ejército marchó hacia Carmania, y allí se reunió con las fuerzas de Cratero, que había llevado a cabo su misión (*véase* pág. 219). La reunión fue la ocasión para un festival de artes y atletismo, y Alejandro ofrendó «sacrificios en acción de gracias por la victoria sobre los indios y por la salvación del ejército en Gedrosia». Ahora su preocupación era la flota. Al enterarse de que Nearco y algunos otros iban a venir a verle, pensó que la flota se había perdido y que ellos eran los únicos sobrevivientes. Por eso cuando se presentaron, les preguntó: «¿Cómo se perdieron las naves y los hombres?» Nearco contestó: «Sus naves y sus hombres están a salvo, y hemos venido a hablar de su seguridad.» Alejandro lloró de alivio. Montó otro festival del mismo tipo y ofreció «sacrificios por la salvación de la flota a Zeus el Salvador, a Hércules, a Apolo previsor del mal, a Poseidón y a otros dioses del mar». Tuvo razón en hacerlo, ya que aunque nosotros podríamos decir que la suerte estuvo de su lado, él creía que los dioses lo habían salvado.

La flota también realizó una ardua tarea, que se prolongó desde comienzos de octubre hasta enero. Durante ese lapso de tiempo, de acuerdo con las órdenes de Alejandro, Nearco tomó nota de los habitantes, los fondeaderos, los suministros de agua y las zonas fértiles y áridas de la costa, y esta información fue la base de una *Guía del Marinero*, con precisiones acerca de lo que iba a ser una ruta regular para los comerciantes. Después de la muerte de Alejandro, Nearco publicó un relato de sus aventuras y las de sus tripulaciones, que constituye una excelente lectura en la versión abreviada de Arriano. En dicho relato menciona muy de pasada el apoyo del ejército. Pero sin él, indudablemente, la flota se habría perdido o habría tenido que regresar por falta de víveres o de agua.

Nearco había dejado su flota en Harmozia, cerca de la entrada a la bahía de Ormuz. Continuó su viaje de exploración, trasladándose principalmente de isla en isla, y pudo descansar y abastecerse en la desembocadura del río Sitaces (Mand), donde Alejandro había depositado una gran cantidad de grano. Desde allí navegó hasta la desembocadura del Éufrates, que Alejandro había establecido como su meta (*véase* pág. 221), y luego regresó a la desembocadura del Pasitigris. En esta parte del viaje también registró información para una *Guía del Marinero*. Luego se reunió con Alejandro en un puente sobre el Pasitigris en febrero de 324. Allí se celebró un festival con sacrificios por la seguridad de las naves y los hombres, y Alejandro coronó con diademas de oro a Nearco por sus servicios con la flota, y a Leonato por su victoria en Oreítis. Fue un final triunfante para una operación en gran escala, en la cual las cuatro divisiones de las fuerzas de Alejandro habían conquistado las provincias meridionales y abierto la comunicación por mar entre la India y Persia.

3. El sudoeste asiático

El éxito de Nearco alumbró nuevas perspectivas para Alejandro. ¿Existía una ruta por mar desde el golfo Pérsico hasta el mar Egipcio (nuestro mar Rojo), o —si el mar Egipcio era un mar interior— había una ruta por mar en torno del sur de Libia hasta las Columnas de Hércules? Durante los siguientes doce meses tres expediciones salieron —cada una en un triaconte— hacia la costa este de la península arábiga, y la última llegó hasta el cabo Macetia, un inequívoco nombre macedonio para la península de Omán. Otra expedición partió de Suez y llegó hasta el Yemen; ya que fue «tan lejos como el agua embarcada en sus naves lo permitió». En opinión de Arriano, si Alejandro hubiera vivido más tiempo habría completado la circunnavegación de Arabia.

Desde el Pasitigris, Alejandro marchó hacia Susa donde hubo otra reunión, y luego, junto con una fuerza selecta, navegó por el río Euleo hasta el mar. Con las naves más rápidas exploró la costa hasta la desembocadura del Tigris. Los persas habían construido esclusas sobre el Tigris, a fin de impedir las incursiones enemigas aguas arriba. Alejandro las hizo eliminar y prosiguió hasta Opis. Por otro lado, los persas no habían bloqueado el Éufrates, que era navegable durante un largo tramo hasta Tapsaco. Aristóbulo escribió que los comerciantes caldeos establecidos en Gerra, sobre la costa árabe, enviaban cargamentos de especias árabes sobre balsas que navegaban hasta Babilonia, desde donde seguían por el río hasta Tapsaco para ser distribuidas por vía terrestre. Alejandro apreció la importancia de esta ruta, y por eso reunió una gran flota en Babilonia. A las naves de Nearco se agregaron embarcaciones fenicias, desde quinquerremes (en los cuales los remos superior y del medio eran accionados por dos hombres, y el inferior por un hombre) a triacontes, que habían sido transportados en secciones desde Fenicia hasta Tapsaco, donde se volvieron a montar y se enviaron hacia Babilonia. Otras naves se construirían con cipreses locales en los astilleros del lugar. Para que la flota pudiera fondear se construyó una dársena capaz de albergar 1.000 naves de guerra, y se reclutó personal de la región mediterránea, algunos voluntariamente, otros contratados de antemano, y otros «persuadidos», es decir redimidos de la esclavitud y liberados. Además, «Alejandro pretendía fundar asentamientos en la costa y las islas del golfo Pérsico, ya que pensaba que con el tiempo llegarían a ser tan prósperos como Fenicia».

La prosperidad de Babilonia se debía a su sistema de irrigación, que Alejandro personalmente había investigado y mejorado. El control del caudal de agua del Éufrates inferior planteaba un problema particular, que se resolvió mediante la construcción del canal Polacopas y el cenagal formado sobre la costa; ya que durante la mayor parte del año el agua tenía que ser desviada del canal y utilizada para la irrigación. Los persas habían logrado esto al contratar a 10.000 trabajadores que durante dos meses cada año se ocupaban de bloquear los desagües del río en el canal. Alejandro descubrió un depósito de cantos rodados, construyó un dique permanente, y utilizó compuertas para controlar la afluencia del agua del Éufrates dentro del canal. La desembocadura del Éufrates en el golfo Pérsico se ha alterado significativamente desde la Antigüedad, pero sus características generales son las mismas. Las tierras anegables, que hacia el sur llegan hasta lo que hoy es Kuwait, se consideraban parte de las defensas naturales de Arabia. Alejandro visitó Kuwait y fundó una ciudad, que pobló con mercenarios griegos antes de volver a Babilonia en 323. Allí la flota había seguido un constante entrenamiento con competiciones de remeros y timoneles entre naves. Alejandro pretendía dirigirla en persona y reunir el grueso del ejército en Kuwait para la invasión de Arabia. Durante su enfermedad final planeó los detalles del viaje y la campaña de Arabia. Si hubiera vivido, sin duda habría conquistado al menos parte de Arabia.

CAPÍTULO DIECISIETE

El reino de Asia y los macedonios

1. LA ORGANIZACIÓN DEL REINO DE ASIA

Ya hemos visto que en las provincias centrales Alejandro designaba asiáticos, principalmente persas, como sátrapas. Cuatro de ellos habían comandado grandes contingentes de tropas en la batalla de Gaugamela: Mazeo, Fratafernes, Atropates y Satibarzanes. Los tres primeros fueron notablemente leales a Alejandro. Satibarzanes se rebeló y lideró una verdadera sublevación en el año 330. Después de eso Alejandro pasó cinco años en Bactriana y la India, durante los cuales le resultaba imposible supervisar la conducta de sus administradores, tanto europeos como asiáticos, en la zona que iba del Helesponto a Partia. Al igual que en Macedonia, todo súbdito del rey de Asia tenía el derecho de apelar, pero este recurso era una eficaz protección contra el mal gobierno solamente cuando el rey estaba en la región. Esto ocurrió en el año 325, cuando se presentaron quejas contra el sátrapa de Parapamisade, Tiriespis, que fue trasladado al sur de laIndia para ser sometido a juicio y ejecutado por malversación y opresión de sus súbditos, siendo su satrapía transferida al sogdiano Oxiartes, el padre de Roxana. Pero cuando Alejandro regresó de la India, llegaron a sus oídos una cantidad de quejas. En Carmania, el sátrapa Astaspes quedó bajo sospecha; se llevó a cabo una investigación, se lo halló culpable y fue ejecutado. Mientras avanzaba de Carmania a Persis, Alejandro se enteró de que el sátrapa de Persis, Frasaortes, había fallecido de muerte natural, y que un persa, Orxines, que había sido comandante en la batalla de Gaugamela, había asumido el control de la satrapía «en nombre de Alejandro», entonces en la India. Los persas le hicieron llegar quejas contra Orxines por mal gobierno;

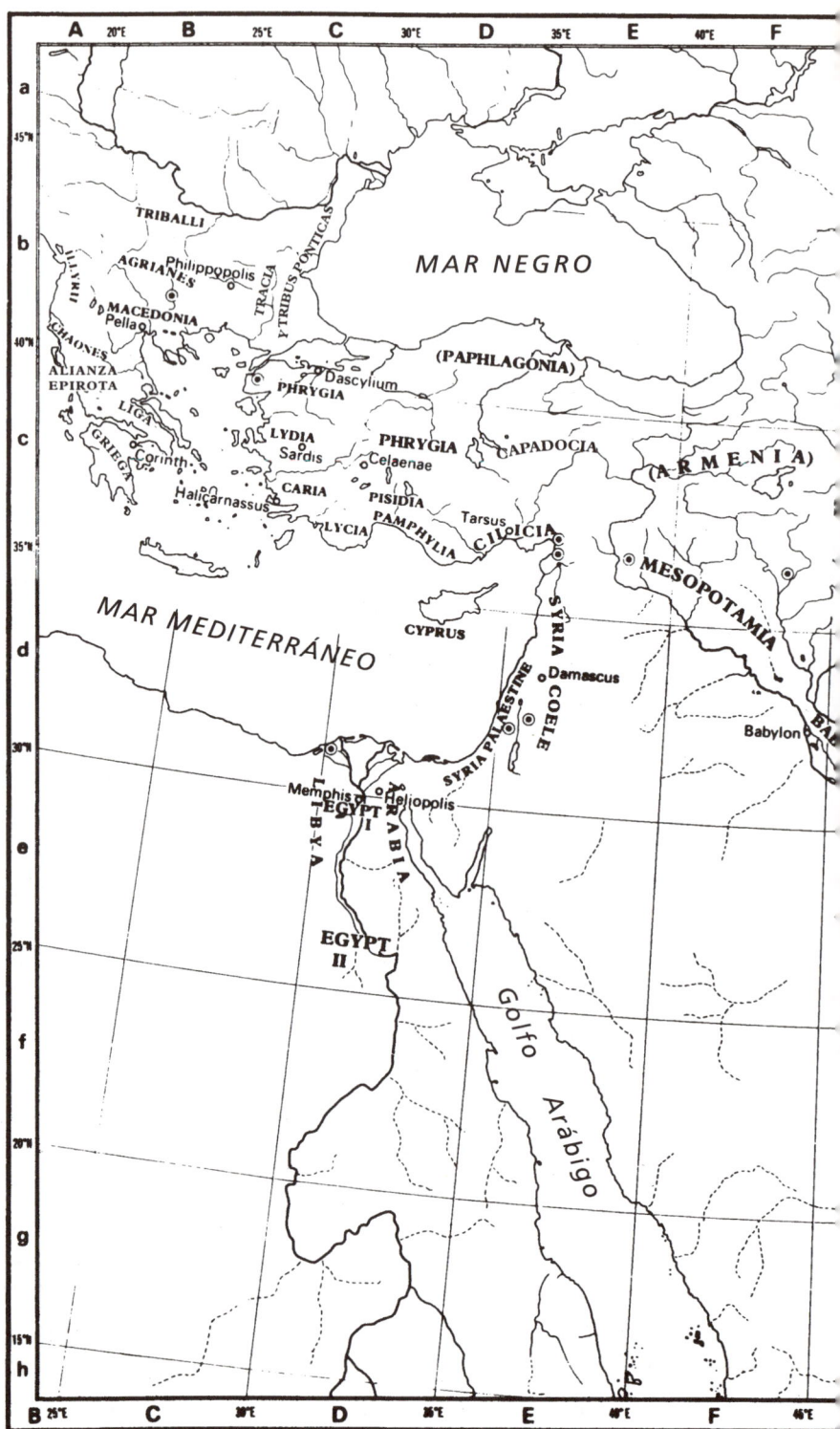

Figura 19. Las divisiones administrativas de los territorios de Alejandro

El reino de Asia y los macedonios

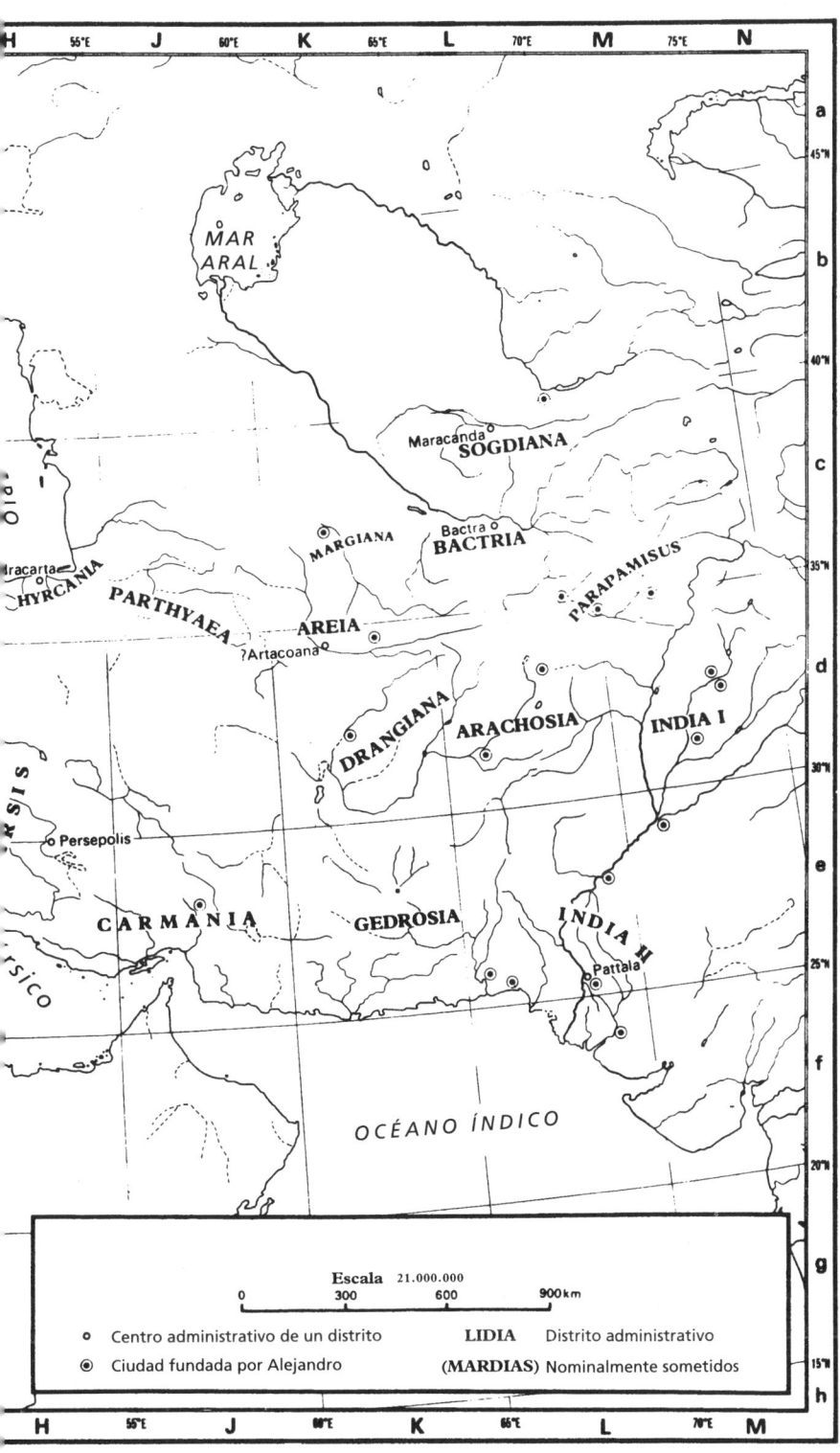

éste fue enjuiciado, hallado culpable y ahorcado. En Susa, Alejandro arrestó a Abulites, sátrapa de Susiana desde 331, y a su hijo Oxiartes, sátrapa de Paretacene desde 330 (este último había sido comandante en Gaugamela) bajo cargos de mala administración, y ambos fueron ejecutados.

Arriano, basándose en el relato de Tolomeo y Aristóbulo, escribió que los sátrapas de la región (es decir, Astaspes, Abulites, Oxiartes, y el autodesignado Orxines) no creían que Alejandro sobreviviría, particularmente en el desierto de Gedrosia, y que esta creencia los condujo al abuso de poder. Lo curioso, y probablemente lo cierto, fue que esos sátrapas persas antes habían gobernado satisfactoriamente. Si pensamos en las dimensiones del reino de Asia y en la instauración de los sátrapas desde 334 a 325, no nos debería sorprender la existencia de cuatro casos de mal gobierno. En cuanto a la política de designar asiáticos como sátrapas, fue notablemente exitosa, ya que no se registraron alzamientos en las satrapías centrales durante la larga ausencia de Alejandro. Algunos persas que no eran sátrapas fueron encontrados culpables de intentar iniciar una rebelión, por ejemplo dos sediciosos arrestados en Drangiana por Cratero, pero el único pretendiente que proclamaba ser el «rey de los medas y los persas», Bariaxes, fue arrestado por el sátrapa Atropates y entregado a Alejandro junto con algunos seguidores en el año 324. En todos los casos estos individuos fueron hallados culpables de conducta sediciosa y ejecutados.

La mala conducta de las tropas europeas era notoria. Como hemos mencionado antes (*véase* pág. 102), las tropas en una satrapía no estaban bajo el mando del sátrapa (que en Media era el leal Atropates), sino de un oficial independiente. Por eso, Cleandro, un macedonio distinguido hermano de Ceno, comandaba una fuerza de 10.000 hombres en Media, y en su estado mayor había dos oficiales —Sitalces y Agatón— que lo admiraban y habían estado bajo sus órdenes en la batalla de Gaugamela. En respuesta a las quejas, Alejandro ordenó que esos oficiales fueran a verlo con el grueso de sus fuerzas a Carmania. Asiáticos y soldados presentaron numerosos cargos por hurto y violación, y Cleandro y Sitalces fueron hechos responsables de esos desmanes y ejecutados. Después de una exhaustiva investigación en Media, 600 soldados fueron hallados culpables de mala conducta y también fueron ejecutados. Un ejemplo tan sorprendente de justicia contribuyó más que ninguna otra cosa —como expresó Arriano, basándose en las declaraciones de Tolomeo y Aristóbulo— a persuadir «a los pueblos de las tierras ganadas en combate a que mantuvieran el orden [...] ya que sabían que en el reino de Alejandro no era posible ser injuriado por quienes están en el poder».

Dado que Alejandro planeaba emprender una campaña en Arabia y luego en el Mediterráneo, se había asegurado de que el reino de Asia estuviera «en orden» durante su larga ausencia. La mayor parte de sus acciones en 324-323 estaban dirigidas a ese fin. El centro del control militar y económico se hallaba localizado en la región entre el golfo Pérsico y el mar Caspio. Por esa razón había desarrollado una talasocracia en el Golfo y había establecido la base de su flota en Babilonia. Su única operación militar fue contra las tribus que vivían en los pueblos altos y asolaban las tierras bajas. Alejandro las derrotó en el invierno y fundó ciudades «para que ya no fueran nómadas y se convirtieran en pueblos agricultores y dejaran de invadir a los otros». Fue de esas tribus, cuyo centro era Cosea, que Peucestes reclutó una considerable cantidad de guerreros en 323. En Hircania Alejandro dispuso la construcción de navíos, que iban a explorar el mar Caspio y determinar si formaba parte del Océano —en cuyo caso, según la teoría de Aristóteles, habría una comunicación por mar hacia la India— o si tenía una comunicación fluvial con el mar Negro.

Durante su ausencia en Occidente, el reino de Asia se mantendría en orden y se autoabastecería, solamente si la política de cooperación con los asiáticos y en particular con los persas seguía siendo exitosa. Efestión iba a ser su delegado como rey de Asia con el título de «quiliarca» (Arriano *Succ.* 1 a 3), y Peucestes iba a ser el sátrapa de Persis. Ambos hombres eran amigos íntimos, totalmente leales y favorables a la política de Alejandro. Por desgracia, Efestión murió en 324, y Alejandro no llegó a designar a nadie en su lugar antes de su propia muerte. «Peucestes fue el único de los macedonios que adoptó la vestimenta de los medas, aprendió el idioma persa y en todos los aspectos se adaptó al estilo de vida persa [...] para la satisfacción de Alejandro y el regocijo de los persas.»

Para la defensa del reino y el mantenimiento de la ley y el orden dentro del mismo, el delegado de Alejandro necesitaría un gran ejército que no podía ser proporcionado por Macedonia. Los mercenarios griegos eran inadecuados para este propósito. Estaban dispuestos a servir a cualquier patrón, y habían sido reclutados por algunos sátrapas que pensaban que Alejandro no volvería de la India. Además eran ingobernables e incluso luchaban entre ellos; por ejemplo, en Bactriana en 325. Tampoco los tracios eran confiables, ya que en la India habían asesinado al sátrapa Filipo en 325. Por consiguiente, en mayo Alejandro creó un ejército mixto de 26.700 infantes macedonios y persas, en el cual cada columna incluía cuatro piqueros macedonios y doce arqueros y lanzadores de jabalina persas (los últimos, de Cosea y Tapuria). Cada columna estaba comandada por un macedonio, que cobraba una soldada más alta. Fue poco antes de su enfermedad cuando Alejandro presidió la incorporación de estos persas y macedonios. En la misma ceremonia les asignó como refuerzos a las tropas lidias y carias que habían llegado. Durante algunos años había tenido unidades de caballería en las cuales los macedonios, los persas y otros asiáticos combatían juntos. Alejandro pretendía dejar una cantidad considerable de estos efectivos en Asia. Probablemente se le unió un refuerzo de los Compañeros de Caballería que venían desde Macedonia bajo el mando de Menidas.

«Alejandro opinaba que Asia se podía mantener unida con un ejército de modestas dimensiones, porque había destacado guarniciones en muchos lugares y porque había poblado las ciudades recién fundadas con habitantes que estaban dispuestos a mantener el statu quo.» Las guarniciones estaban ubicadas en puntos estratégicos de la red de rutas transitables todo el año, lo cual permitía el rápido desplazamiento de las tropas. Eran setenta las nuevas ciudades, cada una poblada inicialmente por 10.000 ciudadanos varones, y era en ellas donde se enseñaba a los «jóvenes» el alfabeto griego y el manejo de las armas macedonias. Además, en las ciudades existían milicias que podrían resistir a los invasores. Por lo tanto, era lícito pensar que el ejército mixto integrado por macedonios y asiáticos constituía una fuerza móvil que podía desplazarse rápidamente para sofocar cualquier alzamiento importante, y de esta manera mantener el reino de Asia unido. La defensa del reino de Asia contra enemigos foráneos casi no estaba contemplada en los cálculos de Alejandro; sus fronteras estaban formadas principalmente por desiertos y estepas, las tribus escitas habían establecido con él una alianza, y sus flotas surcaban las aguas del océano Índico, el mar Rojo, el Mediterráneo oriental y el mar Negro.

La mayor amenaza para la paz dentro de Asia provenía de los mercenarios griegos desempleados. Durante la larga ausencia de Alejandro, muchos de esos mercenarios habían sido contratados por sátrapas ambiciosos y comandantes militares, que esperaban instaurar un reino por sí mismos si Alejandro sucumbía en Asia. A su retorno fueron destituidos por orden suya, y se unieron al gran contingente de mercenarios que habían perdido su empleo con la derrota de Darío y sus sátrapas. Antes de caer enfermo, Alejandro planeaba radicar unos 50.000 mercenarios junto con sus mujeres asiáticas y sus hijos en Persis, y sin duda entrenar a sus «jóvenes» para que más tarde fueran soldados. Es probable que este plan se divulgara en la época, ya que una considerable cantidad de mercenarios prefirieron trasladarse a Grecia, donde todavía tenían esperanzas de conseguir empleo. Alejandro debió de alegrarse al verlos partir.

Después de Media, Persis era la segunda importante zona militar. Las comunicaciones por tierra entre el este y el oeste se efectuaban a través de Media, ésta contaba con los mejores soldados del Imperio persa, y en sus tierras de pastos se criaban los mejores caballos de Asia. El confiable sátrapa Atropates había mantenido leales a los medas durante la ausencia de Alejandro, y muchos de ellos servían en su fuerza de Compañeros de Caballería. Según el historiador griego Polibio, «fue por iniciativa de Alejandro que Media estuvo circundada de ciudades griegas». El proceso probablemente comenzó antes de su muerte (y fue completado por el general Seleuco). Al parecer, estas ciudades no eran de población mixta, sino que sus habitantes procedían de la Grecia continental o insular, desde donde habían sido trasladados en masa. En los planes que se dieron a conocer después de la muerte de Alejandro, éste intentaba «establecer ciudades y trasplantar poblaciones desde Asia hacia Europa y a la inversa, desde Europa hacia Asia».

El otro factor que iba a mantener unida Asia era el crecimiento económico y la prosperidad. Alejandro había alentado la transición de la actividad pastoril a la agricultura creando centros urbanos para los pueblos nativos —por ejemplo los coseanos y los súbditos de Musícano—, y los pobladores de estas nuevas ciudades introdujeron métodos de agricultura intensiva que consistían sobre todo en el control de las inundaciones, la irrigación y la excavación de pozos en tierras áridas. El comercio se expandió rápidamente durante ese período de paz estable, y no se pagaban aranceles en toda el área de la Grecia continental hasta el río Hífasis. Las comunicaciones por tierra se hicieron más fáciles gracias a que las rutas y los puentes se mantenían transitables durante todo el año, y también a causa de la existencia de las ciudades denominadas «Alejandría» y la supresión del bandolerismo. El transporte de mercancías en gran escala por los grandes ríos de la Mesopotamia y de Paquistán y el desarrollo del comercio marítimo entre el golfo Pérsico y el delta del Indo fueron innovaciones que contribuyeron significativamente al intercambio interregional y a la distribución de los excedentes agrícolas. Si bien Persia sólo había hecho un uso limitado de la moneda acuñada, Alejandro emitió monedas de oro y plata de un valor real que tenía vigencia en todo el reino de Asia y del otro lado de su frontera este. La principal casa de moneda estaba en Babilonia, «la metrópoli», como indicaba la M sobre sus monedas. Alejandro fue capaz de estabilizar la relación entre el oro y la plata y evitar la inflación mediante el control de la emisión de moneda. La transición de la economía de trueque al capitalismo fue rápida y eficaz.

Algunos han sugerido que si Alejandro hubiera vivido más tiempo habría reorganizado el sistema de gobierno en Asia. Esto difícilmente habría sucedido, porque la única alternativa era el sistema representativo de la Comunidad Griega. Pero este sistema no habría tenido éxito en Asia, ya que mientras que los miembros de la Comunidad Griega tenían un idioma común y vivían cerca los unos de los otros, los asiáticos hablaban innumerables idiomas y estaban ampliamente diseminados. La idea de un régimen político compuesto por un rey autócrata con un sistema de satrapías mejorado y un autogobierno local se da a entender en un párrafo del *Romance de Alejandro*, en el cual después de la muerte de Darío se representa a Alejandro diciendo a los persas lo siguiente:

> Cada uno de ustedes observará las religiones y costumbres, las leyes y convenciones [...] que han observado en los tiempos de Darío. Dejaré que el persa siga con su estilo de vida, y que viva dentro de su ciudad [...] ya que deseo hacer de esta tierra una nación de amplia prosperidad y emplear las rutas persas como vías de comercio pacíficas y tranquilas.

Semejante perspectiva de paz, prosperidad y progreso está ausente en muchas partes del mundo moderno.

2. Macedonios y asiáticos

Un factor decisivo en la política de Alejandro fue el escaso número de tropas macedonias en Asia. La única cifra confiable que tenemos es del año 324, cuando la infantería totalizaba 23.000 y la caballería más de 2.000, y quizás había otros 1.400 macedonios no aptos para el servicio activo en las «Alejandrías». Un ejército de estas dimensiones habría sido superado por las fuerzas de Darío. Desde el comienzo, Alejandro tuvo que agregar tropas balcánicas, aliados y mercenarios griegos y, después de su primera victoria, muchos persas y asiáticos. Además, para el futuro había previsto entrenar a los jóvenes asiáticos para el servicio con armamento macedonio. El reclutamiento de asiáticos y particularmente de persas sólo era posible si aceptaban voluntariamente el régimen de Alejandro (como él había suplicado en 334; *véase* pág. 91). En consecuencia, la política de cooperar con los asiáticos y tratarlos como iguales era esencial para Alejandro y se convirtió en una condición sine qua non con la expansión del reino de Asia. El proceso comenzó con la incorporación de persas en los Compañeros de Caballería y en las filas de la Guardia Real de Caballería Persa, que tenía el mismo prestigio que la Guardia de Compañeros de Caballería. La adopción de la vestimenta meda y del ceremonial persa en las audiencias para los asiáticos era una señal de respeto hacia ellos, aun cuando muy pocos macedonios siguieran el ejemplo de Alejandro.

El trato caballeroso que Alejandro dispensó a la reina madre persa y a la princesa sogdiana, Roxana, a quien no raptó sino que tomó por esposa, causó una impresión favorable en la aristocracia asiática. En el año 324, en Susa, concertó la boda de más de ochenta aristócratas persas, medas y bactrianas con macedonios prominentes. El propio Alejandro se casó con una hija de Darío y una hija de su predecesor, Artajerjes Ocos. Las bodas se celebraron a la usanza persa, en la cual el desposado besaba a la novia. También en Susa Alejandro formalizó oficialmente las relaciones que unos 10.000 soldados macedonios mantenían con mujeres asiáticas y les ofreció regalos de bodas. Era sabido que muchos macedonios debían dinero a los comerciantes asiáticos, que tenían pocas esperanzas de recuperarlo. Alejandro pagó el dinero en su totalidad sin pedir a los soldados deudores que revelaran su identidad. En todos estos aspectos Alejandro trataba a sus macedonios y asiáticos como iguales en sus derechos y obligaciones.

Alejandro todavía estaba en Susa cuando en febrero de 324 «llegaron los sátrapas trayendo, de las ciudades recién fundadas y del resto del territorio ganado por la espada, a 30.000 jóvenes *(paides)*, todos de la misma edad, que ya habían alcanzado la madurez». Éstos eran los *epigonoi* (*véase* pág. 170), cuyo entrenamiento Alejandro había iniciado en 330-329. Ahora habían cumplido los veinte años. «Estaban equipados con las armas macedonias y habían practicado las artes de la guerra a la manera macedonia.» Cuando desfilaron ante el rey «mostraron una sorprendente destreza y agilidad en sus maniobras». Entrenados como piqueros y para servir como una unidad paralela a la falange macedonia, eran superiores en cantidad y estaban destinados a sobrevivir a los maduros macedonios.

Fue por ese motivo que «Alejandro los llamó *epigonoi*», los sucesores, la generación siguiente. Los necesitaba para la campaña en Arabia, para la cual tenía pocos falangistas macedonios; y además estaba llevando adelante su política de poner a los asiáticos y macedonios en un mismo nivel de consideración y respeto.

Pero los falangistas macedonios tenían un punto de vista muy diferente. Ellos constituían la elite reconocida del ejército macedonio, y habían conservado esa posición a través de años de servicio esmerado y eficaz. Se sintieron agraviados con la llegada de los *epigonoi*, y se alarmaron ante la perspectiva de ser finalmente reemplazados por ellos. Su ira se concentró sobre Alejandro. Él ya había ofendido a los macedonios con su vestimenta meda, su ceremonial persa, su puesta en escena de casamientos masivos, y su incorporación de asiáticos en los Compañeros de Caballería, e incluso en la Guardia de Caballería armándolos con la lanza macedonia. Poco podía hacer Alejandro para aplacarlos. Concertó varias reuniones, pero ellos se mostraron inflexibles.

La crisis sobrevino en Opis en el verano del año 324. Alejandro había decidido enviar a su patria a los macedonios que eran inútiles para el servicio activo debido a su edad o las lesiones recibidas en combate. Al parecer, debían de ser varios miles (posiblemente 10.000), aparte de algunos jinetes —y más falangistas que hipaspistas— que se quedaron con él formando una división. Convocó una Asamblea de los Macedonios y anunció su decisión. Como era de suponer, la reacción no fue de placer por volver a casa, sino de furia por haber sido rechazados como inútiles y tratados con desdén; y la reacción de aquellos que no se sintieron amenazados fue de ira porque Alejandro estaba insultando una vez más a sus macedonios al reemplazarlos con asiáticos. En una protesta general le dijeron a Alejandro que los enviara a todos a casa y se fuera a hacer la campaña «con su padre», haciendo referencia a Amón. Él y sus comandantes bajaron del estrado uniéndose a la multitud y ordenaron a los guardias hipaspistas el arresto de los cabecillas. Fueron apresados treinta hombres que debían ser ejecutados por amotinamiento.

En el silencio que siguió, Alejandro pronunció un discurso del cual Arriano conservó el significado, aunque no las palabras. Brevemente, enumeró los esfuerzos que Filipo y en particular él mismo habían hecho para sacar a los macedonios de la oscuridad y la pobreza, y convertirlos en líderes del mundo, los conquistadores de territorios y mares, los dueños del tesoro de Persia y de los bienes de la India. No se alabó a sí mismo por encima de sus hombres; había sido herido tan a menudo como cualquiera de ellos, había vivido más humildemente que la mayoría, y había conseguido una gloria perdurable para ellos y para aquellos que habían muerto en acción. Su intención había sido enviar a casa a aquellos que no eran aptos para la guerra. Ahora todos podían irse y decir que habían dejado a su rey a merced de aquellos que habían sido conquistados.

Después de su discurso no le dirigió la palabra a ningún macedonio durante dos días, y al tercer día reunió a los persas más destacados y les confirió el mando de las tropas asiáticas que no sólo formaban brigadas a la manera macedonia sino que habían recibido nombres macedonios: Compañeros de Infantería, Compañeros Aldeanos, Compañeros de Caballería y así sucesivamente. Los comandantes persas iban a ser sus «Parientes» y sólo ellos tenían el derecho de besarle. Les había vuelto la espalda a los macedonios. Pero éstos no pudieron soportarlo. Depositaron sus armas ante su puerta en un gesto de súplica y le pidieron misericordia. Alejandro salió de inmediato, y «viéndolos tan humildes [...] él también derramó lágrimas». Un Compañero prominente se quejó de que Alejandro llamara a algunos persas «Parientes» y les permitiera besarlo, pero no concediera ese privilegio a los macedonios. Alejandro exclamó: «Todos ustedes son mis Parientes», y los Compañeros y todos los que quisieron se acercaron a besarlo. Los macedonios regresaron a su campamento satisfechos y entonaron la canción de la victoria. «Después de esto Alejandro ofrendó sacrificios a los dioses habituales.»

Al comienzo del episodio, que Arriano recogió de Tolomeo y Aristóbulo, se hace evidente que Alejandro había juzgado mal la situación. Pensó que el anuncio de su decisión «naturalmente complacería a los macedonios», y que la reacción de éstos «era irracional». Tolomeo y/o Aristóbulo reconocieron que Alejandro no estaba al corriente de la opinión de los macedonios acerca de las últimas tendencias de su política asiática. El mal humor y la amargura de sus hombres estallaron en una protesta que Alejandro reprimió considerándola un acto de rebelión. Un aspecto del problema era la política asiática, pero otro era el desdoblamiento del Estado macedonio. Durante toda la campaña, Alejandro y la Asamblea de los Macedonios habían actuado como un Estado macedonio en materia de política, juicios por traición y celebraciones de festivales en honor de los dioses. Si los macedonios regresaban a casa y él se quedaba, el Estado macedonio se desmembraría. Alejandro aprovechó esta contingencia. Al pronunciar su discurso, prácticamente los forzó a permanecer a su lado. Él comprendió y compartió la tensión emocional, como lo demostraron sus lágrimas. La canción de la victoria no alababa a los macedonios sino al rey. Ellos se quedarían con él y aceptarían esas costumbres persas por ser «Parientes» y «poder besar al rey».

Alejandro quiso recalcar su victoria. Celebró un banquete de reconciliación para 9.000 invitados. Los macedonios se sentaron junto a él; y a continuación de ellos se instalaron los persas y los representantes de las otras razas asiáticas. Los adivinos griegos y los magos persas pronunciaron los presagios favorables. Alejandro «rogó especialmente por la concordia y por el gobierno compartido entre macedonios y persas». Todos los presentes derramaron la misma libación y entonaron la canción de la victoria. Éste era el triunfo de la política asiática de Alejandro. Los macedonios y asiáticos participarían como iguales en la administración del reino de Asia.

CAPÍTULO DIECIOCHO

Los planes y la personalidad de Alejandro

1. Disposiciones que afectaron a Macedonia y a los macedonios

Después de la reconciliación de finales del verano de 324, Alejandro anunció sus términos para los macedonios que desearan regresar voluntariamente a su patria. Percibirían un salario normal hasta su arribo a Macedonia, y cada hombre recibiría una gratificación de un talento. Se les ordenaba dejar a sus esposas e hijos en Asia, donde Alejandro se haría cargo de la educación de los jóvenes «según las costumbres macedonias, incluyendo la instrucción militar»; y añadió que después de esa preparación los enviaría a sus padres en Macedonia. También tomó medidas para los huérfanos de los soldados macedonios en Asia. Unos 10.000 soldados aceptaron estos términos. «Los abrazó a todos con lágrimas en los ojos, y se separaron.» Serían relevados de la campaña en Asia pero no del servicio militar. En el verano de 323 habían llegado a Cilicia, donde Alejandro pretendía que pasaran el invierno. En la primavera del año siguiente serían transportados hasta Macedonia en la flota recién construida. Para entonces Alejandro esperaba haber completado su campaña árabe y estar en Egipto o Cilicia. Se le unieron 10.000 macedonios «en la flor de la edad», quienes reemplazaron en Macedonia a los veteranos retirados.

En el verano del año 324, Alejandro tomó medidas para sustituir a los representantes de la autoridad real en Macedonia. Hasta ese momento, Olimpia se había ocupado de la *prostasia*, que comprendía los asuntos religiosos del Estado y la administración financiera de la propiedad real (*véase* pág. 88), y Antípater había sido «el general con todos los poderes». Ambos habían llegado a ser crecientemente incompatibles en sus funciones, y en las cartas a Alejandro se acusaban mutuamente de abusos de poder. Ese año Olimpia fue trasladada a Molosia y sustituida en sus funciones oficiales por su hija Cleopatra. En esa época Molosia era casi una dependencia de Macedonia. Desde 334 hasta 331, su rey Alejandro —esposo de Cleopatra— había conducido su propia campaña en Italia, y después de su muerte Cleopatra desempeñó la función de la *prostasia* en el Estado de Molosia, el cual era miembro de la recién formada «Alianza Epirota». Como integrante de la casa real molosa, Olimpia estaba bien calificada para ocupar el lugar de Cleopatra. En reconocimiento por los servicios prestados por Olimpia en Macedonia, Alejandro anunció que a su muerte ella sería «consagrada a la inmortalidad» *(immortalitati consecretur)*, es decir que sería venerada en su tumba como una deidad.

Antípater había sido completamente leal a Alejandro. En 324 había llegado a los setenta y tres años de edad, y Alejandro decidió sustituirlo. El comandante de los macedonios que regresaban era Crátero, el general más confiable y respetado por aquellos que habían servido bajo Filipo, y había recibido órdenes de asumir los cargos de Antípater a su retorno a Macedonia en 322. Antípater tenía entonces el honor de comandar a los 10.000 macedonios «en la flor de la edad» que se iban a unir a Alejandro. «No se informó de ningún acto público ni declaración que pudiera indicar que Antípater no gozaba de la misma alta estima por parte de Alejandro.»

Su otro representante en Europa era el «general de Tracia», Zopirión, quien también ejercía la autoridad sobre el mar Negro. Sin titubear, acató la orden de Alejandro que lo embarcó en una campaña importante por tierra y por mar contra los getas y luego los escitas del sur de Rusia en el año 325. Su gran ejército, de unos 30.000 hombres, debió de haber consistido principalmente en tropas tracias. Una tormenta repentina destruyó su flota, el ejército sufrió una aplastante derrota, y Zopirión murió en la batalla. A continuación, la tribu más poderosa de Tracia, los odrisios, se alzaron en una rebelión. «Tracia fue casi perdida.» Lo que se recuperó se debió a un acuerdo con el rey de Odrisia, Seuces III.

2. Disposiciones que afectaron a las ciudades-estado

Después de la derrota de Agis y sus aliados (*véase* pág. 154), Alejandro había respetado la soberanía de la Comunidad Griega en el arbitraje de las cuestiones de Estado y siguió haciéndolo, por ejemplo, al enviar las obras de arte confiscadas a la Comunidad Griega. Su conducta en esos años indica que los alegatos de haber abusado del poder como *hegemon*, que se formularon en un discurso «Sobre el Tratado con Alejandro» en 331, eran insostenibles. Nuestras fuentes sólo mencionan una violación a la Carta de la Comunidad Griega: cuando los etolios expulsaron de su ciudad a los habitantes de Eniadas. Esto sucedió quizás en 325; ya que Alejandro dijo que él mismo castigaría a los etolios, presumiblemente a su regreso a Occidente. En los años de paz una gran cantidad de aliados griegos se trasladaron hacia el este para servir en el ejército de Alejandro (*véase* pág. 261), y sin duda otros emigraron para radicarse o comerciar en Asia. En Atenas, Foción fue reelegido general repetidas veces, como garante del acatamiento a la Carta, y Licurgo aprovechó la prosperidad que disfrutaba Atenas en esa época de paz para completar la construcción en piedra del auditorio del teatro de Dionisio y mejorar los astilleros navales.

En junio de 324, cuando Alejandro estaba en Susa, uno de sus administradores financieros, Harpalo, huyó a Grecia a fin de eludir el castigo por su mala conducta. Llegó hasta el cabo Sunio con 5.000 talentos, 6.000 mercenarios y 30 naves, y como ciudadano ateniense (ya que había sido honrado antes por una concesión de ciudadanía) recurrió a Atenas y pidió asilo y una alianza efectiva contra Alejandro. La Asamblea rechazó su petición. Él y sus fuerzas marcharon hacia Tenaro en el Peloponeso, pero Harpalo regresó con una sola nave y una gran cantidad de dinero. La Asamblea entonces le concedió asilo como ciudadano ateniense. Si bien repartió sobornos generosamente en Atenas, no se ganó el apoyo de los principales políticos. Mientras tanto, Antípater y Olimpia exigieron a Atenas, como aliada de Macedonia, la extradición de Harpalo; y unos enviados de Alejandro llegaron de Asia con una demanda similar. Basándose en una propuesta de Demóstenes, la Asamblea votó el arresto de Harpalo, confiscó su dinero, y retuvo a ambos «para Alejandro». Durante el debate, Harpalo expresó que había traído 700 talentos a Atenas, pero cuando su dinero fue confiscado sólo quedaban 350 talentos. Mientras el tribunal del Areópago investigaba la desaparición de la suma que faltaba, Harpalo escapó, reunió sus fuerzas en

Tenaro y navegó hacia Creta, donde fue asesinado. La actitud de Alejandro fue conciliadora. No exigió la devolución de los 700 talentos. Seis meses pasarían antes de que el tribunal del Areópago publicara su informe. Durante esos meses, Alejandro abordó dos cuestiones generales.

Cuando sus fuerzas se reunieron en Susa, Alejandro les anunció que todos los exiliados, excepto aquellos anatematizados y los exiliados de Tebas, podrían regresar y rehabilitarse. Eligió este método para dar a conocer su intención, porque estaba actuando por su propia autoridad y no en colaboración con el Consejo de la Comunidad Griega; ya que su decisión implicaba a una mayor cantidad de estados que los de la Comunidad. Su enviado al festival olímpico en julio de 324 hizo el anuncio oficial cuando 20.000 exiliados estaban entre la audiencia. Las palabras fueron las siguientes: «Alejandro a los exiliados de las ciudades griegas [...] nos hacemos responsables de vuestro retorno [...] hemos escrito a Antípater al respecto, a fin de que exija lo mismo a todos los estados que no estén dispuestos a rehabilitaros.» Este anuncio a los exiliados no fue una orden para los estados griegos. Podemos suponer que se les envió una declaración separada en la forma de una «ordenanza» *(diagramma)*, que pudo haber conducido a un debate entre algún Estado y Alejandro. Este hecho se puede apreciar en una inscripción de Tegea en el Peloponeso. Alejandro tenía un doble propósito: restablecer la población fluctuante de exiliados (hoy podríamos llamarlos refugiados), que causaban inestabilidad y a menudo conducían al servicio mercenario, y reconciliar a los partidos que habían luchado entre sí fomentando el círculo vicioso de los conatos revolucionarios (*stasis*; *véase* pág. 28).

Esta habilidad de estadista no tuvo ni tiene parangón. Dichas medidas afectaron a casi todas las ciudades-estado griegas en diferentes grados, y causaron su mayor impacto en Atenas y Etolia. En el año 365, Atenas había expulsado a la población de Samos y ocupado la isla misma y ahora, cuarenta años más tarde, tenía que restituir la isla a sus auténticos dueños. Y Etolia tenía que devolver Eniadas a los acarnianos que había expulsado. En esa época, Alejandro no podía ser acusado de reponer a sus propios partidarios; ya que el grueso de los exiliados habían sido opositores de los regímenes promacedonios en el poder. Según Jerónimo, un historiador objetivo nacido en 364, «el pueblo en general aceptó la reincorporación de los exiliados como algo hecho con buenos propósitos». En muchos estados la reincorporación tuvo lugar en la época de la muerte de Alejandro, pero Atenas y Etolia todavía planteaban objeciones.

En 324, Alejandro se dirigió a cada uno de los estados griegos haciéndoles otras dos peticiones: que concedieran honores heroicos a Efestión, que había fallecido en octubre, y que a él mismo le asignaran honores divinos. La distinción entre ambos honores dependía en esencia de si los logros personales obtenidos en vida eran dignos de un héroe o de un dios. En el caso de Efestión, Alejandro consultó a Zeus Amón en Siwa, y aceptó la respuesta de que Efestión debería ser reverenciado como un héroe. En respuesta a su solicitud muchos estados, incluyendo Atenas, establecieron cultos para honrar a Efestión como un héroe, pues de ello había muchos precedentes en las ciudades-estado. Los honores divinos eran un tema diferente, porque Alejandro pedía que se le otorgaran en vida. En la tradición macedonia, el culto a un rey o reina después de su muerte era una distinción especial, y la concesión de honores divinos a Filipo II en vida (*véase* pág. 47) fue un caso excepcional y quizás único. Alejandro estaba compitiendo con su propio padre. Por eso pidió a la Asamblea de los Macedonios en Asia que le otorgaran honores divinos *(caelestes honores)*, pero ellos se negaron. Por otro lado, algunas ciudades-estado de las islas egeas y de la costa asiática ya le habían otorgado honores divinos en 334-335 y le habían dedicado un templo, juegos y sacrificios. Éstos habían sido gestos espontáneos de gratitud por haber sido liberados del dominio persa. Ni en Macedonia ni en las ciudades-estado un hombre había merecido el honor de ser considerado literalmente un dios sobre la Tierra.

La solicitud de Alejandro fue concedida por la mayoría de las ciudades-estado —quizá todas— a las cuales había recurrido. Por ejemplo, Atenas le dedicó un templo, un altar y una imagen de culto. En Babilonia se llevó a cabo un acto público de reconocimiento de su divinidad en 323, quizás en el festival tradicional de primavera de los macedonios. «Los enviados de Grecia acudieron a Alejandro llevando diademas y lo coronaron con otras similares de oro, ya que ellos habían ido en una misión sagrada para honrar a un dios.» La analogía con los honores concedidos a Filipo debió de haber estado presente en la memoria de todos, ya que entonces «no sólo lo coronaron individuos distinguidos sino también la mayoría de las ciudades-estado, incluyendo Atenas». El propio Alejandro seguramente creyó haber alcanzado el mismo pináculo de la gloria y que estaba a la altura de su padre. Sin duda, los motivos de las ciudades-estado debían de ser variados. Pero es evidente que la mayoría de las asambleas democráticas reconocían que le debían a Alejandro la estabilidad de la Comunidad Griega, la liberación de las ciudades-estado de ultramar, la caída del Imperio persa, la talasocracia en el Mediterráneo oriental y el mar Negro, la apertura de Asia al comercio griego, y las consecuentes paz y prosperidad. El enemigo más acérrimo de Alejandro, Demóstenes, fue hallado culpable por el tribunal del Areópago de apropiarse ilícitamente del dinero depositado por Harpalo. Incapaz de pagar una suma tan enorme, fue encarcelado; pero escapó y viajó al exilio.

Cuando llegaron embajadas a Babilonia, Alejandro escuchó primero a las que planteaban cuestiones religiosas. Como los dioses del Olimpo habían concedido la victoria a Macedonia y la Comunidad Griega, Alejandro planeó construir templos espléndidos consagrados a Apolo en Delos y Delfos, a Zeus en Dodona y Dío, a Atenea Alcídemos en Cirro (Macedonia), a Artemisa en Anfípolis, y a Atenea en Troya. También pretendía conceder un honor muy especial a su padre, Filipo: «construir un montículo de iguales proporciones a la más alta pirámide de Egipto». No vivió para lograrlo, pero uno de sus generales —probablemente Lisímaco— construyó el Gran Montículo sobre la tumba de Filipo en Vergina. Gracias al plan de Alejandro la tumba sobrevivió intacta hasta que fue excavada por Manolis Andrónicos en 1977.

3. Preparativos para la campaña del Mediterráneo

Alejandro debió de anunciar en Susa, en 324, sus intenciones de emprender una campaña en Occidente; ya que a comienzos del año 324 llegaron algunos mensajeros de esa zona. Los enviados libios felicitaron a Alejandro por haber conquistado «el reino de Asia», y los de Italia —brutianos, lucanios (toscanos) y etruscos— lo homenajearon por sus logros. Esta versión de Arriano, basada en el relato de Tolomeo y Aristóbulo, es la aceptada. Los libios pensaban que Alejandro avanzaría a lo largo de la costa africana; los pueblos italianos esperaban que siguiera el ejemplo de su homónimo el rey de Molosia, e invadiera el sur de Italia desde Épiro. Los planes que se hicieron públicos después de la muerte de Alejandro eran más específicos: construir mil navíos más grandes que los trirremes en Fenicia, Siria, Cilicia y Chipre para la expedición que se emprendería contra Cartago, los pueblos costeños desde Libia a España, y los de la costa de España hasta Sicilia; construir una ruta costera desde Libia hasta las Columnas de Hércules; y construir puertos y dársenas para acomodar una fuerza expedicionaria tan numerosa. Desde luego, éstos eran planes provisionales que Alejandro había previsto con dos años de anticipación, y son de sumo interés para apreciar la medida de sus ambiciones. De acuerdo con un texto de Justino (13.5.7), parece que antes de su muerte Alejandro impartió órdenes para la construcción de mil naves de guerra.

Si la expedición se hubiera concretado, las fuerzas a disposición de Alejandro habrían sido las siguientes: si él dejaba la flota macedonia y la de la Comunidad Griega para que mantuvieran el orden en el mar Egeo, podría contar con las flotas de Fenicia, Chipre y Egipto además de sus mil naves nuevas. Para conquistar Arabia con pocas bajas, tenía unos 16.000 piqueros macedonios, 20.000 piqueros asiáticos, la Guardia de Infantería Persa, numerosos infantes de armas ligeras, los Compañeros de Caballería y unidades de caballería asiática. No cabe duda de que habría derrotado a Cartago, y avanzado hasta las Columnas de Hércules.

4. HECHOS QUE CONDUJERON A LA MUERTE DE ALEJANDRO

En octubre de 324, en Ecbatana, Alejandro sufrió un terrible golpe con la muerte de Efestión, su más íntimo amigo de la infancia y su seguidor y defensor constante. Fue presa de un extremado dolor durante dos días, permaneciendo en ayuno e inaccesible. Las honras funerarias fueron de una esplendidez sin precedentes, con 3.000 artistas y atletas, y las cenizas de Efestión se trasladaron a Babilonia, donde se iniciaron las obras para un zigurat de dimensiones colosales (todavía no se había completado cuando murió Alejandro). El lugar y la forma de este monumento se habían escogido porque Efestión había sido designado quiliarca, es decir segundo en la jerarquía del reino de Asia, y si él y Alejandro hubieran sobrevivido lo suficiente, aquél habría gobernado el reino desde Babilonia hasta su metrópoli. El duelo se celebró a la manera persa en todo el reino. Los macedonios instituyeron un culto a Efestión como héroe, y ese culto perduró durante siglos, como lo revela una inscripción de Pella. Se le rindieron honores especiales como Comandante de la Hiparquía Real de los Compañeros de Caballería, y muchos compañeros se consagraron a sí mismos y consagraron sus armas a su memoria. El estandarte de Efestión se siguió llevando al frente de la Hiparquía. Alejandro también pidió a las ciudades-estado que le rindieran honores heroicos, y muchas así lo hicieron (*véase* pág. 243). Alejandro no designó un sucesor para Efestión ni como quiliarca ni como Comandante de la Hiparquía Real; pero en la práctica Perdicas asumió la segunda comandancia y fue quien tomó la iniciativa cuando murió Alejandro.

La muerte de Efestión y el pesar inmoderado de Alejandro fueron el tema de muchos relatos sensacionalistas, que Arriano a menudo consideró falsos. Por ejemplo, los escritores más críticos con Alejandro dijeron que destruyó el templo de Asclepio (dios griego de la medicina) en Ecbatana, y ordenó el culto a Efestión «como un dios». Arriano, basándose en el relato de Tolomeo, cita una carta de Alejandro a Cleómenes, en la cual el primero anunciaba que se levantarían monumentos a Efestión en Alejandría y en la isla de Faros, y prometía a Cleómenes el perdón por todas las ofensas del pasado y del futuro, «si encontrara los templos de Egipto en buenas condiciones». Fue Tolomeo quien agregó que Cleómenes era un «mal hombre» (también Arriano), como una autojustificación por haberlo ejecutado en 322. ¿Acaso Tolomeo inventó e insertó la promesa de Alejandro? Algunos así lo creen. Resumamos lo poco que conocemos. Cleómenes había sido designado en 331 administrador financiero en Egipto, y durante la ausencia de Alejandro asumió el control en circunstancias desconocidas. Ésta puede haber sido una de las ofensas que Alejandro perdonaría. El perdón por las ofensas futuras sólo sería válido hasta que Alejandro llegara a Egipto, probablemente a comienzos del año 322. Por eso es posible que la carta fuera genuina, y que constituyera un indicio del apasionado deseo de Alejandro de homenajear a Efestión con gran estilo.

«Después del funeral de Efestión [...] el poder divino comenzó a presagiar el final del propio Alejandro, ya que algunos extraños oráculos y signos se manifestaron.» La mayoría de los presagios fueron invenciones de los numerosos autores que escribieron acerca del fin de Alejandro. Los oráculos iban desde un asno que mataba a patadas al mejor león del zoológico de Alejandro hasta un convicto prófugo que se sentaba en el trono vacante del rey. Sin embargo, uno de los presagios se refería al avance de Alejandro y su ejército después de la campaña contra los coseanos. Mientras cruzaba el Tigris en su camino a Babilonia, fue interceptado por adivinos caldeos que le aconsejaron no entrar en Babilonia desde el este sino desde el oeste. Según Aristóbulo, Alejandro deseaba respetar la advertencia y hacer marchar al ejército alrededor del Éufrates hacia el costado oeste de la ciudad, pero luego, incapaz de atravesar los pantanos, entró desde el lado este. «De esta manera, de buen o mal grado desobedeció al dios», es decir Baal, ya que Aristóbulo pensaba que la recomendación de los adivinos caldeos había sido inspirada por Baal.

Durante su estadía en Babilonia Alejandro puso al ejército a trabajar en la edificación de un nuevo templo dedicado a Baal (el anterior había sido destruido por Jerjes). Él mismo navegó aguas abajo hasta el canal Polacopas (*véase* pág. 225), y a su regreso a través del cenagal entró en Babilonia desde el costado este, confiado en el hecho de que nada desastroso le había ocurrido desde su primera entrada en la ciudad.

Poco después, en mayo de 323, se habían completado los preparativos para la campaña árabe. Como era su costumbre antes de embarcarse en una nueva empresa (*véase* pág. 76), Alejandro ofrendó sacrificios a los dioses para obtener su bendición y distribuyó las víctimas y el vino entre el ejército, unidad por unidad; y luego invitó a los Amigos a un banquete a altas horas de la noche. Siguió bebiendo como invitado de un Amigo, Medio, y durmió de día, como probablemente era habitual en pleno verano en Irak. Hizo lo mismo durante la noche y el día siguientes, y fue en ese día cuando comenzó a tener fiebre. «Aun así, fue transportado sobre un lecho para ofrendar los sacrificios diarios como prescribía la costumbre, y cuando comenzó a oscurecer impartió órdenes a sus comandantes para la marcha y el viaje.» Éste es un resumen de Arriano sobre un relato más exhaustivo registrado en el *Diario* (Plutarco había proporcionado su propia síntesis). Alejandro actuó de esta manera día tras día, hasta que perdió la capacidad del habla. En su deseo por verlo, los soldados macedonios se abrieron paso hasta su habitación. «El *Diario* dice que cuando los hombres guardaban fila para verlo él era incapaz de pronunciar palabra, pero los saludaba individualmente, con una creciente dificultad en su cabeza e indicándolo con los ojos.» La muerte llegó para él esa noche del 10 de junio del año 323, a la edad de treinta y dos años. Todos los síntomas sugieren que murió de *malaria tropica*. Las suposiciones posteriores que apuntan a que su muerte se debió a un envenenamiento o al resultado del alcoholismo son falsas, ya que no coinciden con el informe detallado en el *Diario*.

5. Creencias y cualidades personales de Alejandro

Alejandro creció en un reino que estaba continuamente en guerra, y consideró su deber conducir a los macedonios en la guerra, no desde un puesto distante sino en la vanguardia de la lucha. Previó que Macedonia saldría victoriosa en sus campañas, y él y sus hombres hicieron de la gloria militar el objetivo de sus ambiciones. Por eso hablaba de la carrera triunfante de Filipo como de algo que les había conferido «gloria», tanto a él como a «la comunidad de macedonios». Su propia búsqueda de la gloria era ilimitada. Como declaró a sus comandantes en el Hífasis: «Considero que no existe un límite para los esfuerzos de un hombre de temple, salvo que esos esfuerzos conduzcan a grandes logros.» Lo mismo exigió de sus comandantes y de sus hombres. Los había comprometido a seguirlo cuando pronunciaron el juramento de fidelidad *(sacramentum pietatis)*, prometiendo ser leales y tener los mismos amigos y enemigos que su rey. Si un hombre debía perder la vida por servirlo, Alejandro le aseguraba que su muerte le traería gloria eterna y su lugar de sepultura sería famoso.

En la Escuela de Pajes, los jóvenes se veían obligados a rivalizar entre sí, y lo mismo les ocurría a los jóvenes entrenados en las milicias de las ciudades, y después en los asuntos y servicios públicos. Ningún festival macedonio era completo sin competiciones artísticas, como la representación dramática, la recitación de poesías, la actuación de heraldos y músicos, y sin certámenes atléticos que ocasionalmente incluían combates armados. Alejandro fue intensamente competitivo durante toda su vida. Sería el primero en domar a *Bucéfalo*, en atacar a la Banda Sagrada de Tebas, en escalar el muro de una ciudad o un peñón inconquistable. Fue el inspirador y a menudo el juez de la competición entre los demás. Sólo él ascendía a los soldados y oficiales, premiaba los actos de coraje, otorgaba coronas de oro a los comandantes exitosos, y promovía a sus hombres en la jerarquía militar hasta los niveles de Amigo superior y Escolta principal. Los certámenes entre unidades militares y entre tripulaciones navales formaban parte del entrenamiento y de la batalla. El propio Alejandro pensaba que debía competir con Filipo, Ciro el Grande, Hércules y Dionisio, y sobrepasarlos a todos. Como señaló Arriano: «Si él hubiera anexado Asia a Europa, habría competido consigo mismo a falta de un rival.»

Su creencia en la superioridad de la civilización griega era absoluta. Su más preciada posesión era la *Ilíada*, de Homero, e hizo que le enviaran a Asia las obras de los tres grandes trágicos, junto con los poemas ditirámbicos y la *Historia* de Filisto. Éstas eran sus lecturas favoritas. Admiraba a Aristóteles como el principal exponente de la indagación intelectual, y tenía una predilección natural *(pothos)* por la discusión y el razonamiento filosófico. Su mente estaba hasta cierto punto formada en el molde aristotélico, ya que también él combinaba un amplio grado de curiosidad con una observación precisa y un razonamiento agudo. Su creencia en la validez de la perspectiva griega de su época no se modificó con su conocimiento de las ideas egipcias, babilonias ni indias. Una característica de la civilización griega era la vitalidad de la ciudad, tanto en Europa como en Asia, y Alejandro creía que la mejor manera de difundir la cultura y la civilización griegas era fundando ciudades en toda el Asia. Al principio, los líderes en esas ciudades eran los soldados macedonios y los mercenarios griegos, que llevaron consigo la forma democrática de autogobierno a la cual estaban acostumbrados. Al mismo tiempo, los futuros dirigentes se educaban en «las letras griegas y las armas macedonias» en las escuelas que Alejandro había establecido. El proceso ya estaba bien encaminado antes de que Alejandro muriera, como podemos apreciar en un párrafo de la *Moralia*, de Plutarco: «Cuando Alejandro estaba civilizando Asia, la lectura de cabecera era Homero, y los jóvenes *(paides)* de Persia, Susiana y Gedrosia solían recitar las tragedias de Eurípides y Sófocles [...] y gracias a él Bactriana y Cáucaso reverenciaron a los dioses griegos.» Egipto ha dejado un manual de enseñanza de finales de la tercera centuria, que estaba destinado a enseñar el griego como un idioma extranjero e incluía una selección de textos de Homero y los trágicos. Las excavaciones en Ai Khanoum, en Afganistán, han exhumado templos griegos, un teatro y un odeón (para las audiciones musicales) junto a un gran templo asiático de finales del siglo IV a.C. (*véase* figura 16). Alejandro era el portaestandarte de la civilización griega. Su influencia en la educación y también en la civilización ha sido profunda, y se extiende incluso a nuestra propia era.

La fe en la religión ortodoxa de Macedonia estaba profundamente arraigada en el alma de Alejandro. Hacía sacrificios a diario, incluso durante su enfermedad terminal, en su nombre y el de los macedonios, y en otras innumerables ocasiones. Organizaba festivales tradicionales en honor de los dioses con una inusitada prodigalidad. Creía tan literalmente como Píndaro en la presencia de los dioses olímpicos en nuestro mundo, en las hazañas de los héroes como Hércules y Aquiles, que eran sus ancestros. Las deidades manifestaban sus deseos o sus advertencias a los hombres a través de fenómenos naturales, presagios y oráculos, que eran interpretados y pronunciados por mujeres y hombres inspirados. Una ventaja del politeísmo era que los dioses no eran locales, de modo que Alejandro podía ver a Zeus en el Amón de Libia y en el Baal de Babilonia, y a Hércules en el Melkart de Tiro o en el Krisna de la India. Su interés especial en Amón probablemente se debía a los oráculos proféticos que había recibido en Siwa, y que evidentemente se cumplieron en su totalidad cuando Alejandro llegó hasta el Océano exterior. Agradeció repetidas veces a «los dioses habituales» (los doce dioses olímpicos) su salvación y la de su ejército, y debió de creer que les debía su vida fascinante. Incluso en su enfermedad terminal creyó que sus plegarias durante los sacrificios serían escuchadas y que viviría, ya que murió sin haber organizado la transición del poder.

Entre las cualidades personales de Alejandro sobresalen la inteligencia, la rapidez y los alcances de su pensamiento, especialmente para la estrategia militar. En Gaugamela y en el Hidaspes previó con precisión la secuencia de los desplazamientos de sus propias unidades, y la presión que ejercerían sobre sus enemigos. Como Tolomeo —también un hábil comandante— comentó refiriéndose a la primera campaña, «el resultado fue como Alejandro infirió que sería», y después de la última campaña, «ninguno de los operativos de guerra que Alejandro emprendió estuvo más allá de su capacidad» *(aporon)*. En el don de mando nadie lo ha superado. Arriano escribió que Alejandro tenía «la más prodigiosa facultad para advertir el curso de acción apropiado cuando la situación todavía era incierta». Por eso, al desembarcar en Asia sabía que debía organizar su propio reino de Asia y obtener la cooperación voluntaria de sus súbditos. Ya en Sardes inició el entrenamiento de los jóvenes que llegarían a ser los soldados de ese reino. La originalidad de su intelecto se hizo evidente en la utilización del Indo, el Tigris y el Éufrates como vías fluviales para el comercio, y en su reorganización del sistema de riego en Mesopotamia. La audacia de sus cálculos fue premiada con el éxito en muchas empresas y especialmente en la apertura de la navegación entre el delta del Indo y el golfo Pérsico.

Sus afectos fueron muy intensos. Su amor por su madre era tal que una lágrima de ella le afectaba más que todas las quejas de Antípater. De continuo le enviaba cartas y presentes, y afirmó que a su retorno a Macedonia sólo depositaría en ella su confianza. Su lealtad para con los amigos de su propia generación a veces lo llevaba a excesos, y su enorme pesar por la muerte de Efestión fue casi irracional. Amaba a sus soldados y ellos lo amaban a él; Alejandro y sus veteranos lloraron cuando se separaron, y todos ellos reconocieron ese amor en los últimos momentos del rey. Cuando mató a Cleito, su remordimiento fue desesperado. Su compasión por la tebana Timoclea y por la familia de Darío, así como su amor por Roxana fueron sentimientos profundos y lo condujeron a actuar de un modo que probablemente fuera insólito en las guerras de su tiempo.

Como rey de los macedonios y como rey de Asia tuvo que desempeñar diferentes papeles. Su estilo de vida era el mismo que el de los macedonios, tanto en campaña como en reposo. Como dijo en Opis, sus raciones eran las mismas que las de ellos, compartía todos sus riesgos y privaciones y disfrutaba de los mismos festivales y francachelas. Los conducía no con autoritarismo sino con persuasión, y un elemento crucial en esa persuasión era que siempre les decía la verdad, y ellos sabían que les estaba diciendo la verdad. Del mismo modo, respetaba los derechos constitucionales de los macedonios, y en compensación generalmente podía convencerlos en sus asambleas para que aceptaran su política. Su papel como el «rey de reyes» de los persas era casi lo opuesto. Su corte, como la de todo rey persa, era el colmo del lujo y la extravagancia. Concedía audiencias en un enorme pabellón sostenido por cincuenta columnas doradas, y él mismo se sentaba en un sillón dorado, rodeado por tantos guardias ricamente ataviados que «nadie se atrevía a acercársele, tal era la majestad de su persona». Aceptaba la obediencia, y gobernaba por mandato. La riqueza a su disposición era increíble, ya que contaba con el tesoro acumulado por la monarquía persa y recibía el tributo fijo que pagaban sus súbditos de aquella enorme región. Sus gastos eran extraordinarios para los patrones griegos —por ejemplo en los monumentos conmemorativos de Efestión—, pero guardaban proporción con su riqueza como rey de Asia. La fuerza de su personalidad era tan grande que lograba mantener sus dos papeles separados en su mente y en su conducta, y Tolomeo y Aristóbulo estaban en lo cierto al considerar que el verdadero Alejandro era Alejandro el Macedonio.

Alejandro combinaba su extraordinario pragmatismo con una dimensión espiritual visionaria que provenía de sus creencias religiosas. Como miembro de la casa de los teménidas, tenía una especial afinidad con sus ancestros Hércules y Zeus, y había heredado la obligación de gobernar de una manera digna de dichos personajes y en beneficio de la humanidad. Su visión iba más allá de Macedonia y la Comunidad Griega. Cuando desembarcó en suelo asiático, su declaración: «Acepto Asia de los dioses», y su plegaria para que los asiáticos lo aceptaran voluntariamente como su rey eran expresiones de una creencia mística, según la cual los dioses le habían asignado una tarea especial y lo ayudarían a cumplirla. Esta dimensión espiritual de su personalidad creó en él la suprema confianza y la fuerza de voluntad que venció la resistencia de los macedonios ante la idea del reino de Asia, y que convenció a los asiáticos de que era sincero al expresar su intención de tratarlos como iguales y socios en la consolidación de la paz y la prosperidad. La fuerza de su carácter era abrumadora. Consiguió la lealtad de los comandantes persas y los gobernantes indios después de haberlos derrotado en el combate, y obtuvo la lealtad de las tropas asiáticas en todos los niveles de su servicio. Esto inspiró *El Romance de Alejandro*, en el cual los pueblos asiáticos adoptan a Alejandro como su propio rey e incorporan sus proezas en su propia leyenda. Debemos a Plutarco, quien probablemente se inspiró en Aristóbulo, una reflexión sobre esta dimensión espiritual de Alejandro.

Creía que su destino de gobernador y reconciliador del universo provenía de los dioses, y utilizando la fuerza de las armas contra aquellos que no se sometían por medio de la razón, aprovechó todos los recursos para el mismo fin, mezclando como en la copa de la amistad las vidas, las costumbres, los matrimonios y las creencias de los hombres. A todos les ordenó considerar la tierra habitada *(oikoumene)* como su patria, y sus fuerzas armadas como su ciudadela y su defensa.

Apéndice

Los siguientes artículos respaldan los puntos de vista expresados en el texto, enumerados por capítulos.

Las abreviaturas son como sigue:

AG = N. G. L. Hammond, *Alexander the Great: King, Commander and Statesman* (1.ª edición, Nueva Jersey 1980, Londres 1981; 2.ª edición, Bristol 1989; 3.ª edición, Bristol Classical Press 1994).
AJPh = *American Journal of Philology*
CQ = *Classical Quarterly*
GRBS = *Greek, Roman and Byzantine Studies*
JHS = *Journal of Hellenic Studies*
HG = N. G. L. Hammond, *A History of Greece to 322 B.C.* (Oxford, 1.ª edición, 1959; 2.ª edición, 1967; 3.ª edición, 1986.)
HM = *History of Macedonia*, vol. 1 de N. G. L. Hammond (Oxford, 1972); vol. 2 de N. G. L. Hammond y G. T. Griffith (1979); vol. 3 de N. G. L. Hammond y F. W. Walbank (1988).
MS = N. G. L. Hammond, *The Macedonian State* (Oxford, 1989).
Sources = N. G. L. Hammond, *Sources for Alexander the Great* (Cambridge, 1993).
THA = N. G. L. Hammond, *Three Historians of Alexander* (Cambridge, 1983).

CAPÍTULO UNO. *Source* 20 y ss. (Bucéfalo); *Historia* 39 (1990) 261 y ss. (los pajes).

CAPÍTULO DOS. *HG* 521-32 y 582-95 (estados griegos); *HM* 59-123 (Alta Macedonia); *MS* 16-36 y 49-70 (Instituciones).

CAPÍTULO TRES. *Philip of Macedon* (Filipo de Macedonia) (Londres, 1994); *HM* 471-9 (la Comunidad Griega).

CAPÍTULO CUATRO. *GRBS* 19 (1978) 343 y ss. (el juicio); *CQ* 38 (1988) 382 y ss. (Calindea); *JHS* 94 (1974) 66 y ss. (la campaña de los Balcanes).

CAPÍTULO CINCO. *Source* 198-210 e *Historia* 37 (1988) 129 y ss. (fuentes de información); *AG* p. 68 y *Antichthon* 20 (1986) 74 y ss. (la travesía hacia Asia y el reino de Asia).

CAPÍTULO SEIS. *CQ* 30 (1990) 471 y ss. (Europa); *Antichthon* 26 (1992) 30 y ss. (la armada macedonia); *JHS* 100 (1980) 73 y ss. (el Gránico).

CAPÍTULO SIETE. *THA* 38 y ss. (Mileto); p. 39 (Halicarnaso); 40 y 62 (Mármara).

CAPÍTULO OCHO. *THA* 97, 120, 184 y *Source* 47, 217 (Gordio); *AG* 96-110 con las Figuras 23-28, *Historia* 41 (1992) 395 y ss., y *Prudentia* Supl. 1993, 77 y ss. (Iso); *THA* 124 y ss. y *Sources* p. 56 (Gaza).

CAPÍTULO NUEVE. *Historia* 39 (1990) 275 y ss. (los Jóvenes del rey); *AG* 132 y ss. (Gaugamela); *CQ* 28 (1978) 336 y ss. (la persecución).

CAPÍTULO DIEZ. *CQ* 42 (1992) 358 y ss. (Persépolis); *Historia* 39 (1990) 261 y ss. (los pajes); *JHS* 109 (1989) 63 y ss. (bajas).

CAPÍTULO ONCE. *Sources*, p. 74, 233 y *THA* 57, 101, 133 (muerte de Darío); *Historia* 39 (1990) p. 275 (Epigonoi).

CAPÍTULO DOCE. *Source*, p. 84, 180, 233 y *THA* p. 59, 103, 136 (Filotas).

CAPÍTULO TRECE. *THA*, p. 141 (los branquidas); *Ancient World* 22 (1991) p. 41 (Samarcanda).

CAPÍTULO CATORCE. *Sources*, p. 89, p. 180, p. 240 y *THA* p. 103, 146 (Cleito); *Sources*, p. 98, p. 245 y *THA* 148 (la Conspiración de los Pajes).

CAPÍTULO QUINCE. *CQ* 30 (1980) p. 465 (Hiparquía); *Sources* 106 y *THA* p. 52, 104, 149 (Massaga); *Sources*, 248 y ss., 258, 314 (Nisa); *AG* 208 y ss. (Hidaspes); *Sources*, 258 y ss. (discurso de Ceno); *Sources*, p. 114 y *THA* 64, 152 (los altares).

CAPÍTULO DIECISÉIS. *Sources*, 115 y ss., 268 y ss. y *THA* 65, 105, 154 (la ciudad de los malios); *Sources*, 124, 273 y ss. y *THA* 68 y ss., p. 155 (Oreitis y Gedrosia).

CAPÍTULO DIECISIETE. *CQ* 30 (1980), p. 469 y *JHS* 109 (1989), p. 64 (los macedonios en Asia); *Historia* 39 (1990), p. 275 (Epígonos); *Sources*, 134, 287 y ss. y *THA*, p. 72, p. 106 (amotinamiento en Opis).

CAPÍTULO DIECIOCHO. *CQ* 30 (1980), p. 471 y *JHS* 105 (1985), p. 303 (Olimpia); *THA*, 157 (los exiliados); *Sources*, p. 136, 294 y ss., *THA* 73, 75, p. 107 (Efestión); *Sources*, p. 140, 300 y ss. y *THA* 74, 108 (los caldeos); *Historia* 37 (1988) 129 y ss. y 40 (1991) 382 y ss., y *AJPh* 110 (1989) 155 y ss. (el Diario).

Más artículos aparecerán en mi obra *Collected Studies IV* (Hakkert).

Tabla cronológica de datos adoptada en el texto

336	Primav.	La vanguardia invade Asia.
	Octubre	Ascensión al trono de A(lejandro).
	Nov-dic.	A. obtiene el respaldo del Consejo Anfictiónico; es designado *hegemon* de las fuerzas griegas contra Persia.
335	Primav. a sept.	A. emprende campañas en los Balcanes; Memnon contraataca en Asia.
	Octubre	Caída de Tebas; acuerdos para la guerra c/Persia concertados con el Concejo de la Liga Griega.
	Nov./dic.	Festivales en Dío y Egea.
334	Mayo	A. desembarca en Asia.
	Mayo/junio	Batalla del río Gránico.
	Verano	Toma de Mileto y aislamiento de los persas en Halicarnaso.
334/333	Invierno	A. conquista Caria, Licia, Panfilia y Frigia.
333	Marzo-junio	Ofensiva naval de Memnon; éste muere en junio.
	Abril-julio	A. se instala en Gordio e inicia campañas en las áreas adyacentes.
	Julio-sept.	Farnabaces conduce su ofensiva naval.
	Agosto	A. entra en Cilicia; enfermo hasta finales de septiembre.
	Octubre	Parmenio es enviado a las «Puertas Sirias». A. emprende una campaña en la campiña de Cilicia.

	Noviembre	Batalla de Iso.
332	Enero-julio	Sitio de Tiro; desintegración de la flota persa.
	Sept./nov.	Sitio de Gaza; Macedonia impera en el mar.
	Diciembre	A. entra en Egipto.
331	Enero	A. funda Alejandría.
	Febrero	A. visita Siwa.
	Primavera	Festival en Menfis.
	Princ. verano	A. en Fenicia y Siria. En julio parten refuerzos de Macedonia.
	Finales de jul.	A. parte para Tapsaco.
	Agosto-sept.	A. emprende campañas en el norte de la Mesopotamia y en el sur de Armenia.
	20 de sept.	Eclipse de Luna.
	1 de oct.	Batalla de Gaugamela; Agis forma una coalición en Grecia.
	Diciembre	A. en Susa se entera de la colonización de Antípater en Tracia y del sitio de Agis a Megalópolis.
330	Enero-marzo	A. en Persépolis.
	Marzo-abril	A. inicia una campaña contra los mardios.
	Abril/mayo	Antípater derrota a Agis. Mayo A. abandona Persépolis.
	Verano	A. emprende campañas en Tapuria, Hircania, Partia y Areia. En julio, persecución y muerte de Darío.
	Octubre	Complot de Filotas.
	Noviembre	A. en Ariaspia.
	Finales dic.	Los ejércitos se reúnen en Aracosia.
329	Enero	A. avanza hacia Kabul, e inverna allí.
	Primavera	A. cruza el Hindukush.
	Verano	A. reorganiza su caballería. Cruza el Oxus. Captura a Beso. Avanza hasta el río Jaxartes.
	Otoño	Alzamiento de los sogdianos y bactrianos.
329/328	Invierno	A. en Bactra.
328	Prim./verano	Campañas en Sodiana y Bactriana.
	Otoño	Muerte de Cleito en Samarcanda.
328/327	Invierno	A. en Nautaca. A finales del invierno toma el «peñón sogdiano» y el peñón de Corienes.
327	Primavera	Las fuerzas se reúnen en Bactra. Conspiración de los Pajes.

	Prim./verano	El ejército cruza el Hindukush.
327/326	Invierno	Efestión avanza hacia el Indo. A. inicia la campaña en el Swat, y a finales del invierno toma Aorno.
326	Primavera	Las fuerzas se reúnen en el Indo.
	Mayo	Batalla del Hidaspes.
	Verano	A. avanza hacia el Hífasis y se retira.
	Noviembre	La flota navega por el Hidaspes.
326/325	Invierno	A. emprende una campaña contra los malios; es herido en un asalto a una ciudad malia.
325	Febrero	Las fuerzas se reúnen en la confluencia del Acesines y el Indo.
	Primavera	Rebelión de los brahmanes.
	Junio	Cratero parte para Carmania.
	Julio	Otras fuerzas se reúnen en Patala.
	Finales agosto	A. parte para Carmania.
	Octubre	Nearco inicia su viaje. A. entra en Gedrosia.
	Diciembre	A. se encuentra con Cratero en Carmania.
324	Enero	A. se encuentra con Nearco en Carmania; A. avanza en Persis.
	Febrero	El ejército de A. y la flota de Nearco se encuentran en el Pasitigris.
	Jul./agosto	Se anuncia el retorno de los exiliados en los Juegos Olímpicos.
	Fin del verano	Amotinamiento en Opis. Los veteranos son enviados con Cratero a Cilicia y Macedonia.
	Otoño	A. en Ecbatana; Efestión muere allí. Perdicas conduce el grueso del ejército hasta Babilonia.
324/323	Invierno	A. emprende una campaña contra los coseanos.
323	Abril/mayo	A. se reúne con Perdicas en Babilonia.
	Mayo	Preparativos finales para la campaña del verano contra los árabes.
	Finales mayo	A. cae enfermo.
	10 de junio	A. muere.

Comentarios sobre las ilustraciones

Figuras

1a y b. Un caballero portando casco, coraza y capa practica con su lanza de dos puntas. Una correa sujeta la empuñadura de la lanza a su muñeca, de modo que si la lanza se rompe puede utilizar la parte de atrás como una espada. Apunta a un escudo sostenido por un criado negro. En b, los piqueros están indicados por medio de puntos. Las cuatro filas del frente tienen las picas apuntadas hacia delante, y las cuatro filas de atrás las sostienen hacia arriba. *Véase* la lámina 3a.

7. El pentenconte, de unos 36 metros de largo por 4 de ancho, llevaba 25 remeros de cada lado, y el triaconte, 15. Obsérvese el timón y el aparejo para el velamen, que no aparece en la ilustración.

15. La masa terrestre estaba rodeada por el Océano. Según Aristóteles, la longitud de la misma guardaba una proporción de 5 a 3 con su anchura.

16. Solamente partes del sitio han sido excavadas en el norte de Afganistán. Los edificios públicos y las residencias lujosas por lo general estaban sobre el terreno más bajo, y el grueso de la población vivía en los terrenos más altos al este de la calle principal. La línea quebrada muestra el trazado de la muralla.

Láminas

1a. Medallones romanos de Filipo usando la diadema y una coraza similar a la que luce Alejandro en la lámina 3b, y de Olimpia cuya cinta se asemeja a una diadema. Su diámetro es de 5,4 cm.

2. El fresco de la cacería real tiene 5,56 metros de longitud y se encuentra en la fachada de la tumba de Filipo. El jinete central es Alejandro, y el que está a la derecha del espectador es Filipo a punto de atacar al león con su lanza. El paje que aparece a la derecha viste el atuendo tradicional que incluía la *kausia*. La puerta de mármol de la fachada conduce a la antecámara de la tumba empotrada.

3a. Una falange de piqueros dispuestos para el ataque. Las primeras cinco filas presentan sus picas en posición de ataque, y las otras las sostienen enhiestas para interceptar proyectiles.

b. Alejandro en combate en el Mosaico de Alejandro, que representa la batalla de Iso. Sostiene la lanza en posición horizontal en su mano derecha. Su coraza tiene hombreras como las de la lámina 1.

4a. Una de las veinte vasijas de plata de la tumba de Filipo. El Sileno estaba asociado con el culto a Dionisio (mide 24,5 cm de altura).

b. La cabeza en miniatura sobre un ánfora de plata de la tumba de Filipo representa a Hércules llevando la capa de piel de león. Sus rasgos pueden recordar a los de Alejandro (el ánfora mide 36,4 cm de altura).

5a. La urna de oro de la tumba de Filipo que contenía sus restos cremados, envueltos en un lienzo púrpura.

b. La diadema de oro con hojas de roble y bellotas pesa en su estado actual unos 714 gramos.

6a. El Mosaico de la cacería del león proveniente de una casa de Pella data de «un poco antes del año 300». Las figuras pueden representar a Cratero acudiendo en auxilio de Alejandro (mide 4,9 por 3,2 m).

b. El Mosaico de Dionisio cabalgando sobre una pantera, del mismo origen, es una evidencia del culto a ese dios (mide 2,7 por 2,65 m).

7. El fresco Boscoreale es una reproducción de un original macedonio. El juvenil Alejandro, usando una *kausia* (como en la figura 2), clava su *sarissa* en suelo asiático a través del Helesponto, mientras Asia le observa con una mirada de aceptación. El escudo macedonio es el emblema de una guerra defensiva, que está siendo librada contra Asia. Sobre la parte derecha del fresco (que no aparece aquí) un filósofo (es decir, Aristóteles) contempla a su alumno, Alejandro. Se han intentado otras interpretaciones.

8a. La fotografía muestra el lago Pequeño Prespa y debajo de él la llanura de Pelion. Hacia el oeste de esta planicie está la llanura de Koritsa.

b. El montículo o morón (a la derecha) era el emplazamiento de Pelion, cerca del cual corre el río Eordaico. El ejército de Alejandro avanzaba desplegado hacia la cámara.

9. Alejandro en combate, usando su capa de piel de león; altorrelieve proveniente del Sarcófago Alejandro, hallado en Sidón y fechado *circa* 325-300.

10. El río Payas es visible abajo a la derecha.

11. Paolo Veronese captó el notable carisma y los modales perfectos de Alejandro, quien se ganó el afecto de Sisigambis (y la lealtad de Taxiles y Poro).

12. El mosaico de Alejandro (5,12 por 2,71 m) en el Museo Nacional de Nápoles muestra a Alejandro a la izquierda y a Darío a la derecha en la batalla de Iso. Detrás de Darío las picas de la infantería macedonia se elevan en el aire. Este mosaico romano fue copiado de un fresco macedonio de finales del siglo IV a.C.

13. El Medallón Poro muestra a un jinete atacando a Poro y a su cornaca, quienes montaban sobre un elefante acorazado. El arquero indio y el elefante sin coraza quizá conmemoran una cacería de elefantes (como en Arriano 4.30.8). M. J. Price da una interpretación diferente en su *Studia Paulo Naster Oglata* I (Leuven, 1982), pág. 75.

14. La crátera de bronce de Derveni, fechada *circa* 330, representa escenas con Dionisio, Ariadna, las Ménades y los Sátiros. El culto a Dionisio estaba asociado para sus creyentes con la vida después de la muerte (mide 90 cm de altura).

15. Un joven Alejandro montado sobre *Bucéfalo* acude en auxilio de Filipo en el fresco de la cacería real (detalle superior de la lámina 2). Este retrato contemporáneo muestra sus ojos penetrantes, su nariz prominente y su rostro enjuto, que son los rasgos del Alejandro juvenil que aparece en el mosaico de Alejandro (lámina 3b) y en el fresco Boscoreale (lámina 7). *Véase* M. Andronicos V, fig. 70 sobre la pág. 115.

16. Una reproducción en mármol del original de finales del siglo IV a.C. Esta y otras esculturas similares muestran a Alejandro maduro con sus ojos profundos, un rostro lleno y el cabello cepillado hacia arriba desde la frente en el estilo denominado *anastole*. Las facciones probablemente fueron idealizadas. Esta cabeza está en el Museo de Pella (mide 30 cm de altura).

Ilustraciones

Figuras

1a. Un soldado de caballería (según Hammond, *MS* 105)
 b. Falange de piqueros (según Hammond, *MM* 60)
2. El reino macedonio de Alejandro (según Hammond, *MS* 50)
3. Las viudas de Filipo y sus descendientes (según Hammond, *Philip* 42)
4. El área de los Balcanes (según Hammond, *Philip* 116)
5. Las maniobras en Pelion (según Hammond, *AG* 51)
6. El palacio de Filipo y Alejandro en Pella [extraído de M. B. Hatzopoulos de, *Macedonia from Philip II to the Roman Conquest* (Atenas, 1993) 88]
7. El penteconte (según Hammond, *AG* 233)
8. Los desplazamientos de las fuerzas de Alejandro en 336-333 (según Hammond, *AG* 43)
9. Cilicia (según Hammond, *AG* 102)
10. La batalla de Iso (según Hammond, *AG* 102)
11. Los desplazamientos de las fuerzas de Alejandro en 333-331 (según Hammond, *AG* 114)
12. Las satrapías centrales (según Hammond, *AG* 133)
13. Las etapas en la batalla de Gaugamela (según Hammond, *AG* 142)
14. Las satrapías del nordeste (según Hammond, *AG* 175)
15. El mundo de Alejandro en 327 (según Hammond, *AG* 177)
16. La «Alejandría» de Ai Khanoum [extraído de un plano de *Scientific American* 247 (1982) 148ss.]
17. La batalla del río Hidaspes (según Hammond, *AG* 213)
18. Las satrapías del sudeste (según Hammond, *AG* 209)

19. Las divisiones administrativas de los territorios de Alejandro (según Hammond, *MS* 218)

Las figuras 1b hasta 6 y la figura 16 fueron realizadas por el autor, y las figuras 7 a 15 y 17-19 por A. Cox de Cox Cartographic, Ltd., en Waterstock, Oxon. Se agradece a la Imprenta de la Universidad de Oxford por haber autorizado la reproducción de las figuras 1a, 2 y 19, y a Sidgwick y Jackson por la reproducción de la figura 1b.

Láminas

1a. Medallones de oro de Olimpia y Filipo (fuente, Ad. de Longperier en *Rev. Num.* 1868)
 b. Cabezas de marfil de Olimpia y Alejandro (fuente, M. Andrónicos)
2. Fresco de una cacería real (fuente, M. Andrónicos)
3a. Falange de piqueros (fuente, P. Connolly)
 b. Alejandro en combate (fuente, Colección Mansell)
4a. Jarra de vino de plata con la cabeza de Sileno (fuente, M. Andrónicos)
 b. Cabeza de un Hércules joven sobre una ánfora de plata (fuente, M. Andrónicos)
5a. Urna de oro (fuente, M. Andrónicos)
 b. Diadema de oro (fuente, M. Andrónicos)
6a. Mosaico de la caza del león (fuente, Ph. Petsas)
 b. Mosaico de Dionisio montado sobre una pantera (fuente, Ph. Petsas)
7. Mitad derecha del fresco Boscoreale (fuente, C. M. Robertson)
8a. Fotografía satelital del área de Pelion (fuente, NASA)
 b. La llanura junto a Pelion (fuente, A. Harding)
9. Alejandro en combate (fuente, Hirmer Fotoarchiv)
10. Fotografía satelital de Cilicia (fuente, NASA)
11. La familia de Darío ante Alejandro (fuente, The National Gallery)
12. El mosaico Alejandro (según Hammond, *AG*, fig. 33)
13. El medallón Poro y el arquero indio (fuente, The Trustees of the British Museum)
14. La crátera Derveni (fuente, Museo Arqueológico Tesalónico)
15. El joven Alejandro cabalgando sobre *Bucéfalo* (fuente, M. Andrónicos)
16. Un maduro Alejandro algo idealizado (fuente, Museo de Pella)

Se agradece a las siguientes personas e instituciones: al fallecido M. Andrónicos por haber autorizado la reproducción de las láminas 1(b), 2, 4, 5 y 15; a P. Connolly por la 3(a); a los conservadores de la Colección Mansell por la 3(b); a Ph. Petsas por la 6; a C. M. Robertson por la 7; a la NASA por las fotografías 8(a) y 10; a A. Harding por la 8(b); a Hirmer Fotoarchiv por la 9; a la National Gallery por la 11; a The Trustees of the British Museum por la 13; al Museo Arqueológico Tesalónico por la 14; y al Museo de Pella por la 16.

Bibliografía

Andrónicos, M.: *Vergina: the Royal Tombs and the Ancient City*, Atenas, 1984.
Bosworth, A. B.: *Conquest and Empire: the Reign of Alexander the Great*, Cambridge, 1988.
— *From Arrian to Alexander*, Oxford, 1988.
Brunt, P. A.: *Arrian with an English translation* I, Londres, 1976 II (1983).
Cook, J. M.: *The Persian Empire*, Londres, 1983.
Engels, D. W.: *Alexander the Great and the Logistics of the Macedonian Army*, Berkeley, 1978.
Fraser, P. M.: *Ptolemaic Alexandria*, Oxford, 1972.
Green, R.: *Alexander of Macedon*, Londres, 1974.
Griffith, G. T.: *The Mercenaries of the Hellenistic World*, Cambridge, 1935.
Hamilton, J. R.: *Alexander the Great*, Londres, 1973.
Hammond, N. G. L.: *Alexander the Great: King, Commander and Statesman*, Nueva Jersey, 1980.
— : *The Macedonian State*, Oxford, 1989.
Heisserer, A. J.: *Alexander the Great and the Greeks of Asia Minor*, Oklahoma, 1980.
Lane Fox, R.: *Alexander the Great*, Londres, 1973.
Marsden, E. W.: *Greek and Roman Artillery*, Oxford, 1969.
Milns, R. D.: *Alexander the Great*, Londres, 1968.
Pichard-Cambridge, A. W.: *Demosthenes*, Londres, 1914.
Price, M. J.: *Coins of the Macedonians*, British Museum, 1974.
Sekunda, N.: *The Army of Alexander the Great*, Londres, 1984.

Stein, A.: *On Alexander's Track to the Indus*, Londres, 1929.
Tarn, W. W.: *Alexander the Great*, 2 tomos, Cambridge, 1948 y 1979.
Wilcken, U.: *Alexander the Great*, Londres, 1932 y Nueva York, 1967.

Índice analítico

A. significa Alejandro y D., Darío III. Los nombres de lugares incluyen a sus habitantes, por ejemplo «Esparta» incluye a los espartanos.

Abidos: 91, 94
abios: 185
Abisares: 206, 213
Abreas: 217-218
Abulites (sátrapa): 148, 230
Acarnania: 53, 118
Acaya (aqueos): 37, 40, 149
Acesines (río): 211, 213, 215-216, 218
Acrocorinto: 40
acuñación de moneda tracia en 334: 60, 80, 81-82
Admeto (oficial): 130
Aeropo II, hijos de: 49, 52, 112
    nieto de: 49, 112
Afganistán: 169, 171-172, 176-177, 249
Afitis: 137
África: 244
Agatón: 230
Agesilao: 104
Agis III de Esparta: 129, 149, 154, 241
agrianos: 63, 89, 95, 113, 117, 120, 144, 158, 187, 210
    en Cilicia: 117, 118
    en el Hidaspes: 190, 195
    en Gaugamela: 143, 145, 153-154, 177
    en Oreítis: 194
    en Pelion: 60, 63, 69, 77, 88-89, 95, 113
Ai Khanoum: 200-201, 249
alanos: 68
Albania: 31
Alejandría en Egipto: 72, 136-137, 176, 203
    fundación de: 134
Alejandría en el Cáucaso: 177, 203, 206
Alejandría en Iso (ad Issum): 135
Alejandría Escate (de la Frontera): 186
Alejandría-en-Areia: 172
Alejandría-en-Margiana: 210
«Alejandrías»: 176, 234
Alejandro I de Molosia: 43, 82
Alejandro III de Macedonia: 43, 173, 207, 250
Alejandro IV: 43
Alejandro Lincestes: 49, 51-52, 88, 110-113, 173, 175
    ejecución de: 112

Alejandro V: 43
Alejandrópolis: 24, 176
Alianza Epirota: 240
Alinda: 106
Ambracia: 40, 53
Amigos del Rey: 31-32, 54, 59, 64, 77, 83, 111, 150-151, 164, 166, 174, 176, 192-193, 212
Amintas (hijo de Antíoco, desertor): 54, 111, 124
Amintas (hijo de Nicolao, sátrapa de Bactriana): 45-46, 83, 149, 196, 201
Amintas II de Macedonia: 50, 53
Amintas III de Macedonia: 51, 85
Amintas IV de Macedonia: 20, 35, 37, 43, 124
Amiso: 115
Amón: 133, 181, 220, 236, 249
Amu-Darya (río): 181
Anatolia: 108-109, 113, 117
Anaxímenes: 82
Andrómaca: 92
Andrómenes: 173
Andros: 129
Anfaxitis: 55, 89
Anfíloco: 134
Anfípolis: 37, 55-56, 89
Anfisa: 40
Anfítrite (nereida): 216
Ankara: 113
Antálcidas, Paz de: 104
«anticipación»: 158
Antígono Monoftalmos: 113, 124
Antípater: 21, 43, 49, 57, 77, 87-88, 117, 150, 161, 198, 201, 240-241
    delegado-*hegemon*: 117
    y Olimpia: 239-241
Antípater (hijo de Casandro): 82, 87-88, 140, 154
Aorno: 181, 205-206
    peñón de: 205-206
apelación, Derecho de: 198
Apis: 133
Apolo: 25, 28, 38-39, 177, 182-183
    de Delfos: 28, 37
    de Delos: 244
Apolodoro: 148
Apolófanes: 222
Apolonia (en Migdonia): 38, 55
Aquiles: 25, 29, 91-92, 131, 249
Arabia: 135, 137, 164, 166, 224-225
    circunnavegación de: 224
    invasión planeada de: 225
arabitas: 225
Aracosia: 174, 177-179, 219
Arado: 126
arameo: 119
Araxes (río): 151
Arbela: 146
Arcadia: 72, 149, 154-155
Areia (areianos): 170-172, 177, 179, 181-182, 189
Areópago, Consejo y Tribunal: 241-242, 244
Aretusa: 134
Argos en el Peloponeso: 72
Ariaspia: 176, 178
Arigueo: 205
Aristandro, el Vidente: 79, 111, 128, 130, 134, 141, 187, 192
    con referencia a Cleito: 192
    en Alejandría en Egipto: 131
    en Tiro: 124, 126
Aristóbulo:
    como una fuente: 44-45, 66-70, 72, 79, 99, 106, 112, 115, 118, 124, 131, 152, 159, 175, 180, 183, 192, 193, 195, 197-199, 205, 230, 237, 244, 246, 251
    con referencia a Cleito: 183, 193
    en el Helesponto: 91
    en Siwa: 131
Aristogeiton: 149
Aristóteles: 22-23, 30, 50, 102, 139, 160, 166-167, 185, 204, 221, 231
    sobre «Asia»: 94
    sobre el río Jaxartes: 166
Armenia: 117, 141, 148, 153, 157

Índice analítico

Arquelao (rey de Macedonia): 51, 75, 82
arqueros: 64, 70, 120, 216
    cretenses: 120
    en el Gránico: 101
    en Tebas: 72
    macedonios: 158
Arrideo: 24, 43, 45
Arsaces: 182, 189
Arses: 125
Arsitas: 101
Artabaces: 159, 163, 177, 181, 190-191, 195
Artacoana: 169, 172
Artajerjes Ocos: 125, 133, 157, 163, 235
Artemisa: 46, 85, 103, 244
Asacenia: 206
Asamblea de los Macedonios, con referencia a Aspendo: 24, 50, 110-111, 136, 154, 161, 174-175, 182, 197, 210, 243
Asandro: 102
Asclepiodoro: 148, 246
Asia: 18, 21, 42-43, 46, 54, 66, 72-79, 81, 85, 88, 91-92, 94, 103-105, 109, 114-115, 125, 146, 148-151, 160-161, 166-167, 170-171, 176, 185, 199, 201, 207, 211, 215, 239
    ciudades griegas en: 39, 92, 215
    Puertas de: 102
«Asia»: 125-126, 135, 141, 160-161, 204, 211
Asia Menor: 46, 72, 80, 102, 104, 106, 108, 117, 124, 178
Asiria: 199
Aspasia (aspasianos): 187
Aspendo: 110-111
Astaspes: 230
Atalo: 43-44, 46-47, 50, 54
Atarrias: 175
Ateas: 42-43
Atenas: 22, 27, 29, 37-40, 46-47, 53, 59-60, 69-76, 117, 128, 140, 154, 164, 174

Biblioteca instituida por A. en: 167
el Tribunal del Pueblo en: 155
en Queronea: 40
enjuiciada por A.: 74
homenajea a A.: 140
la flota de: 118, 132, 136-149
leal a la Comunidad Griega: 126
los estadistas de: 134, 150
y Tebas: 27-28
Atenea: 85, 91, 126, 244
    de Atenas: 98, 126
    de Lindo: 146, 161
    de Troya: 92, 102, 134, 217, 244
Atenea de Pidna: 78, 153
ático (dialecto): 81, 135
Atropates: 227, 230, 233
Audata: 35, 43
Augusto: 103
Autofradates: 194
Azerbaiyán: 68
Azov, mar de: 160, 185

Baal (dios): 126, 148, 247, 249
Babilonia: 147-148, 153, 157, 164, 171, 224-225, 231, 243, 245-247, 249
Bactra: 98, 181, 186, 188, 196-197
Bactriana (bactrianos): 144, 170-172, 178, 180-181, 184-185, 190-191, 194, 196, 201, 204, 220, 231
    alzamientos en: 231
    Balcanes, (Los): 42, 49, 54, 65-66, 76, 80-81, 206
    fuerzas balcánicas en el Helesponto: 98, 110
    la campaña en: 220
Balj: 170, 186
Banda Sagrada de Tebas: 40, 50, 97, 248
Bardilis: 29, 35, 60
Bariaxes: 230
Barsentes: 159, 172
Barsina: 43, 195

Batis: 131
Bazira: 205
Beas (río): 211
Begram: 177
bematistae: 160
Beocia (beocios): 37, 39-40, 69, 72, 76
    Liga de, 69
Beso: 159, 171, 177, 180-181, 183-184, 189
    «rey de Asia»: 171
Bhir: 207
Biblioteca de Atenas, fundada por A.: 153
Biblos: 126
Bistanes: 157
bizantino, Imperio: 39, 132
Bodro: 106
    véase también *Halicarnaso*: 104, 106.
Bolbe (lago): 55
Boscoreale, fresco: 94
Bósforo, estrecho del: 39, 58-59, 74
Bosnia: 46, 60
Botia: 55, 134
botienses: 134
brahmanes: 219
branquidas: 182-184
Bucéfala: 210
Bucéfalo: 17-19, 23-24, 65, 248

Cabiros: 21-22, 85
Cachemira: 204, 206-207, 213
Cádiz: 160
cadmeos: 70-71
Caico (río): 108
Caistro (río): 108
Calas: 94-95, 102
Calcidia: 79, 98
caldeos: 195-196, 225
Calindea: 54-55, 77
Calípolis: 129
Calístenes: 86, 91, 110, 137, 147, 183, 198-199

Camacea: 54
Cambises: 133
Cambunia (monte): 69
Capadocia: 68, 115, 117, 141
Carano: 177, 193
Cares: 198-199
Caria (carios): 45, 106-107, 114, 119
Carias: 107
Caridemo: 74
Carmania: 152-153, 166, 219, 223, 227, 230
Cartago: 29, 126, 130, 244
Cartas de A.: 29, 110, 198
    dirigidas a Antípater: 198
Caspio, mar: 164-165, 185, 189, 231
catapultas: 63-64, 128
Cáucaso (monte): 166, 177, 204
Cauno: 119
Cebalino: 173-174
Cefiso (río): 40
Celene: 113
Ceno: 190, 194, 211, 230
    en el Hidaspes: 187, 207, 213
ceremonial asiático: 160
Chenab (río): 211
Chermah-i-Ali (río): 167
Chipre (chipriotas): 80, 104, 124, 128, 215, 244-245
    reyes de: 140
Cicerón: 72
Cícladas (islas): 118
Cidno (río): 118
Cilicia: 108, 116-118, 158, 164, 239
    Puertas de: 117
Cina: 43, 54
Cirene: 135
Ciro el Grande: 68, 153, 176, 221, 248
    tumba de: 68
Cirópolis: 186
Cizico: 94
Cleandro: 230
Cleitarco: 71-73, 75-76, 79, 91, 124, 131, 152, 183
    con referencia a Halicarnaso: 106

Índice analítico 275

Cleito: 60-63, 76, 97, 158, 175, 183, 189, 191-193, 199
    con A., altercado de: 191, 192, 250
    en el Gránico: 191
Cleómenes: 137, 246
Cleopatra (hija de Filipo): 43, 54, 240
Cleopatra (mujer de Filipo): 43-45, 65, 240
Coaspes (río): 215
Cofen (río): 215
Colofón (ciudad): 71
Comandantes: 77
Compañeros: 37
    consultados en Tiro: 129
    en el Gránico: 96
    en la caballería reorganizada: 187
    en Pelion: 64
Compañeros Aldeanos: 237
Compañeros de Caballería: 24, 32, 40, 46, 55, 57, 64, 77, 79, 82, 87, 89-90, 95-98, 109, 119-120, 123, 126, 128, 144-146, 149-151, 158-159, 161, 164, 169, 172-175, 177, 186, 188, 191, 193-194, 201, 203, 207, 210, 216, 232, 235-237, 245
    cambios en los: 184
    dos comandantes de los: 136
    en Bactriana: 157
    reorganización de los: 147
Compañeros-infantes: 32, 37, 130, 237
Comunidad Griega, o «los Griegos»:
    A. se dirige a la: 156
    con referencia a Tebas: 75-76
    Consejo de la: 78, 161, 242
    contra Persia, fuerzas de la: 158
    establecida por Filipo: 41-42, 46, 49, 53-54, 60, 70, 72-76, 78, 87, 89, 90, 92, 94, 105, 117, 154, 156, 161, 163-164, 177, 188, 241, 243-245, 251
    termina la guerra con Persia: 158

Consejo Anfictiónico: 39, 42
convoy de pertrechos: 71, 88
    aligerado: 186, 189
Corasmia: 190
Corcira: 28
Corienes: 196, 205
    peñón de: 186
Corinto: 40, 54, 81
Cos: 82, 128
coseanos: 231-232
Cratero: 84, 120, 151, 188, 190, 196, 205, 209-210, 216, 219, 223
    derrota a Espitamenes: 188
    en el Hidaspes: 209
Creta: 129, 132, 242
Crotona: 147
Ctesifonte: 155
cupido: 68, 139

daghes: 194, 196
daimon: 192
Damasco: 125
Darío, familia de: 108, 117, 119-120
    planes de A. para la: 108, 128, 143, 157
Darío I: 118
Darío III Codomano: 76
    en Gaugamela: 141
    en Iso: 129
    huida de: 150, 164
    muerte de: 159
    y Alejandro Lincestes: 117-118, 124, 145, 152-153, 157-159
    y Beso: 184
Datafernes: 183-184, 186, 194
deificación y honores divinos:
    para Filipo: 55
Delfos: 29, 37, 42, 140, 182-183, 244
Delos: 244
Demades (político): 154
Demarato: 44, 97
Deméter (diosa de la agricultura): 134
Demetrio, Escolta: 174-175

Demóstenes: 46, 54, 74-75, 154, 241, 244
    coronado: 155
    y Harpalo: 241
Derveni: 82
deudas:
    de A.: 88
    de los soldados macedonios: 81
Diades: 107
Diario:
    batalla de Gránico: 94
    Halicarnaso: 106-107, 109
    naturaleza del: 67, 98-99, 103, 126, 159, 189
    persecución de Darío: 125
Dídima: 161, 182
Dilo: 77
Dimno: 173
Dinara: 113
Dío: 75, 85, 98
Dionisio de Siracusa: 23, 205
Dionisio: 21, 84, 88, 192, 205-206, 248
    con referencia a Cleito: 192
    en la India: 205
    teatro de: 21
dioses olímpicos: 187, 221
Dobruja: 40, 42
Dodona: 182
Don (río): 160, 185
Drangiana: 172, 174, 176, 219, 230
Drapsaca: 181

Eane: 83
Ecbatana: 157-158, 161, 166, 171, 174, 177, 184, 245
eclipse: 141
Éfeso: 46, 101, 103-104, 134
Efestión: 19, 92, 124-125, 175-176, 190, 193, 206, 211, 216, 231, 243, 245-246, 251
    muerte de: 198
Egea, en Cilicia: 77, 81, 134
Egea, en Macedonia: 19, 83, 149, 191

egeas, islas: 114, 160, 218, 221
Egeo, mar: 46, 74, 94, 104-106, 108, 117-118, 128, 132, 135, 154, 158, 164, 245
Egipto: 67, 80, 104, 124, 128, 130, 132-137, 139, 148, 153, 163-164, 171, 239, 244-246, 249
    A. en: 22, 136, 171
eirenophylakes: 29, 78
El Alamein: 148
Elburz (monte): 164
Elea (eleáticos): 73, 91
elefantes: 209-210
Eliano: 67
Elimeotis: 35
Elis: 72, 149, 155
Eniadas: 241-242
Eordaico (río): 60
epigonoi: 170, 235
Epímenes: 197
Épiro: 29, 87, 244
Erigio: 44, 177, 193
Eritrea: 161
Escitia (escitas): 160, 187, 189, 220
    A. derrota a los: 187
esclusas: 224
Escoltas: 22, 43, 54, 64, 68, 79, 176, 191-192, 197, 217
España: 244
Esparta: 27, 30, 39, 69, 104, 128, 133, 140, 152, 154-155, 164, 177, 179
    Antípater derrota a: 154
    derrota una fuerza macedonia: 133
    desafía a Filipo: 104
Espitamenes: 157
Espitriates: 107
Esquines: 154-155
Estagira: 38
Estibetes (río): 143
Estrabón: 168, 174, 178, 183
Etiopía: 135, 139, 160
Etolia: 69, 72, 242
etruscos: 217
Eubea (eubeos, euboico): 158

Éufrates (río): 135, 140, 164, 184, 221, 224-225, 250
Eukleia: 20
Euleo (río): 224
Eurídice (abuela de A.): 19-21
Eurídice (mujer de Filipo II): 44, 51, 83
Eurídice (nieta de Filipo II): 43, 45, 54
Eurimedón (río): 110
Eurípides: 21, 82, 249
    Las Bacantes: 21
Europa: 23, 37, 39, 42, 44, 79, 87, 161, 176, 185, 187, 248-249
Exploradores: 169, 201

Farah: 172
faraón: 133, 137
Farasmanes: 190
Farnabaces: 117-118, 126, 129
Fenicia (fenicios): 104, 126, 132, 140, 215, 225, 244
Fila: 35, 43
Filina: 37, 43
Filino: 67
Filipeon: 46
Filipo (médico): 118
Filipo II: 17-20, 22-24, 27, 32, 35, 37-47, 49-55, 57, 59, 65, 73-74, 76, 80-85, 92, 95, 103, 107-108, 111, 125, 149, 153, 179, 181, 183, 193, 206, 215-216, 218, 231, 236, 240, 243-244, 248
    asesinato de: 51
    medallón de: 80
    tumba de: 52
Filipo III Arrideo: 43
Filipo IV: 43
Filipos: 24, 38-39
Filisto: 248
Filónico: 18
Filotas: 61, 173-175, 198
flota
    chipriota: 132
    griega: 96, 99, 101-107, 115
    macedonia: 87, 119, 224
    persa: 105
    retorno de la: 118, 130, 134
Focea (focenses): 28, 37, 39, 69, 72-73
Foción: 117, 155
Frada: 172
Fresco de la cacería real: 181, 220
Frigia Helespontina: 101, 102, 115
Frigia Mayor: 109, 111, 113, 115, 124

Gadara: 134
Ganges (río): 211
Gaugamela, batalla de: 85, 133, 139, 142, 147, 157, 161-166, 175, 184, 227, 230, 250
Gaza: 130-131, 139
Gedrosia: 166, 176-177, 222-223, 230, 249
Gerasa: 135, 140
Gerra: 224
getas: 42, 58, 76, 240
Glaucias: 60-61, 76
glausas: 188
Gordio (Gordium): 112-113, 115, 149, 161
Grammo (monte): 69
Gránico (batalla del): 94-95, 101-102, 108, 133, 191
gratificación (a los soldados): 110, 134, 139
griego, difusión del idioma: 68, 132, 144, 149, 220
Grineo: 94, 102
guardia
    de Infantería: 42, 47, 50, 70, 120
    de la Caballería Persa: 123-124, 143, 163, 235
    de la Infantería Persa: 123, 143
    de los Compañeros de Caballería: 95-96, 123, 143, 185, 191, 236
Hipaspista: 50, 144, 150

guerras sagradas: 25, 28-29, 37, 40
Guía del Marinero: 223
gymnasion: 135

Halicarnaso: 104, 106-108, 111, 118-119, 128
Hamadán: 157
hamartia: 192
Harmatelia: 219
Harmodio: 149
Harpalo: 19, 24, 44, 158, 193, 241, 244
   en Atenas: 241
Hecatompilos: 161, 166
Héctor: 131
hegemon: 41, 53-54, 72-73, 81, 87, 89, 92, 125, 132-133, 140, 155, 158
Helesponto, El: 39, 74-75, 87, 91, 94, 105, 108, 115, 117-118, 129, 149, 189, 227
   A. en: 91
   amenazado por Persia: 95, 108
hemiolai: 221
Hemo (monte): 57
Hera (diosa del matrimonio): 28
Herat: 171
Herculano: 83
Hércules (hijo de A.): 79, 91, 126, 128, 160, 206, 212, 248
Hércules: 25, 30, 43, 81-82, 126, 130, 137, 139, 191, 205, 216, 249, 251
   altar a (en Troya): 123, 130, 178
   Columnas de: 212, 224, 244, 249
   en la India: 188, 191, 201, 227
   en Tiro: 186
   Patroüs: 24
Herkeios: 92
Hermolao: 197-199
Herodoto: 30, 82, 221
Hidaspes (río): 207, 213, 215-216, 220, 250
   batalla del: 207

Hidraotes (río): 211, 213, 217-218
Hífasis (río): 85, 211-213, 233, 248
Himalaya: 213
Hindukush: 160, 166, 177, 179, 181, 186, 201
Hiparna: 109
hiparquía: 245
hipaspistas, Los: 61, 64, 70, 95, 118, 120, 149, 158, 191, 210, 236
   en el episodio de Cleito: 97, 191
   en el Gránico: 95
   en la ciudad de los malios: 189, 206
   en Tiro: 124
   véase «Guardia».
Hipócrates: 82
Hircanio, mar: 158, 163, 167, 231; véase también *Caspio, mar*
Hombres del Rey: 31-32, 35, 49, 52, 55, 64, 77, 88-89, 112, 114, 205, 215, 219-220
   aclaman a A.: 49
   en asamblea: 49
Homero: 20, 135, 249
honores heroicos: 218, 220

Iliria (ilirios): 29, 31, 46, 57, 60, 69, 76, 81-82, 89
   con A.: 78
   en Gaugamela: 150
India: 143, 172, 178, 218, 220, 224, 230, 237, 249-250
   caballería de la: 145, 209
   infantería de la: 189
   virrey de la: 148
«India»: 160, 172, 204, 206, 219, 231
   A. entra en: 160, 189
Índico: 210, 232
Indo (río): 203-206, 210, 215, 218-219
   Delta del: 203-204, 206, 213, 250
Irak: 247
irrigación: 198, 206, 219

Índice analítico

Isis: 134
Iskenderun: 119
Iso, campaña de: 18, 115, 119-120, 122, 124, 126, 134, 144
istmo: 154
Italia: 29, 82, 240, 244

jabalina, lanzadores de
    persas (montados): 85, 172
    tracios: 64, 85, 89, 120, 144, 175, 186, 207
Jándica: 139
Jaxartes (río): 166, 179, 185-186, 189-190, 207
Jenofonte: 29, 39, 78, 104
Jerjes: 148, 151-152, 183, 247
Jerónimo: 242
Jonás, columna de: 118-120
Jóvenes del rey: 135-136, 170

Kabul: 169, 177, 180-181, 203, 215
Kalat-i-Guilzai: 176
Kandahar: 176, 180
Kasht-i-Kavir, desierto de: 164
Katerini: 85
katoikiai: 178
kausia: 94
Kavir: 164
kerkouroi: 221
Kerman: 164
Khodkend: 185
Koçabas (río): 223
koiné: 135
koinon: 29, 41
Koritsa: 61
Kosovo: 29, 60
Krisna: 249
Kunduz: 180-181
Kuwait: 225

Lade (isla): 104
Lahore: 211
lanceros: 95, 144

Laomedón: 44
Larisa: 37, 53
Leócrates: 155
Leonato: 47, 124, 193
Leónidas (maestro de A.): 22
Lesbos: 117
Leyes: 13
Líbano, el: 125
Libia: 135, 166, 224, 249
«Libia»: 124, 137
Licia (licios): 109, 114, 129, 163, 170
Licurgo: 155
Lidia (lidios): 102-103, 114, 119, 124, 163, 169-170
    tropas de: 103, 170
Liga Anfictiónica: 37, 39-40, 53
Liga Calcidia: 37-38
Linco: 20, 30, 35, 60, 112
Lindo: 146
Lisímaco: 244
Lisipo: 98
Longino: 72
Loudias (lago): 84

Macedonia:
    Ciudadanía de: 18, 20, 30-31, 35, 39-44, 46-47, 49, 53-55, 57-59, 67, 72-78, 80-83, 85, 87-88, 90, 98, 104, 108, 110-113, 117, 125, 130, 132, 139, 140-141, 147-151, 153-155, 164, 176, 179, 191, 195, 197-198, 206, 207, 210-211, 217, 227, 231-232, 234-235, 237-240, 243-244, 247, 249, 251
Macetia (cabo): 224
Magarso: 134, 136
Makran: 176
malaria tropica: 247
malios (Mallo): 119, 134, 136, 218
Mand (río): 223
Mar Negro: 53, 60, 74, 115, 135,

161, 164, 166, 189, 231-232, 240, 244
«Mar Rojo» (golfo Pérsico): 135, 164, 221, 224-225, 231-232
Mardia (mardios): 152, 163-164, 194
Mareotis (lago): 134
Mármara, mar de: 59
masagetas: 196
Massaga: 205
matrimonios mixtos: 211
Mazeo: 141, 147-148, 159, 163, 194, 227
medas: 42-43, 231
Media (medos o medas): 150, 153, 157-160, 171, 184, 186, 230, 233
  atuendo de: 139, 191, 193
Mediterráneo: 115, 128, 135, 161, 221, 232, 244
Megalópolis: 154-155
Megara: 40
Melkart: 126, 249
Memnon (oficial): 94, 194
Memnon de Rodas: 46, 101, 106-108, 116, 149, 195
Ménades: 225
Menfis: 124, 131, 134, 136, 139
Menidas: 232
Meotis, lago; véase *Azov, mar de*.
mercenarios
  de Darío (últimos): 143
  griegos: 79, 89, 97, 105, 117, 169
  tebanos: 32, 40, 132, 134, 223, 231
  tracios: 29, 38, 41
Mersa Matruh: 137
Merv: 194
Mesopotamia: 128, 140, 250
Mesta (río): 37
Metohija: 29, 60
Micala (cabo): 105
Midas: 115
Mieza: 22
Mileto (milesios): 104-106, 135, 182, 184

milicia: 30
  tracia: 68
Mindo: 97
minerales: 32, 36, 51
Mitilene: 117-118, 133
Mitrenes: 102, 148
Mitrídates: 97
Molosia (molosos): 21, 29, 37, 43-44, 47, 92, 240, 244
mosaico de Alejandro: 18
mosaico de la cacería del león: 220
musas: 20, 82, 119
Musícano: 218-219, 233

Nautaca: 194
Nearco: 44, 193, 215, 221-224
Neoptólemo (hijo de Aquiles): 29, 92
Neoptólemo (oficial): 92
Neoptólemo II (de Molosia): 43, 131
Nereidas: 25, 91, 120, 216
Nereo: 120
Nesto (río): 55, 88
Nicea: 206, 210
Nicesipolis: 38, 43
Nicias: 97
Niké: 126, 210
Nikisiani: 83
Nilo (río): 131, 134, 139, 160, 211
Nisa: 205-206

Océano: 164, 166, 204, 210-211, 216, 220-221, 231
Ocos (hijo de D.): 153
Odrisia: 30, 89, 145, 240
Oesime: 55
oikoumene: 252
Ojos del Rey: 101
Olimpia: 19, 21-22, 24, 37, 43-47, 83, 88, 91-92, 98, 239-240
olímpicos, festivales: 82
Olímpicos, Juegos: 81
Olimpio: 75
Olimpo (monte): 25, 47, 75-76, 244
Olinto: 38, 51

Índice analítico

Omán: 224
Oncesto en Beocia: 69
Onesicrito: 91, 215
Onomarco: 37
Opis: 224, 236, 251
Orcómene en Beocia: 73, 76
Oreítis: 222, 224
Orestes (rey de Macedonia): 45
Orfeo: 21, 79
Ormuz: 223
Orobatis: 206
Orontes (río): 134
Orontobates: 107-108, 119
Orxines: 230
Oxiartes (padre de Roxana): 195-196, 227, 230
    hijo de Abulites: 230
Oxus (río): 181-182

Paflagonia: 115, 124
pajes: 18, 32, 42, 50, 83, 87, 135, 173, 197
    conspiración de los: 50, 197
    se unen a A.: 150
Panfilia: 108-109
Paquistán: 85, 141, 204
Parapamiso: 160, 166, 169, 178, 203, 227
Paretacene: 157, 230
«Parientes»: 163, 237
Parisatis: 43
Parmenio: 46, 61, 77, 89, 94-95, 101-102, 104, 109, 111, 114, 118-120, 135, 141, 145, 152, 158, 163, 166, 171-172, 174-175, 184, 195
Partia (partos): 158, 161, 163-164, 166, 169-170, 178, 189, 194, 201, 227
Pasargada: 68, 152
Pasitigris (río): 224
paso (desfiladero) de Bahce: 120
paso de Kaoshan: 203
paso del Lobo: 61, 63
Patroclo: 92
Pattala: 219
Pausanias (asesino): 47, 50-52
Pausanias (oficial): 102
Payas (río): 119-121, 123
Paz Común: 39, 75, 78, 125, 133, 136, 147, 154-155
    Consejo de la: 38-39
Peitón: 219
Pelagonia: 30, 35
Pelinna: 69
Pelion: 60-61, 63, 76, 180
Pella, en Macedonia: 21, 38, 84-85, 134, 147
Peloponeso: 27, 40, 53, 69, 75, 108-109, 124, 129, 132, 140, 147-149, 152, 241-242
    Liga del: 134
Pelusio: 131, 136
penteconte: 89
Perdicas, Escolta: 51, 79, 83, 218
Perdicas III: 30, 45, 47, 70-71, 76, 190, 196, 206, 245
Perge: 110-112
Perinto: 40, 125
peripatética, Escuela: 160, 199
Perséfone: 21
Perseo: 137, 153
Persépolis: 147, 151-154, 158, 160, 164, 183
    palacio de: 151-154
Persia: 29, 40-42, 45-46, 54, 71-75, 78, 92, 97, 101, 104, 108, 118, 125, 129, 133, 139, 141, 144-146, 151, 153-154, 157, 171, 180, 182-184, 224, 230, 236, 249
    Ceremonial en: 160
    en Iso: 110-113
    guerras del siglo IV a. C: 23, 29, 89
    Puertas de: 151
Pérsico, golfo: 164, 224-225, 231, 250
Persis: 152-153, 157, 219, 227, 231, 233
Peucelotis: 206
Peucestes: 218, 231
pezhetairoi: 32, 64

philippeioi (monedas): 80-81
Pinaro (río): 119, 126
Píndaro: 20, 73, 82, 135, 249
Pindo (monte): 69
«piratas»: 130
Pisidia (pisidios): 109, 112-114
Pitane: 94
Pition: 55
Pixodaro: 45-46
Platea: 73, 147
Platón: 23, 28-29, 82
Pleurias: 46, 50
Plutón: 21, 85
Polacopas: 225, 247
Polido: 107
poligamia: 23
política asiática: 159
    triunfos de la: 221
Politímeto (río): 188
Pompeya: 83
Poro (hijo): 210
Poro: 209-211, 213, 215
Port Said: 131
Poseidón: 91, 120, 216, 220-221
pothos: 58, 68, 115, 134, 205, 248
pozos (de agua): 196, 198, 223
Príamo: 25, 82
Priene: 134-135
Proftasia: 174
Prometeo: 177
proskynesis: 163-164
prostasia: 88, 240
Protesilao: 91
Pulvar (río): 151
Pura: 223
    batalla de: 151

Querseneso: 40
Quintiliano: 72
Quíos: 117, 129, 133, 198

Ra (divinidad egipcia): 133, 137
refuerzos: 104
    bajas de: 232

reino de Asia: 102, 134, 166, 170, 178, 185, 227, 231-232, 235, 238, 245, 250-251
    reclamado por Beso: 185
Resaces: 97
Reteo: 94
rey de Asia: 92, 104, 114, 125-126, 132, 135, 148, 156-159, 171, 181, 184, 211, 231
    aclamado: 146, 157, 159-161
Rodas (isla): 129, 146, 161, 195
Rogozen: 82
Roma: 103, 153
Romance de Alejandro: 234, 252
romano, Imperio: 132
Rommel: 148
Roxana: 43, 195, 227, 235, 250
Rusia: 39, 80, 240
ruta real: 98

saces: 125
Sagalasos: 112
Samarcanda: 185-188, 190-191, 193
Samaria: 140
Sambo: 219
Samos: 105, 242
Samotracia: 21, 85, 118
Sangala: 211, 213, 220
sarcófago de Alejandro: 230
Sardes: 102-103, 148, 153, 161
Sari: 164
sarissa: 94
Sátiro:
    Vida de A.: 20, 44, 65
    Vida de Filipo: 44
sátiros: 43
Seleuco (general): 233
Selge: 112
Semíramis: 221
Sesto: 89-92
Seuces III: 240
Sevaste: 82
Sicilia: 28, 80, 244
Side: 110
Sidón: 126, 129

Sifnos: 118, 129
silphium: 180
Sindos: 83
Sinope: 115, 164
Siria: 80, 108, 117, 119, 134, 140, 163, 170, 244
    tropas de: 163, 170
Sisicoto: 206
Sisigambis: 153, 160
Sisines: 111, 175
Sistan: 176
Sitaces (río): 223
Sitalces (oficial): 230
Sitalces (rey odrisio): 30, 230
Siwa: 137, 161, 220, 243
Skoidos: 179
Skoplie: 60
Sobre el tratado con A.: 220
Sochi (en Siria): 119
Sófocles: 249
sogdas: 218
Sogdia: 167
Sogdiano: 181, 184-187, 190-191, 193-194, 196, 201, 204, 220
    peñón: 195
Soli: 118
stasis: 28
Stateira: 43
Stein, sir Aurel: 205
stylis: 126
Sudán: 135, 160
Suez: 137, 224
Susa: 101, 124, 133, 147-150, 153, 158, 230, 235, 242
Susia: 170
Susiana: 148, 153, 230, 249
Swat (río): 215
syngeneis: 98, véase Parientes.
synoikia: 79

talasocracia: 130, 132
Tamiscia: 54
Tanais (río): 160
Tapsaco: 224
Tapuria (tapurianos): 163, 194, 232

Tarso: 115, 118-120, 126
taulancios: 60-61
Taxila: 207
Taxiles: 206-207, 210, 215
Tebas: 27-28, 37, 39-40, 54, 63, 69-76, 99, 155, 183, 242
Tegea: 242
Teménidas (dinastía): 87, 98, 112, 251
Tenaro: 124, 241
Tenedos: 118
Teopompo, *Philippica*: 41, 82
Termaico, golfo: 30
Termeso (termesios): 112
Termópilas: 38, 53, 69
Tesalia (tesalios): 17, 37, 69, 95, 170
Tesálica, Liga: 38, 53
    A. presidente de la: 54
Tesalónica: 43
Tespias (tespianos): 73
Tesprocia: 29
Tetis: 25, 120, 220
thrasymedes: 82
Tigris (río): 141, 221, 224, 246, 250
Timoclea: 72-73, 250
Tiriespis: 203, 206
Tiro: 124, 126, 128-129, 131-132, 139, 250
Tolomeo (custodio de Alejandro II): 196
Tolomeo (oficial):
    amigo de A.: 44-45, 59, 61, 66-71, 94-95, 98-99, 103, 109-110, 112, 124-126, 131, 152, 159, 173-175, 183, 184, 186, 189-191, 193, 197-199, 204-205, 216, 220, 237, 244, 246, 250-251
    como fuente: 45
    como fuente utilizada por Arriano: 45
    elogia a A.: 58
    en el Helesponto: 91
    su acceso al *Diario*: 67-68, 98-99
Tracia (tracios): 24, 30, 40, 58, 60,

76, 85, 89, 108, 125, 145, 147, 149, 169, 179, 215, 218, 232, 240
   asesinato de Filipo: 215
   campañas de A. en: 23, 57, 81, 119
   moneda de: 75
triaconte (embarcación): 89, 206, 224-225
tribalios: 57, 76, 89
Tribunal del Pueblo: 155, 174
tributo: 178
   exención del: 92
   pagado a los macedonios: 129
trierarca: 216
«Tripoatis»: 54
trirreme: 78, 89, 104, 127, 158
Trogo: 65, 72
Troya: 91-92, 94, 102, 131, 134
Tsangon, paso de: 61
Tucídides: 28, 82

ucsos (uxii): 153

Vergina: 244
Veronese, Paolo: 125
Vesubio: 94
Voto o juramento de lealtad:
   a A.: 67-68, 221
   a la Comunidad Griega: 76

Xanto: 109

Yugoslavia: 31

Zadracarta: 164
Zariaspa: 170
Zelea: 94, 102
Zeus: 25, 47, 58, 75-76, 79-81, 83, 91, 103, 105, 115, 123, 126, 147, 211-212, 223, 249, 251
Zeus Amón: 137, 243
Zeuxis: 82, 83
zigurat: 245
Zopirión: 240

2 v 14.1
consig